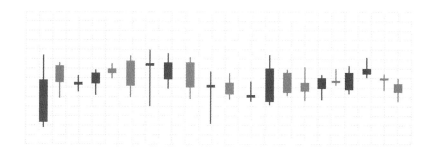

证券法的执行

比较视角与中国叙事

李 响◎著

Enforcement of Securities Law

Comparative perspective and China's experience

中国社会科学出版社

图书在版编目(CIP)数据

证券法的执行：比较视角与中国叙事／李响著．—北京：中国社会科学
出版社，2020.10

ISBN 978-7-5203-7260-2

Ⅰ.①证… Ⅱ.①李… Ⅲ.①证券法—研究—中国 Ⅳ.①D922.287.4

中国版本图书馆 CIP 数据核字(2020)第 180228 号

出 版 人	赵剑英	
责任编辑	梁剑琴	
责任校对	李 剑	
责任印制	郝美娜	

出 版	中国社会科学出版社	
社 址	北京鼓楼西大街甲 158 号	
邮 编	100720	
网 址	http://www.csspw.cn	
发 行 部	010-84083685	
门 市 部	010-84029450	
经 销	新华书店及其他书店	

印刷装订	北京市十月印刷有限公司	
版 次	2020 年 10 月第 1 版	
印 次	2020 年 10 月第 1 次印刷	

开 本	710×1000 1/16	
印 张	13.25	
插 页	2	
字 数	224 千字	
定 价	78.00 元	

凡购买中国社会科学出版社图书，如有质量问题请与本社营销中心联系调换
电话：010-84083683

序

一 证券法的执行何以成为一个选题

本书是在我的博士学位论文基础上增减而成的。承蒙重庆工商大学和中国社会科学出版社的支持，使得本书得以出版，并有机会面向更广大的读者。

谈及博士论文的选题，对于多数人而言都是一件劳神费心的事情。对于研习公司法、证券法的人来说，就更是如此。受继受法特质的影响，我国主流的法学研究大多集中在对特定条文和制度的比较分析上。长期以来，我们习惯于将比较法，特别是美国法，作为检验我国公司、证券法律制度的参照系与试金石。在此思维模式之下，几乎能够想到的各个方面都已有人涉足，能够讲述的制度早已被说了个遍，若再想有所谓之"创新"，无疑是难上加难。

读博之初，受"六法"思维根深蒂固的影响，我所使用的研究方法仍然以比较法为主，习惯于法条与判例的研习，并排斥其他方法的使用。毫无疑问，比较法的研究为我们理解与改进现行法律制度提供了有力的分析视角。我甚至认为，比较法的研究是法学研究者的一项基本功。但应指出的是，这样的研究仅仅停留在规范分析的层面。换句话讲，它只回答了我们的法律应当是怎样，而没有也无法回答现行法律实际是怎样，以及它们是如何运作的。在这样的思维惯性之下，我们容易把所有的注意力都放到纸面规则的设计上，但法律在现实世界中是否得到了有效的执行，却在很大程度上被忽略。而当我们囿于纸面法律的说文解字，并按照"最佳实践"（Best Practice）的思维去设计法律规则的蓝图时，将注定无缘得见当代中国商事法律的那些隐微、幽密之处。

庆幸的是，我并没有在这条"歧途"上走太远。每次与家师讨论博士学位论文的选题与写作，他总会说道："如果一个人念到了博士，还只会简单地运用比较法来写作，那也太没有技术含量了吧。" 在家师的鼓励之下，我开始大量阅读公司法、证券法的英文文献。随着阅读量的增加我逐渐发现，与大陆法学者侧重于从规范出发的研究路数完全不同的是，英美法学者更强调对法律问题的经验研究，并从经济学、政治学、社会学、心理学等视角去分析和解释他们的观察，得出最后的结论。这样的研究极富想象力和洞察力，常常引人入胜、让人着迷。受此影响，我开始尝试运用实证研究的方法来构建博士学位论文的选题，并最终选定以 "证券法的执行" 为研究对象。应当说，没有家师的引导和鼓励，难有本书的最终成文。

二　本书的论述是如何展开的

本书的论述始于在西方甚为流行的一种观点，即认为中国经济的高速增长，是在缺乏正式法律制度支撑的情形下发生的。西方学界通常将其称为 "中国之谜"（China Puzzle）。在第一章中，本书通过对相关指标的赋值与测量，就我国证券法对投资者的立法保护水平进行量化评估。根据评估结果可以看到，经过 20 多年的发展，我国资本市场已基本拥有了一套"好" 的法律制度体系。在很多指标的得分上，甚至高于资本市场较为成熟的国家或地区。据此，至少从纸面上的法律而言，先前西方文献中所称"缺乏正式法律制度支撑" 的论点，并不符合我国当下法律供给的实际。那么，这样的一套制度体系是否存在着像 Roscoe Pound 所称 "纸面上的法律" 与 "执行中的法律" 的分裂呢？

在第二章、第三章中，本书通过一个 "二乘二" 的分类框架，将该问题带入到实证检验的范畴。通过研究我们发现，相较于成熟的资本市场，不论是私人执行还是公共执行，我国证券法的执行力度均明显偏弱。这样的结果似乎并不让人感到意外。之前，一种较为普遍的观点就曾指出，尽管我国在股东权利与公司治理方面的法律规范已较为完善，但在实现这些规范的内容时，缺乏精细化、可操作性的执行制度。因此，问题的解决之道便是，按照 "最佳实践" 的标准，进一步完善、细化我国证券法的执行制度。

然而，任何制度的移植都存在着选择成本和本土化的问题，法律亦不可能仅仅是一套政治中立的纸面技术规则。在第四章中，本书引入 "Mil-haupt-Pistor 法律矩阵" 来理解我国证券法律制度的运行。借助法律矩阵的剖析，我们可以看到，我国的证券法具有较强的"集权"（Centralized）特征，即倾向于将执法权分配给公共主体去实施，而私人主体的执行通常受到很大程度的限制；同时，在法律的功能定位上，我国的证券法更多地发挥着市场"协调"（Coordination）的功能，因此市场对正式法律的需求相对较弱，很多情况下法律的替代性机制发挥着重要的作用。

法律矩阵剖析亦内含了这样一个观点，即纸面规则供给本身并不能改变法律制度的执行，真正能够改变法律制度组织形式和功能定位的，是那些市场主要参与者对法律的需求，一旦需求面发生变化，法律供给也会随之改变。通过相关经验证据的梳理我们发现，随着社会主义市场经济的日益深化和复杂，我国法律的需求与供给正在走向一种新的"均衡"。在此基础上，本书第五章进一步讨论了我国证券法未来可能的发展趋势和变革路径。

三　本书的形成过程

本书大部分内容形成于 2015 年年初，即我的博士学位论文答辩之前。毕业时，深感象牙塔式的学术研究对现世改造的无力，我选择"投笔从戎"，并有幸加入浦发银行。在浦发的日子，领导润物细无声般的关爱、同事无私的帮助与支持，使我有机会在不同的岗位上历练，并在职业上快速成长。无论何时想起这段时光，心中总是充满了温暖和感激。但在不断前行的过程中，内心深处对于民商法的眷恋却始终没有消逝。嘴上一直骂着，但心里却一直想着。最终，我决定重返校园，希望在研究者和实操者之间重新找到一种新的平衡。这是一个无比纠结的选择，对于领导与同事的愧疚始终无法释怀。

回到学校后，我对博士学位论文的文稿进行整理并准备出版。回溯这五年的时间，我国证券法的实践已经发生了很大的变化，博士学位论文中提出的一些设想和建议如今已成为现实，不少变革措施亦超出了当时的想象。因此，本书的最终完成颇费一番功夫，交稿时间也一再推延。在定稿前，几经犹豫，我添加上了"比较视角与中国叙事"作为副标题。自知有些贪心，但这也是本书想向读者传达的一个信息，即本书希望在比较更多国家或地区（而不仅仅是美国）证券法实践的基础上，来讲述中国证券法当下正在发生的故事。

需要特别指出的是，受自身研究能力的局限，本书对于相关法现象的描述与分析，只能算作对复杂现实世界的一个简化处理。本书很多论述浅尝辄止，缺乏更加深入的经验证据和理论思考，这也是日后我需要进一步努力的地方。我相信，唯有反复探索和寻找，那些隐藏在这个时代背后的"法的秘密"，才有可能真正得以呈现。正如喻中老师所言"一切社会科学所要探寻的对象都是'隐'而不显的，研究者的研究过程其实就是一个'寻隐'的过程"。我亦认为，恰恰也是这个"寻隐"过程本身，构成了"寻隐者们"最大的乐趣。

最后，本书能够顺利出版，离不开中国社会科学出版社梁剑琴女士的辛勤付出，对此表示最诚挚的感谢！

李　响

2020 年 4 月 8 日

目　　录

第一章

如何测量证券法

为了建构一个强大的资本市场，各国都十分重视证券法律制度的建设。在过去的十多年里，随着中国经济在全球范围内的迅速崛起，以及中国企业在世界 500 强榜单中数量的急速攀升，[①] 中国上市公司治理的问题也正在吸引着越来越多外国研究者的关注。在西方的研究文献中，流行着这样的一种观点：中国资本市场的法治水平非常低，因此中国资本市场与中国上市公司的高速成长，是在缺乏被他们认为必不可少的法律制度的条件下发生的。[②] 但我们应当看到的是，经过 20 多年的发展与变迁，我国证券法律制度从无到有，目前已经形成了一个数量庞大、结构相对完整的制度体系。所以，至少从纸面上的法律来看，这样的观点是值得怀疑的。有鉴于此，本书的论述首先从"纸面上的法律"说起，看看我们是否已经具备了一套"好"的证券法律制度。

第一节　纸面上的法律

一　我国的证券法律体系

自 20 世纪 90 年代以来，为了规范和发展资本市场，我国制定和颁布

---

①　据财富中文网 2014 年 7 月发布的《财富》世界 500 强排行榜，中国上榜企业已经达到了 100 家，是除美国以外上榜公司数量最多的国家。而十年前我国仅有 16 家企业上榜。相关数据参见 www.fortunechina.com。

②　相关论述可参见 Allen Franklin, Jun Qian, Meijun Qian, "Law, Finance, and Economic Growth in China", *Journal of Financial Economics*, Vol. 77, Issue 1, July 2005, pp. 57-116; Katharina Pistor and ChenggangXu, "Governing Stock Markets in Transition Economies: Lessons from China", *American Review of Law and Economics*, Vol. 7, No. 1, Spring 2005, pp. 184-210。

了大量的法律法规，并逐步形成了一整套证券法律规则体系。

按照颁布主体和法律效力的不同，这套法律制度体系包括由全国人大及其常委会制定的法律、由国务院制定的行政法规和规范性文件，以及由证券监督管理机关制定的部门规章和规范性文件三个层次。截至 2012 年年底，由全国人大及其常委会制定的，直接规范资本市场的法律主要有 3 部，即《证券法》①《公司法》和《证券投资基金法》；由国务院制定的现行有效的行政法规、规范性文件有 20 件，比如《证券公司监督管理条例》《证券公司风险处置条例》等；由证券监督管理机关制定的现行有效的部门规章有 71 份，比如《上市公司证券发行管理办法》《首次公开发行股票并上市管理办法》《上市公司信息披露管理办法》《上市公司重大资产重组管理办法》等；由证券监督管理机关制定的现行有效的规范性文件合计 448 件，比如《保荐人尽职调查工作准则》《上市公司股东大会规则》《证券公司参与股指期货交易指引》《关于进一步做好创业板推荐工作的指引》等。② 此外，《刑法》《物权法》《企业破产法》《企业国有资产法》等相关法律法规，以及由最高人民法院、最高人民检察院颁布的相关司法解释，③ 由证券交易所、证券登记结算公司、证券业协会等组织制定的自律性规则，也是这套制度体系的重要组成部分。

那么，从立法的角度上看，这样一套纸面规则的质量如何？特别是与发达国家或地区的证券立法相比，其处于一个什么样的水平？这是一个很难被确切回答的问题。④ 因为，我们尚未将其转化到可测量的层面。

---

① 《证券法》于 1998 年 12 月 29 日第九届全国人民代表大会常务委员会第六次会议通过。截至 2019 年 12 月底，该法已经 3 次修正、2 次修订。其中，3 次修正仅仅是对部分条款的修改，对整部证券法的结构并无改变。因此，如无特别说明，本书所称"证券法"是指根据 2005 年 10 月 27 日第十届全国人民代表大会常务委员会第十八次会议第一次修订的立法版本；所称"新证券法"是指根据 2019 年 12 月 28 日第十三届全国人民代表大会常务委员会第十五次会议第二次修订的立法文本。

② 中国证券监督管理委员会：《中国证券监督管理委员会年报》，中国财政经济出版社 2012 年版，第 57—58 页。

③ 现行有效司法解释的主要有 25 件。参见最高人民法院网站（http：//www.court.gov.cn），以及最高人民检察院网站（http：//www.spp.gov.cn/）。

④ 因为，这看起来似乎是一个见仁见智的问题。比如，在评价我国 2005 年修订的《公司法》时，学者们便存在不同的看法。有学者认为，"修改后的公司法确实是 21 世纪最先进的公司法，在很多的制度规则，包括立法理念方面，将引领 21 世纪公司法改革的世界浪潮"。参见江平、赵旭东、陈甦《公司法修改三人谈》，载赵旭东主编《公司法评论（第 3 辑）》，人民法院

二　我国证券投资者保护立法指数的国际比较

实际上，在过去的 20 多年里，世界范围内的公司法、证券法研究的一个重要发展便是定量分析的大量应用。其中，最具影响力的研究，莫过于 20 世纪 90 年代末，Rafael La Porta、Florencio Lopez-de-Silanes、Andrei Shleifer 和 Robert Vishny（以下简称 LLSV）四位学者发表的一系列开创性论文[1]。这些研究的突破之一便是，其运用定量分析的方法对各国法律与金融的发展进行比较分析。

在 LLSV 的代表性论文《法与金融》中，他们设计了股东权利指数、债权人权利指数、法律执行指数 3 个一级指标，并细化为 17 项二级指标，实证考察了 49 个国家（地区）的法制水平。其中，用以衡量股东权利指数的有 8 个变量，除一股一权（One share-one vote）与强制分红权（Mandatory divided）两个变量之外，其他 6 个变量构成了"反董事权利指数"（Anti-Director Right Index，以下简称 ADRI 指数）。该 ADRI 指数包括的六个变量：（1）股东通讯投票权（Proxy by mail allowed）；（2）股东大会前无股票冻结（Shares not blocked before meeting）；（3）累积投票或比例代表制（Cumulative voting or proportional representation）；（4）制衡压迫小股东行为的机制（Oppressed minorities mechanism）；（5）新股优先认购权（Preemptive rights）；（6）召集临时股东会所需的股份比例（Percentage of share capital to call an extraordinary shareholder's meeting）。对于上

出版社 2005 年版，第 163—195 页。但亦有学者认为，2005 年修订的《公司法》仍然存在着规范粗糙、可操作性低下，以及制度供给不足等问题。参见希静《〈公司法〉修改——一个遗憾的艺术》，《中国科技财富》2005 年第 6 期。

[1] 这些论文主要包括：Rafael La Porta, Florencio Lopez-de-Silanes, Andrei Shleifer & Robert Vishny, "Legal Determinants of External Finance", *Journal of Finance*, Vol. 52, No. 3, July 1997, pp. 1131-1150; La Porta, Florencio Lopez-de-Silanes, Andrei Shleifer & Robert Vishny, "Law and Finance", *Journal of Politics and Economy*, Vol. 106, No. 6, December 1998, pp. 1113-1155; La Porta, Florencio Lopez-de-Silanes & Shleifer, "Corporate Ownership Around the World", *Journal of Finance*, Vol. 54, No. 2, April 1999, pp. 471-517; Rafael La Porta, Florencio Lopez-de-Silanes, Andrei Shleifer, Robert Vishny, "Investor Protection and Corporate Valuation", *Journal of Finance*, Vol. 57, No. 3, June 2000, pp. 1147-1170; La Porta, Florencio Lopez-de-Silanes & Shleifer, "What Works in Securities Laws?" *Journal of Finance*, Vol. 61, No. 1, February 2006, pp. 1-32; Djankov, Rafael La Porta, Florencio Lopez-de-Silanes & Andrei Shleifer, "The Law and Economics of Self-dealing", *Journal of Finance and Economy*, Vol. 88, Issue 3, June 2008, pp. 430-465。

述每一个变量，若被试国家（地区）的立法满足其说明要求，便计 1 分，否则计 0 分；① 最后将 6 个变量的得分加总，就得到了该被试国家（地区）反董事权利指数。该反董事权利指数被 LLSV 用来横向比较这 49 个国家（地区）在股东保护水平方面的差异。通过测评，LLSV 发现，英美法系国家的平均分为 4 分，法国法系国家的平均分为 2.33 分，德国法系国家的平均分为 2.33 分，斯堪的纳维亚法系国家的平均分为 3 分，49 个国家（地区）的平均分为 3 分。

由于 LLSV 的研究中没有中国的数据，所以我们无法直接获得比较。2005 年，沃顿商学院的 Franklin Allen，以及波士顿学院卡罗尔管理学院的 Jun Qian 和 Meijun Qian 共同发表的《中国的法律、金融与经济增长》一文，加入了中国的数据。通过对中国的赋值，他们发现：中国 ADRI 指数为 3 分，有 94% 的英美法系国家（地区）得分高于或等于中国，有 45% 的法国法系国家（地区）得分高于或等于中国，有 33% 的德国法系国家（地区）得分高于或等于中国，有 75% 的斯堪的纳维亚法系国家（地区）得分高于或等于中国；如果从总样本的角度观察，有 65% 的国家或地区的分值高于或等于中国。② 同时，Allen 等还用印度、巴基斯坦、南非、阿根廷、巴西、墨西哥五个发展中国家与中国比较。结果中国的得分仅高于印度和墨西哥，与巴西持平，而低于巴基斯坦、南非和阿根廷。另外，Katharina Pistor 与许成钢利用 Allen 等对中国的测量分值，将其与 13 个中东欧转轨经济国家进行了比较，结果发现：该 13 个国家的平均分为 3.61 分，仅有 4 个国家的得分低于中国，6 个国家得分高于中国，3 个国家得分与中国持平。③

应指出的是，上述分值反映的是我国十多年前的证券立法水平。下面，本书按照我国现行法的规定，使用该 ADRI 指数的六个变量，重新进

---

① 这些变量的具体说明详见：La Porta, Florencio Lopez-de-Silanes, Andrei Shleifer & Robert Vishny, "Law and Finance", *Journal of Politics and Economy*, Vol. 106, No. 6, December 1998, pp. 1113-1155. 中文翻译可参见 [美] 拉菲·拉波塔、弗洛伦西奥·洛配·德·西拉内斯、安德烈·施莱弗、罗伯特·W·维什尼《法律与金融》（上），《经济导刊》2002 年第 1 期。

② Allen Franklin, Jun Qian, Meijun Qian, "Law, Finance, and Economic Growth in China", *Journal of Financial Economics*, Vol. 77, Issue 1, July 2005, pp. 57-116.

③ Katharina Pistor, Chenggang Xu, "Governing Stock Markets in Transition Economies: Lessons from China", *American Review of Law and Economics*, Vol. 7, No. 1, Spring 2005, pp. 184-210.

行编码。对于第一个变量，我国证监会颁布的《关于加强社会公众股股东权益保护的若干规定》（2004）第 1 条之（二）、《上市公司股东大会规则》（2006）第 20 条第 2 款、《上市公司章程指引》（2014）第 44 条第 2 款，以及由上海证券交易所与深圳证券交易所分别规定的《上市公司股东大会网络投票实施细则》等规范中，均有规定。因此，该变量计 1 分。对于第二个变量，《公司法》第 103 条第 4 款："无记名股票持有人出席股东大会会议的，应当于会议召开五日前至股东大会闭会时将股票交存于公司。"第 140 条："记名股票，由股东以背书方式或者法律、行政法规规定的其他方式转让；转让后由公司将受让人的姓名或者名称及住所记载于股东名册。股东大会召开前二十日内或者公司决定分配股利的基准日前五日内，不得进行前款规定的股东名册的变更登记。但是，法律对上市公司股东名册变更登记另有规定的，从其规定。"因此，该变量计 0 分。对于第三个变量，《公司法》第 106 条第 1 款："股东大会选举董事、监事，可以依照公司章程的规定或者股东大会的决议，实行累积投票制。"因此，该变量计 1 分。对于第四个变量，《公司法》第 152 条规定了股东代表诉讼，《公司法》第 143 条规定了异议股东股份回购请求权。因此，该变量计 1 分。对于第五个变量，《公司法》第 35 条规定："股东按照实缴的出资比例分取红利；公司新增资本时，股东有权优先按照实缴的出资比例认缴出资。但是，全体股东约定不按照出资比例分取红利或者不按照出资比例优先认缴出资的除外。"但是对于股份公司而言，并没有新股优先认购权的规定，因此该条的赋值为 0。对于第六个变量，《公司法》第 101 条之（三）规定，单独或者合计持有公司 10% 以上股份的股东请求时，应当在两个月内召开临时股东大会。股东召集特别股东会时所必需的股本比例越高，小股东就越难通过股东会更换或者罢免管理层。此比例的世界平均水平 10%，因此该变量计 1 分。将六个变量的测评分值加总，我们便可得到我国现行证券法律体系的 ADRI 指数为 4 分。将此分值与 LLSV 的 49 个样本国家（地区）的分值相比，便可得到表 1-1。

表 1-1　　　　　　　50 个国家（地区）ADRI 指数的比较

	英美法系	法国法系	德国法系	斯堪的纳维亚法系	总样本	中国
股东通讯投票权	0.39	0.05	0	0.25	0.18	1
股东大会前无股票冻结	0.28	0.29	0.3	0	0.27	0

续表

	英美法系	法国法系	德国法系	斯堪的纳维亚法系	总样本	中国
累积投票或比例代表制	1	0.57	0.17	1	0.71	1
制衡压迫小股东行为的机制	0.94	0.29	0.5	0	0.53	1
新股优先认购权	0.44	0.62	0.33	0.75	0.53	0
召集临时股东会所需的股份比例	0.09	0.15	0.05	0.1	0.11	0.1
反董事权利指数	4	2.33	2.33	3	3	4

　　由表 1-1 可见，中国的得分与英美法系的平均分持平，并高于德国法系、法国法系、北欧法系，以及总样本的平均分。如果把中国计算在 LLSV 的样本国家（地区）中，则样本总数达到 50 个。得 0 分的有 1 个国家（地区），占样本总数的 2%；得 1 分的有 5 个国家（地区），占样本总数的 10%；得 2 分的有 12 个国家（地区），占样本总数的 24%；得 3 分的有 14 个国家（地区），占样本总数的 28%；得 4 分的有 10 个国家（地区），占样本总数的 20%；得 5 分的有 8 个国家（地区），占样本总数的 16%。从以上测评分值我们可以看到，在这 50 个世界主要国家（地区）中，仅有 8 个国家（地区）得分高于中国。[1]

　　当然，应指出的是，尽管 LLSV 的研究结果被广泛引用，但其 ADRI 指数的设计与赋值也受到了不少学者的质疑。[2] 比如，变量设计过于简化、变量选择的"宗主国偏见"（home country bias）、缺少权重区分，以及因对法律解释不同而造成的编码差异[3]等。这些因素都有可能造成我们

---

　　① 这 8 个国家（地区）分别是：加拿大、智利、中国香港、印度、巴基斯坦、南非、英国、美国。其中，智利属于法国法系，其余 7 个国家或地区都属于英美法系。参见 La Porta, Florencio Lopez-de-Silanes, Andrei Shleifer & Robert Vishny, "Law and Finance", *Journal of Politics and Economy*, Vol. 106, No. 6, December 1998, pp. 1113-1155。

　　② 相关中文文献，可参见李清池《法律、金融与经济发展：比较法的量化进路及其检讨》，《比较法研究》2007 年第 6 期；缪因知《法律与证券市场关系研究的一项进路——LLSV 理论及其批判》，《北方法学》2010 年第 1 期。

　　③ 哈佛大学法学院的 Holger Spamann 教授曾对 ADRI 指数的 6 个变量做过更加精确的说明，并对所有样本国家（地区）进行了重新编码（共 46 个样本数值，另有 3 个缺失值），结果发现：按照 1997 年的数据，英美法系国家（地区）的平均得分为 3.94 分，大陆法系国家（地区）的

在比较上的偏差。同时，以上是将我国现在的分值与 LLSV 样本国家（地区）十多年前的分值相比较，故存在着时间差的问题。因此，笔者希望能够找到一套更加客观、权威的评估体系，进一步检验我国证券投资者保护的立法质量。

通过对相关文本的检索，《OECD 公司治理原则》进入笔者的研究视野。《OECD 公司治理原则》由经济合作与发展组织（Organization for Economic Cooperation & Development，OECD）推出，旨在为各国提供一套充足的、可资信赖的公司治理制度安排。[①] 具体而言，《OECD 公司治理原则》包括六个维度，即确保有效公司治理框架的基础（细分为 4 个评价项），股东权利（细分为 19 个评价项），平等对待股东（细分为 7 个评价项），利益相关者与公司社会责任（细分为 6 个评价项），信息披露（细分为 13 个评价项），董事会、监事会的责任与监督（细分为 15 个评价项）。[②]

2009 年，我国证监会与经合组织合作启动了"OECD—中国：公司治

评价得分为 3.63 分；其中，法国法系国家（地区）的平均得分为 3.40 分，德国法系国家（地区）的平均得分为 4.17 分，斯堪的纳维亚法系国家（地区）的平均得分为 4 分。根据以上数据，LLSV 所谓的英美法系与大陆法系在分值上的显著性差异消失了。参见 Holger Spamann，"The 'Antidirector Rights Index' Revisited"，*The Review of Financial Studies*，Vol. 23，Issue 2，February 2010，pp. 467-486。

① 1997 年亚洲金融危机爆发之后，公司治理问题引起了国际社会的广泛关注。1998 年 4 月，经济合作与发展组织召开部长级会议，呼吁各国政府、有关国际组织及私人部门共同制定一套公司治理标准和指导原则。为实现这一目标，OECD 成立了公司治理专门筹划小组，并于 1999 年推出了《OECD 公司治理原则》。之后，2004 年又发布了修订版。自 1999 年以来，"金融稳定论坛"（Financial Stability Forum，FSF）就将《OECD 公司治理原则》列为衡量金融系统健康与否的 12 个关键标准之一。《OECD 公司治理原则》也为 OECD 和非 OECD 成员国之间的广泛合作计划提供了基础，并为世界银行（World Bank）和国际货币基金组织（IMF）《关于标准与规范观察遵守情况的报告》（Report on Observance of Standards and Codes，ROSC）中公司治理部分的内容奠定了基础。参见经济合作与发展组织《OECD 公司治理原则（2004 年）》，张政军译，中国财政经济出版社 2005 年版，第 1—3 页；经济合作与发展组织《〈OECD 公司治理原则〉实施评价方法》，周清杰译，中国财政经济出版社 2008 年版，第 3 页。

② 详见 http://www.oecd.org/dataoecd/32/18/31557724.pdf. 中文资料可参见经济合作与发展组织《OECD 公司治理原则（2004 年）》，张政军译，中国财政经济出版社 2005 年版；经济合作与发展组织《〈OECD 公司治理原则〉实施评价方法》，周清杰译，中国财政经济出版社 2008 年版。

理共同评估项目自评估",并最终形成了《中国上市公司治理发展报告》。[①] 该报告按照《OECD 公司治理原则》的六个维度,全面阐述了我国公司治理的情况。这为我们量化评估我国公司治理立法水平提供了基础。笔者结合该报告的内容,将其与《OECD 公司治理原则》进行了一一比对。由于第一个维度"确保有效公司治理框架的基础"并不直接涉及立法层面的问题,故此处不作讨论。因此,OECD 的评估体系就缩减为五大维度,并被细分为 60 个评价项。为了进行定量化的评估,笔者对这 60 个评价项进行了赋值。具体而言,与评价项的要求相比,若我国的相关规范有具体规定,且适用要件清晰、明确的,界定为"较为完备",并赋值为 2 分;虽有法律规定,但要件不够清晰、明确的,界定为"较为粗糙",赋值为 1 分;没有规定的赋值为 0 分。在赋值完成之后,笔者按照以下公式,对我国公司治理法律制度在《OECD 公司治理原则》下的"立法实施程度"进行了计算(结果见表 1-2)。其中,分子为我国现行法律制度在 60 个评价项下的总得分,分母为 60 个评价项都"较为完备"实施时的总得分。用分子除以分母,便可得到我国比对《OECD 公司治理原则》的立法实施程度。

$$立法实施程度 = \frac{"较为完备"的个数 \times 2 + "较为粗糙"的个数 \times 1 + "没有规定"的个数 \times 0}{60 项 \times 2 分}$$

由表 1-2 可见,在 60 个评估项中,"较为完备"的有 54 项,"较为粗糙"的有 3 项,"没有规定"的为 3 项。其中,在股东权利方面,"较为完备"的有 14 项,"较为粗糙"的有 2 项,"没有规定"的为 3 项,我国的立法实施程度为 78.95%;在平等对待股东方面,"较为完备"的有 7 项,"较为粗糙"的有 0 项,"没有规定"的为 0 项,我国的立法实施程度为 100%;在利益相关者与公司社会责任方面,"较为完备"的有 6 项,"较为粗糙"的有 0 项,"没有规定"的为 0 项,我国的立法实施程度为 100%;在信息披露方面,"较为完备"的有 12 项,"较为粗糙"的有 1 项,"没有规定"的为 0 项,我国的立法实施程度为 96.15%;在董事会责任方面,"较为完备"的有 15 项,"较为粗糙"的有 0 项,"没有规定"的为 0 项,立法实施程度为 100%。五个评价维度合计,我国的立法实施

---

① 中国证券监督管理委员会:《中国上市公司治理发展报告》,中国金融出版社 2010 年版。

程度为 92.5%。据此，可以认为，我国立法较好地实施了《OECD 公司治理原则》的要求。

表1-2　　　我国比对《OECD 公司治理原则》的立法实施程度

	较为完备	较为粗糙	没有规定	立法实施程度
股东权利	14	2	3	78.95%
平等对待股东	7	0	0	100%
利益相关者与公司社会责任	6	0	0	100%
信息披露	12	1	0	96.15%
董事会责任	15	0	0	100%
合计	54	3	3	92.5%

三　我国证券投资者立法保护指数的历史变迁：1990—2012 年

以上不论是基于 ADRI 指数的国际比较，还是基于《OECD 公司治理原则》的比对，在研究性质上都属于截面研究（cross-sectional study），即以一个静态的时点作为观测基础。但我们注意到，就我国证券法律体系本身来讲，其又是一个动态演进的过程。因此，下面笔者希望通过纵贯研究（longitudinal study）的方式，来展现我国证券投资者立法保护水平从起始阶段到现在的发展过程。

就纵贯数据而言，在剑桥大学商业研究中心的研究项目"法律、金融和发展"下，Simon Deakin、John Armour 及 Ajit Singh 等，曾用 10 个变量编制股东保护指数[1]，并收集、整理了一个包含 1995—2005 年 25 个国

---

① 10 个变量包括：①股东大会在公司重大变更事项上的权力（Power of the general meeting for de facto changes）；②议程设定权（Agenda setting power）；③股东决策便利性预期（Anticipation of shareholder decision facilitated）；④禁止多重投票权（超级投票权）[Prohibition of multiple voting rights（super voting rights）]；⑤独立董事（Independent board members）；⑥解聘董事的可行性（Feasibility of director's dismissal）；⑦董事义务的私人执行（派生诉讼）[Private enforcement of directors duties（derivative suit）]；⑧针对股东大会决议的股东诉讼（Shareholder action against resolutions of the general meeting）；⑨强制收购要约（Mandatory bid）；⑩大股东持股披露（Disclosure of major share ownership）。

家分值的数据库。^① 该数据库包括了中国股东保护指数的分值，这为我们的研究提供了便利。为了便于比较，笔者先将这些国家划分为两类四组：(1) 3 个英美法系发达国家（英国、美国、加拿大）；(2) 4 个英美法系发展中国家（马来西亚、南非、印度、巴基斯坦）；(3) 6 个大陆法系发达国家（法国、德国、意大利、日本、西班牙、瑞典）；(4) 7 个大陆法系发展中国家（阿根廷、巴西、智利、中国、捷克、拉脱维亚、墨西哥）。^② 然后，我们可得到这四组国家各自的平均值（见表 1-3）。

表 1-3　　　　25 个国家股东保护指数的变迁（1995—2005 年）

年份	英美法系发达国家	英美法系发展中国家	大陆法系发达国家	大陆法系发展中国家	中国
1995	6.67	4.29	4.76	3.07	5
1996	6.71	4.29	4.76	3.21	5
1997	6.71	4.29	4.76	3.29	5.75
1998	6.71	4.35	5.39	3.29	5.75
1999	6.71	4.50	5.34	3.46	5.75
2000	6.71	4.69	5.34	3.68	5.75
2001	6.71	5.03	5.50	4.30	6
2002	6.96	5.22	5.60	4.58	6.4
2003	7.04	5.28	5.77	4.60	6.6
2004	7.29	5.28	5.85	4.68	6.6
2005	7.29	5.28	5.89	4.68	6.6
平均值	6.86	4.77	5.36	3.89	5.93

在上述数据集的 11 年时间跨度中，英美法系的三个发达国家的平均分值为 6.68 分，增长了 0.62 分；英美法系的三个发展中国家的平均分值

---

① 即"25 国股东保护指数"（Shareholder Protection Index-25 Countries）。除此之外，该研究项目还包括另外 5 个数据库。详细内容见：http://www.cbr.cam.ac.uk/research/projects/project2-20output.htm。

② 这样的划分参考了：John Armour, Simon Deakin, Prabirjit Sarkar, Mathias M. Siems, Ajit Singh, "Shareholder Protection and Stock Market Development: An Empirical Test of the Legal Origins Hypothesis", June 2009, http://papers.ssrn.com/sol3/papers.cfm? abstract_ id=1094355. 中文翻译可参见约翰·阿穆尔、西蒙·迪金、普拉比尔吉特·萨卡尔、马蒂亚斯·西姆斯、阿吉特·辛格《股东保护与股市发展：对法律起源假设的实证检验》，《比较》2009 年第 3 期。

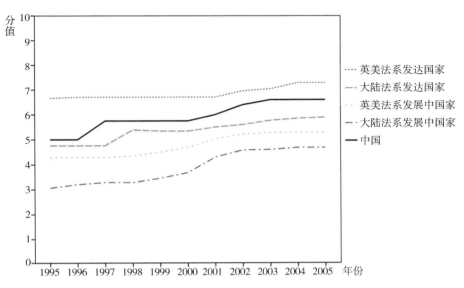

图 1-1　25 个国家股东保护指数的变迁（1995—2005 年）

为 4.77 分，增加了 0.99 分；大陆法系的六个发达国家的平均分值为 5.36 分，增加了 1.13 分；大陆法系的七个发展中国家的平均分值为 3.89 分，增加了 1.61 分；中国的平均分为 5.93 分，增加了 1.6 分。1995—2005 年，中国的分值一直高于大陆法系发达国家、发展中国家，以及英美法系发展中国家的平均分值，同时低于英国、美国、加拿大三个英美法系发达国家的平均分值。但我们也发现，中国与英美法系发达国家的平均分值差距正在逐渐缩小，在 1995 年，差距为 1.67 分，到了 2005 年，差距缩小为 0.69 分；同时，中国与大陆法系发达国家的平均分值差距也在进一步拉大，在 1995 年，中国高于大陆法系平均分值 0.24 分，到了 2005 年，扩大到了 0.71 分（见表 1-3，图 1-1）。根据以上数据，我们可以看到，我国证券法律对投资者的保护水平是在不断增强的。

尽管 Simon Deakin 等编制的数据库包含了我国股东法律保护的纵贯数据，并为我们进行国别比较提供了基础，但该数据库仅包含了 1995—2005 年的数据。笔者希望能够获得从 1990 年开始，时间跨度到最近的数据。因为，这样的数据可以反映我国证券投资者立法保护水平从初始到现在的整个历史变迁过程。对此，厦门大学的沈艺峰教授等曾借鉴 LLSV 的方法，设计了一个包含 16 个变量①的指标体系，并对 1990—2002 年我国证券投资者立法保护水平进行了测量。② 之后，陈炜等在深交所的一份研究报告中，再次使用了这样的指标体系，并把时间点扩展到了 2003 年。③合并这两项研究，我们可得到 1990—2003 年我国证券投资法律保护指数的纵贯数据。如今，又过去了十多年，④ 在这之后我国证券投资立法保护水平又呈现出了什么样的变化呢？

为此，笔者将在上述研究的基础上，按照沈艺峰教授等的指标体系和赋值方法对我国 2004—2012 年证券投资保护的立法数据进行测量。⑤ 具体而言，笔者使用了由法律出版社法规中心汇编，2013 年出版的《中华人民共和国上市公司法律法规全书》作为我国证券投资者立法文本的数据来源。并将其中 2004—2012 年的全部法律法规作为测评样本，共计 170 件。⑥ 同时，笔者以陈炜等 2003 年的数据作为编码的基点，从 2004 年开始计量，最终得到了 1990—2012 年我国证券投资者立法保护水平的全部分值（见表 1-4）。

---

① 这 16 个变量包括：临时股东大会召集权；代理表决权；通信表决权；一股一票；股东起诉权利；累计表决权；重大事项表决方式；上市公司信息披露；会计政策与审计制度；外部独立董事；送配股政策；内部人股权转让；管理层、董监事持股规定；内幕交易；关联交易；限制大股东行为的规定。

② 沈艺峰、许年行、杨熠：《我国中小投资者法律保护历史实践的实证》，《经济研究》2004 年第 9 期。

③ 陈炜、孔翔、许年行：《我国的法律制度能有效保护中小投资者利益吗?》，研究报告，深圳证券交易所综合研究所，2005 年 8 月。

④ 尤其是 2005 年我国《公司法》《证券法》均进行了大幅修订。

⑤ 具体赋值方法本书略，详细内容参见沈艺峰、许年行、杨熠《我国中小投资者法律保护历史实践的实证》，《经济研究》2004 年第 9 期；陈炜、孔翔、许年行《我国的法律制度能有效保护中小投资者利益吗?》，深圳证券交易所综合研究所，2005 年 8 月。

⑥ 法律出版社法规中心编：《中华人民共和国上市公司法律法规全书》，法律出版社 2013 年版。应特别说明的是，前述沈艺峰等、陈炜等的研究均使用了中国证监会发行的《投资者维权教育手册》中列出的"维护证券投资者权益的主要法律、法规、规章和其他规范性文件目录索引"及其他相关的法律法规文本作为立法样本来源。受客观条件的限制，笔者没有能够获得该手册，进而使用全书作为立法文本的来源文献。因此，可能会出现全书列出的"主要法律、法规、规章和其他规范性文件"的范围大于或小于手册列出的范围之情形，进而导致最终在分值上的偏差。

表 1-4　我国证券投资者立法保护指数的历史变迁（1990—2012 年）

（单位：分）

年份	法律保护分值	年份	法律保护分值
1992 年以前	0	2002	59.5
1992	8	2003	65
1993	13	2004	66.5
1994	28	2005	91
1995	28.5	2006	108
1996	32	2007	116
1997	40	2008	126
1998	41	2009	131.5
1999	47	2010	135.5
2000	49	2011	143.5
2001	53.5	2012	148.5

　　为了更直观地表现我国证券投资者立法保护水平的历史变迁，笔者将表 1-4 绘制成了图 1-2。从该图中我们可以看到，我国证券投资保护的立法水平经历了一个由弱到强的历史过程。特别是到了 2005 年，随着《公司法》《证券法》的修订，曲线的斜率明显加大，表明我国证券投资者保护的立法进入快速发展时期。

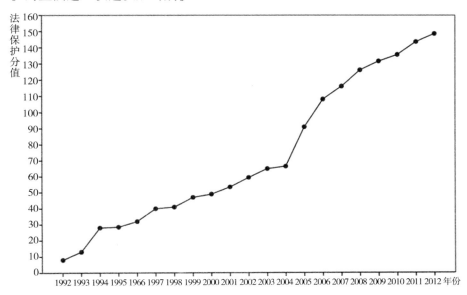

图 1-2　我国证券投资者立法保护指数的历史变迁（1990—2012 年）

第二节　"纸面上的法律"与"执行中的法律"是否存在分裂

　　根据以上检验结果，先前文献中所称我国证券法制水平低下的观点，至少从立法的角度来看是不能够成立的。相反，从某种程度上讲，我国已基本拥有了一套"好"的证券法律制度。然而，这样的一套制度体系是否存在着像 Roscoe Pound 所称的"纸面上的法律"与"执行中的法律"之间的分裂呢？

一　多个国家的经验证据

　　2000 年，时任肯尼迪政府学院公共政策助理教授的 Katharina Pistor，与欧洲复兴开发银行的 Martin Raiser、Stanislaw Gelfer 曾对东欧 24 个转型经济国家的投资者保护水平做过一项实证研究。他们发现，尽管法律改革让这些转型国家在纸面上的法律有了明显的提高，但这并没有使该地区的金融市场得到真正的发展。通过对相关变量的回归分析，Pistor 等指出，与法律条文的质量相比，法律执行对金融市场的发展水平更具解释力，而制约转型经济体资本市场发展的一个重要因素恰恰是执法效率的低下。[1] 2008 年，剑桥大学的 Sonja Fagernäs 等，使用前述剑桥大学商业研究中心编制的数据库，对法国、德国、英国以及美国的股东权利保护指数与股票市场的发展进行实证研究。通过对 1970—2005 年的数据分析后发现，两者之间没有关系。[2] 2009 年，牛津大学的 John Armour 等再次使用剑桥大

---

　　[1]　Katharina Pistor, Martin Raiser and Stanislaw Gelfer, "Law and finance in transition economies", *The Economics of Transition*, Vol. 8, No. 2, 2000, pp. 325-368. 在 2002 年发表的一篇文章中，Katharina Pistor 等使用 LLSV 的 49 个样本国家（地区）的数据，进一步指出，就法律执行的决定性因素而言，法律制度的移植过程比法律的起源更为重要。参见 Daniel Berkowitz, Katharina Pistor, Jean-Francois Richard, "Economic Development, Legality, and the Transplant Effect", *European Economic Review*, Vol. 47, Issue 1, February 2003, pp. 165-195。

　　[2]　Sonja Fagernäs, Prabirjit Sarkar, Ajit Singh, *Legal Origin*, *Shareholder Protection and the Stock Market: New Challenges from Time Series Analysis*, Centre for Business Research, University of Cambridge Working Paper, No. 343, June 2007, https://www.cbr.cam.ac.uk/fileadmin/user_upload/centre-for-business-research/downloads/working-papers/wp343.pdf.

学商业研究中心编制的数据库，对 25 个国家在 1995—2005 年的法律与金融发展进行研究。他们亦发现，股东权利保护的加强，并没有导致股票市场发展的加快。在一些关键性变量上，法律的变革和金融的发展甚至出现了负相关关系。[①]

2008 年金融危机后，证券法的有效执行问题亦引起了全球关注，20国集团工作组在 2009 年 4 月发布的一份应对 2008 年金融危机的最终报告指出："规范制度目标的实现，不仅要求有健全的制度，也要求对制度有效地执行。无论对市场参与者行为的规范制度多么健全，如果执行体系无效率，或者隐含着无效率，这些制度实现目标的可能性就会被严重削弱。"报告建议世界各国对建立有效和可靠的证券法执行制度给予优先考虑。[②] 事实上，对于证券投资者法律保护实际水平的测量，仅仅考察纸面上的制度是远远不够的。

二　基于 IOSCO《证券监管目标与原则》的量化评估

2005 年 10 月，在第一次修订的《证券法》即将公布的前夕，新上任的美国证券交易委员会主席 Christopher Cox 在北京接受记者采访时就曾表示，中国证券法的重点不在于法律有多正确，而在于执行法律的力度。[③]

---

① John Armour, Simon Deakin, Viviana Mollica, Mathias Siems, "Law and financial development: what we are learning from time series evidence", *Brigham Young University Law Review*, Vol. 2009, Issue6, 2009, pp. 1435–1500. 中文翻译可参见 ［英］约翰·阿穆尔、西蒙·迪金、维维安娜·莫妮卡、马休斯·西姆斯《法律与金融发展：时间序列证据能给我们什么启示》（上），《比较》2010 年第 51 期；约翰·阿穆尔、西蒙·迪金、维维安娜·莫妮卡、马休斯·西姆斯《法律与金融发展：时间序列证据能给我们什么启示（下）》，《比较》2011 年第 52 期。

② IFAC, *Recommendations for G-20 Working Group 1 – Enhancing Sound Regulation and Strengthening Transparency*, Mar 27, 2009, https：//www.ifac.org/system/files/publications/files/IFAC_ G20_ Letter_ Wkgp_ 1. pdf.

③ 参见李梅影《证券法重在执行》，http：//finance. sina. com. cn/roll/20051017/0222350267. shtml，2014 年 8 月 19 日。非常具有戏剧性的是，克里斯托夫·考克斯（Christopher Cox）在任期间，SEC 因未能及时发现伯纳德·麦道夫（Bernard Madoff）的庞氏骗局而备受指责，同时其作用也因贝尔斯登和雷曼兄弟的破产而被削弱。在其 3 年半的任期内，SEC 一直受到国会议员、投资者和检察长的批评，称其缺乏积极进取精神并且对华尔街银行过于顺从。前 SEC 委员哈维·戈德史密特（Harvey Goldschmid）说："我尊重考克斯，但毫无疑问，在他领导下，SEC 过于被动。"2009年 1 月，考克斯宣布辞去美国证券交易委员会主席一职。参见张玉蕾《美国证券交易委员会主席考克斯辞职》，http：//www. eeo. com. cn/2009/0121/127862. shtml。

然而，伴随着各种证券违法事件见诸报端，① 我国证券法律的执行长期饱受质疑与诟病。

另外值得关注的是，国际证监会组织（IOSCO）② 曾于 2010 年对我国的证券监管进行过一个全面的评估。③ IOSCO 使用的评估文件包括《证券

① 比如，2007 年的"杭萧钢构案"就是这样一个被广泛讨论的案件。2007 年 3 月，浙江杭萧钢构股份有限公司（简称杭萧钢构）宣布该公司获得了一份 313 亿元的大单合同。受此消息的影响，杭萧钢构的股价在 4 个月内大涨近 7 倍。后经证监会调查发现，该公司 2 月就已在一次内部会议上透露了这单合同的细节，并导致信息泄露到一些投资者手中，同时杭萧钢构的信息披露中存在着误导性陈述的内容。最后，证监会对杭萧钢构给予警告，并处以 40 万元罚款；同时，对 5 名直接责任人给予警告，并分别处以 10 万元、20 万元的罚款。证监会的处罚决定一出，市场一片哗然。正如一些评论者所说的那样，与杭萧钢构的股价涨幅相比，这样的处罚只能算是"毛毛雨"。参见胡作华、高晓娟《杭萧钢构案件回放》，http://news.xinhuanet.com/stock/2007-06/14/content_ 6239715. htm；凌建平、郝匀嘉等《对杭萧钢构的处罚恰似毛毛雨》，http://business.sohu.com/20070515/n250025238. shtml。又比如，2011 年的"绿大地案"也是近年来被经常提起的一个案件。2007 年年底上市的云南绿大地生物科技股份有限公司在其招股书中虚增营业收入 2.96 亿元，公司实际连续三年亏损。上市之后，该公司以同样的手段虚增收入 2.5 亿元。然而，法院一审判决却对绿大地的违法犯罪行为"手下留情"：云南绿大地生物科技股份有限公司犯欺诈发行股票罪，被判处罚金 400 万元人民币；原董事长何学葵犯欺诈发行股票罪，判处有期徒刑三年，缓刑四年；原财务总监蒋凯西犯欺诈发行股票罪，判处有期徒刑三年，缓刑四年；其他几名被告也全部被判缓刑。对此，中国证券法学会会长郭峰教授就曾表示，法院的一审判决处罚过轻，难以达到遏制证券犯罪的目的。参见陈菲、赵晓辉《对绿大地案件判决的质疑：过轻判决将引发不良示范效应》，http://news.xinhuanet.com/fortune/2011-12/11/c_ 122406210. htm。再比如，2013 年的"万福生科案"再次引起各界的极大关注。2008—2012 年上半年，万福生科农业开发股份有限公司（简称万福生科）累计虚增收入 9.2 亿元，虚增净利润 2 亿元左右。其中，造假最为严重的就是 2011 年，即上市当年，万福生科虚增收入 2.8 万元，虚增利润 5913 万元。2013 年 5 月，证监会对万福生科案进行了处罚。尽管与绿大地案相比，本次证监会对万福生科案在处罚力度和范围上都有所升级，甚至被人民网称为"史上最严厉罚单"，但在市场人士眼中，这个惩罚却远难当"最严"之名。参见田原《万福生科与绿大地案对比：处罚力度和范围均加大》，http://finance. people. com. cn/stock/n/2013/0515/c67815-21494694. html；宋璇《万福生科造假案处罚：打折的标杆》，http://www. infzm. com/content/90707。

② 其英文全称为 International Organization of Securities Commissions。

③ 此次评估的详细内容可参见国际货币基金组织、世界银行《关于中国遵守〈证券监管目标与原则〉详细评估报告》，中国金融出版社 2012 年版。

监管目标与原则》① 与《证券监管目标与原则实施状况评估方法》②。具体而言，《证券监管目标与原则》有 30 项评价原则，③ 基于该 30 项评价原则，IOSCO 在《证券监管目标与原则实施状况评估方法》中进一步划分"完全实施""大致实施""部分实施"和"未实施"四个评价级别，将参评国的监管实践与该 30 项评价原则进行逐一比对。在此次评估中，我国有 18 项原则为完全实施、有 8 项原则为大致实施、有 3 项原则为部分实施，完全实施的原则比例达到了 62.07%。④

为了将该评估结果与其他国家进行比较，笔者从国际货币基金组织的网站上，⑤ 下载到其他 25 个国家的详细评估报告。⑥ 笔者将 IOSCO 的四个评估级别进行了赋值：完全实施 = 10 分，大致实施 = 7.5 分，部分实施 = 3.5 分，未实施 = 0 分。最后，笔者将所有的评估原则加总求平均值，并得到了包括我国在内的 26 个国家的分值（详见表 1-5）。该分值反映了这 26 个国家对于《证券监管目标与原则》的实施情况。具体来讲，26 个国家的平均分值为 8.04 分；有 18 个国家的得分在该平均分值之上，并且分值相差不大。我国的得分为 8.63 分，略高于平均分，与最高分值 9.81 分相差 1.18 分，排名第十三位，处于中间位置。同时，笔者亦发现，美国

---

① 《证券监管目标与原则》（*IOSCO Objectives and Principles for Securities Regulation*）是国际证监会组织发布的咨询文件，其旨在为证券监管提供一个最佳实践标准。该文件的中文译本可参见中国证监会国际合作部《证券监管的目标和原则》，《证券市场导报》2006 年第 7 期。

② 为了便于对各国证券监管的状况进行评估，国际证监会组织亦颁布了《证券监管目标与原则实施状况评估办法》。中文译本可参见国际证监会组织《〈国际证监会组织证券监管目标和原则〉实施状况评估方法》，http：//www.csrc.gov.cn/pub/newsite/gjb/gjzjhzz/ioscojgmbyyz/201004/P020100412556159536587.pdf。

③ 30 项原则被划分为了 8 大类，即"与监管机构有关的原则""自律原则""证券监管的执法原则""监管合作的原则""集合投资计划原则""发行人原则""市场中介原则"及"二级市场原则"。囿于篇幅原因，本书未将该 30 项原则一一列出，其具体内容参见《证券监管目标与原则》。

④ 需要说明的是，此次 IOSCO 的评估只包含了 29 个原则，原则 30 并未进行评估。

⑤ 下载网址为：http：//www.imf.org/external/index.htm. 事实上，IOSCO 的评估方法不仅为各国进行自我评估提供了指引，同时也被国际货币基金组织和世界银行联合启动的"金融部门评估计划"（Financial Sector Assessment Program, FSAP）所采纳。

⑥ 这 26 个国家是（按照英文字母排序）：阿根廷、澳大利亚、加拿大、中国、法国、德国、印度、印度尼西亚、以色列、意大利、日本、科威特、马来西亚、墨西哥、荷兰、新西兰、尼日利亚、葡萄牙、俄罗斯、沙特阿拉伯、南非、西班牙、瑞典、泰国、英国、美国。

的得分为 8.15 分，低出我国 0.48 分。

表 1-5　基于 IOSCO《证券监管目标与原则》的量化评估（原则 8 至 10）

（单位：分）

排名	国家	得分	排名	国家	得分
1	意大利	9.81	14	瑞典	8.39
2	墨西哥	9.72	15	日本	8.30
3	马来西亚	9.57	16	澳大利亚	8.15
4	葡萄牙	9.57	17	美国	8.15
5	德国	9.15	18	沙特阿拉伯	8.09
6	英国	9.07	19	印度	8.00
7	荷兰	9.02	20	印度尼西亚	7.74
8	加拿大	9.00	21	泰国	6.93
9	西班牙	9.00	22	新西兰	6.11
10	法国	8.87	23	尼日利亚	6.11
11	以色列	8.87	24	阿根廷	5.87
12	南非	8.69	25	俄罗斯	5.31
13	中国	8.63	26	科威特	2.85
平均分	8.04				

以上分值包含了《证券监管目标与原则》30 项原则的全部评价，它反映了一国证券监管的总体水平。实际上，在这 30 项原则中，原则 8、原则 9、原则 10 被 IOSCO 归为"证券监管的执行"。鉴于此，笔者进一步将这三项原则加总的平均分值进行了单独统计（见表 1-6）。结果发现：这 26 个国家的平均分值为 7.79 分，有 19 个国家的得分在该平均分值之上；我国的得分为 8.33 分，高出平均分 0.54 分，与最高分值 10 分相差 1.67 分，排名第 11 位，仍然处在中间位置；美国的得分仍然低于中国，为 7.83 分。根据以上测评结果可以看出，我国证券法律的执行并不算差。这也与大众的直观感觉形成明显的反差。

表 1-6　基于 IOSCO《证券监管目标与原则》的量化评估（30 项原则）

（单位：分）

排名	国家	得分	排名	国家	得分
1	以色列	10.00	4	印度	7.83
1	马来西亚	10.00	4	尼日利亚	7.83
1	墨西哥	10.00	4	沙特阿拉伯	7.83
1	南非	10.00	4	西班牙	7.83
2	澳大利亚	9.17	4	瑞典	7.83
2	德国	9.17	4	美国	7.83
2	意大利	9.17	5	印度尼西亚	7.00
2	荷兰	9.17	5	日本	7.00
2	葡萄牙	9.17	6	新西兰	6.17
2	英国	9.17	7	泰国	5.67
3	中国	8.33	8	俄罗斯	4.83
4	加拿大	7.83	9	科威特	3.50
4	法国	7.83	10	阿根廷	2.33
平均分		7.79			

三　有待检验的假设

那么，究竟该如何看待这样的反差呢？很显然，由财经媒体的报道与评论而形成的直观感觉，是不能够作为评价结论的。因为，这些报道与评论大多是基于个案而作出的判断，并不能代表总体的情形。那么，基于 IOSCO 评估报告而得出的量化结论又是否可靠呢？笔者认为，IOSCO 的评估报告同样只能作为一个参考。首先，IOSCO 评价使用的信息很多是根据纸面上的规定，以及与相关部门的座谈与询问，[①] 因而其缺乏大样本的观察。其次，IOSCO 与执行直接相关的原则仅有三项，且均侧重于对被试国执法能力的测评。具体来讲，原则 8 旨在评估监管机构对监管对象进行持续监督、监察的能力；原则 9 旨在评估发现相关证券违法行为时，监管机构可以采取的查处行动；原则 10 旨在衡量监管机构如何以有效、可信的方式行使此等权力。将该三项原则综合起来，仅构成了对监管机构执法能力的评估，难以反映我国证券执法活动的真实面貌。因此，我国证券法律

---

① 参见国际货币基金组织、世界银行《关于中国遵守〈证券监管目标与原则〉详细评估报告》，中国金融出版社 2012 年版。

是否存在"纸面上的法律"与"执行中的法律"之间的分裂，仍然是一个有待检验的假设。

第三节　证券法律执行的评价方法

一　定义证券法律执行

在进入证券法律的执行检验之前，我们有必要首先简单地界定一下"法律执行"（law enforcement）的含义。

在我国法学辞典或教材中，法律执行简称执法，也称法的执行，有广、狭两种含义。广义上的执法，是指国家行政机关、司法机关、法律授权和委托的组织及其公职人员，依照法定职权和程序，贯彻实施法律的活动，它包括一切执行法律、适用法律的活动。狭义上的执法，是指国家行政机关、法律授权和委托的组织及其公职人员在行使行政管理权的过程中，依照法定职权和程序，贯彻实施法律的活动。一般所谓执法，仅指行政性执法，不包括国家司法机关及其公职人员依照法定职权和程序，贯彻实施法律的活动，即不包括法的适用或司法。① 因此，在我国的法学语境中，法律执行的主体被限定为国家或政府。

在法经济学的文献中，法律执行的主体不仅包括公共主体，而且还包括私人主体。换言之，法经济学把法律的公共执行（public enforcement）与私人执行（private enforcement）区分开来。所谓公共执行，是指政府部门对违法者进行的惩罚或提起的诉讼。所谓私人执行，则主要是指私人为了自己的利益而对违法者提起的诉讼。② 本书所谓的证券法律执行，是在法经济学意义上使用的，既包括证券法律的公共执行，亦包括证券法律的私人执行。

---

① 周旺生、朱苏力：《北京大学法学百科全书：法理学·立法学·法律社会学》，北京大学出版社 2010 年版。另可参见陈光中《法学概论》（第 5 版），中国政法大学出版社 2013 年版；张文显：《法理学》（第 2 版），高等教育出版社 2004 年版；李龙《法理学》，人民法院出版社 2003 年版。

② 关于公共执法与私人执法的相关法经济学文献，可参见 Gary S. Becker、George J. Stigler、William M. Landes、Richard A. Posner, Polinsky 等人的相关著述。中文资料可参见李波《公共执法与私人执法的比较研究》，北京大学出版社 2008 年版。

二　如何测量证券法律执行：一个学术梳理

尽管法律执行的重要性已经被普遍认可，但到目前为止，对于如何具体评估法律制度的执行，学者们却并没有达成一个普遍的共识。

在众多的研究文献中，Rafael La Porta、Florencio Lopez-de-Silanes 与 Andrei Shleifer（以下简称 LLS）于 2006 年发表的《什么在证券法中起作用?》是引用率非常高的一篇文章。在这篇文章中，三位学者用披露要求指数[①]与责任标准指数[②]这 2 个一级指标的平均值来表示私人执法的水平；用监管机构特征指数[③]、规则制定权指数、调查权指数[④]、法院裁定指数[⑤]、刑事处罚指数[⑥]这 5 个一级指标的平均值来表示公共执法的水平。在此基础上，LLS 对 49 个国家（地区）的证券执法水平进行了一个测评。[⑦] 之后，LLS 与世界银行的 Simeon Djankov 继续使用指标测量的方法，

[①]　披露要求指数（Disclosure requirements index）系以下 6 项指标的算术平均值：①招股说明书（Prospectus）；②薪酬（Compensation）；③股东（Shareholders）；④内部股权（Inside ownership）；⑤非常规合同（Irregular contracts）；⑥交易（Transactions）。

[②]　责任标准指数（Liability standard index）系以下 3 项指标的算术平均值：①发行商及其董事的责任标准（Liability standard for the issuer and its directors）；②承销商的责任标准（Liability standard for distributors）；③会计师的责任标准（Liability standard for accountants）。

[③]　监管机构特征指数（Supervisor characteristics index）系以下 3 项指标的算术平均值：①任命（appointment）；②任期（Tenure）；③监管领域（Focus）。

[④]　调查权指数（Investigative powers index）系以下 2 项指标的算术平均值：①取证（Document）；②举证（Witness）。

[⑤]　法院裁定指数（Orders index）系以下 3 项指标的算术平均值：①对发行人的裁定（Orders issuer）；②对承销商的裁定（Orders distributor）；③对会计师的裁定（Orders accountant）。

[⑥]　刑事处罚指数（Criminal Index）系以下 3 项指标的算术平均值：①对董事/高管的刑事处罚（Criminal director/officer）；②对承销商的刑事处罚（Criminal distributor）；③对会计师的刑事处罚（Criminal accountant）。

[⑦]　参见 Rafael La Porta, Florencio Lopez-de-Silanes, Andrei Shleifer, "What Works in Securities Laws?" *The Journal of Finance*, Vol. 61, No. 1, February 2006, pp. 1-32. 该文中，LLS 对 49 个国家的抽样数据进行回归分析后发现，披露要求与责任标准与证券市场的发展呈显著的相关性，而公共执法对发展证券市场的作用却是有限的。世界银行在其 2006 年的研究报告中也指出，在银行和证券市场，私人监督和执法的相关参数在推动市场发展方面比公共执法机制更为有效。该报告的下载网址为：http://siteresources.worldbank.org/inttopaccfinser/Resources/Institutional.pdf。

对 72 个国家（地区）规制自我交易的法律执行进行了评价。①

　　建立指标体系测评被研究的对象，是实现定量化研究非常重要且经常被使用的一种方法。但对于这样的研究，首先必须保证设计的指标体系能够相对准确和全面地反映被研究对象。而这恰恰是 LLS 的研究遭到诟病的地方。因为，在他们设计的测量指标中，仅反映了这 49 个国家或地区纸面上执行规则的特征，但其并不能反映法律在现实中的执行强度。

　　在 John Coffee 教授看来，"哈佛大学的 Howell Jackson 于 2005 年发表的《金融监管强度的变量：初步证据与潜在含义》或许是第一篇严肃测量主要工业国家证券执法强度的文章"②。在这篇文章中，Jackson 教授用每十亿美元股票市值的证券监管成本、每十亿美元 GDP 的证券监管成本、每百万人口监管人员数量、人均监管预算、每万亿美元股票市值的执法数量、每万亿美元股票市值的罚金数额来表示各国的监管强度，并对世界主要发达国家或地区的证券监管强度进行测量。③

　　2007 年，John Coffee 教授在《法律与市场：执行的影响》一文中，沿用了 Howell Jackson 关于执行强度的测量方法，对美国的证券执法政策进行讨论。Coffee 进一步指出，对执行强度更有意义的测量不是去关注证券监管者可获得的预算和人员编制，而应关注他们对违法者提起了多少诉讼和施加了多少制裁。在此基础上，Coffee 将证券法律的执行区分为"投

---

　　① 参见 Simeon Djankov, Rafael La Porta, Florencio Lopez-de-Silanes, Andrei Shleifer, "The law and Economics of Self-Dealing", *Journal of Financial Economics*, Vol. 88, Issue 3, June 2008, pp. 430-465. 该文亦支持了《证券法中什么在起作用》一文中，认为私人执法对于证券市场发展至关重要的观点。

　　② John C. Coffee, Jr., "Law and the Market: The Impact of Enforcement", *University of Pennsylvania Law Review*, Vol. 156, No. 2, December 2007, pp. 229-311.

　　③ Howell E. Jackson, "Variation in the Intensity of Financial Regulation: Preliminary Evidence and Potential Implications", *Yale Journal on Regulation*, Vol. 24, Issue2, Summer 2007, pp. 253-291. 该文的工作论文发布于 2005 年。之后，Howell Jackson 与他在哈佛大学法学院的同事 Mark Roe 教授，使用新的数据发展了其在 2005 年的研究。参见 Howell E. Jackson, Mark J. Roe, *Public Enforcement of Securities Laws: Preliminary Evidence*, March 6, 2007, http://corpgov.law.harvard.edu/2007/11/21/public-enforcement-of-securities-laws-preliminary-evidence/; Howell E.Jacksonand Mark J. Roe, "Public and private enforcement of securities laws: Resource-based evidence", *Journal of Financial Economics*, Volume 93, Issue 2, August 2009, pp. 207-238. 这些研究回应了《证券法中什么在起作用?》一文的观点，并指出公共执法对证券市场的发展同样重要。

入"（input）与"产出"（output）两个方面。[1] 根据这样的划分，我们可以发现一个有意思的现象：从执法投入来看，美国的数据并不十分的突出[2]；但转到执法产出时，美国的公共执法强度却远远大于其他国家，[3] 如果再加上私人执法的数据[4]，美国的证券执法强度将在统计上变成了一个显著的离群值（outlier）。[5] 该现象让我们提出这样一个问题：不论是公共执法，还是私人执法，其他国家证券执法的强度均远远低于美国，那么美国以外的其他国家的证券违法者是否很少受惩罚呢？

2011年，John Armour、Colin Mayer 与 Andrea Polo 在《金融市场的法律制裁与声誉破坏》一文中指出，可能的解释就是，其他国家的监管者或许更多地运用了声誉惩罚的机制，进而其与美国在证券执法数据上的差距更多是由执法模式不同而造成的。的确，作为一种非正式的执法机制，声誉惩罚会在很大程度上限制证券市场不当行为的发生，但在执法活动的统计数据上却往往难以得到体现。因此，John Armour 等考察了在2001—2011年1月，由金融服务监管局（Financial Services Authority）和伦敦证券交易所（London Stock Exchange）在其网站上发布的有关执法活动的声

---

[1] 参见 John C. Coffee, Jr., *Law and the Market : The Impact of Enforcement*, http://papers. ssrn. com/sol3/papers. cfm? abstract_ id=967482。

[2] 美国股票市场每10亿美元市值的监管投入为83943美元。明显比澳大利亚（279587美元）、加拿大（220515美元）、英国（138159美元）低；但与中国香港（73317美元）、新加坡（95406美元）处在一个水平。以上数据系 John Coffee 教授引用 Howell Jackson 教授的数据。参见 Howell E. Jackson, "Variation in the Intensity of Financial Regulation: Preliminary Evidence and Potential Implications", *Yale Journal on Regulation*, Vol. 24, Issue2, Summer 2007, pp. 253-291。

[3] 比如，根据2004—2005年的统计数据，美国证券交易委员会（SEC）作出的罚金数额几乎是英国金融服务局（FSA）作出的罚金数额的10倍。参见 John C. Coffee, Jr., "Law and the Market: The Impact of Enforcement", *University of Pennsylvania Law Review*, Vol. 156, No. 2, December 2007, pp. 229-311。

[4] 根据2005年的统计数据，美国证券交易委员会（SEC）作出的罚金数额，加上证券投资者提起的证券诉讼及和解得到的赔偿金额，共计115亿美元。若排除当年"世通公司案"的和解数额，仍然有53亿美元。参见 John C. Coffee, Jr., "Law and the Market: The Impact of Enforcement", *University of Pennsylvania Law Review*, Vol. 156, No. 2, December 2007, pp. 229-311。

[5] 美国为什么如此强调监管强度呢？Coffee 教授认为，这主要是为了阻止正在大量进入美国的外国发行者。因为，来自海外的上市公司通常都拥有一个控制股东，且具有榨取控制者私利的模式，故美国在执行方面的高压态势，可以有效降低信息不对称及股权溢价金。参见 John C. Coffee, Jr., "Law and the Market: The Impact of Enforcement", *University of Pennsylvania Law Review*, Vol. 156, No. 2, December 2007, pp. 229-311。

明，结果发现：受到惩罚的公司在统计上存在明显的异常损失，并且该损失约为其所受罚金与赔偿金的 9 倍。基于这样的研究结果，John Armour 等认为，尽管极少受到关注，但声誉惩罚是一种重要的证券执法形式，它的潜在影响甚至远远超过直接的经济惩罚。①

实际上，John Armour 在 2008 年发表的《英国公司治理的执行策略：路线图与经验评价》一文中就曾指出，简单地将法律的执行划分为公共执行与私人执行是非常具有局限性的。在该文中，Armour 将法律执行的二分法进行了再次划分，并得到了一个"二乘二"的分类框架（two-by-two classification）。该分类框架包括：正式的公共执行、非正式的公共执行、正式的私人执行、非正式的私人执行。② 其中，正式的公共执法与正式的私人执法就是传统意义上的二分法，而非正式的公共执法与非正式的私人执法系该二分法基础上的延伸。

根据 Armour 的阐释，所谓非正式的公共执法，是指公共主体作出的不包含司法或准司法程序的执法活动。非正式公共执法一般是通过声誉惩罚起作用的。比如，尽管没有法律上的惩罚，但一个专业性的机构对违规上市公司发出的公开谴责，就会对其股价造成负面的影响。另外，公共主体还可以仅通过与受监管上市公司的私下谈话，进而对该上市公司的不当行为提出警告，并责令其改正。③ 所谓非正式的私人执行，主要是指上市公司的股东所采取的行动。按照 Hirschman 较早前的归纳，我们可以将这些行动分为"退出"（exit）和"抱怨"（voice）。④ 就前者而言，表现为投资者拒绝购买股票，或者抛售他们已经购买的股票，这样的行为将引起公司股价的下跌，从而产生惩戒的效果；就后者而言，即股东通过投票权

---

① John Armour, Colin Mayer, Andrea Polo, *Regulatory Sanctions and Reputational Damage in Financial Markets*, October 2010, www.cepr.org/active/publications/discussion ＿ papers/dp.php? dpno＝8058.

② John Armour, *Enforcement Strategies in UK Corporate Governance：A Roadmap and Empirical Assessment*, 2010, http：//papers.ssrn.com/sol3/papers.cfm? abstract＿ id＝1133542.

③ Ibid..

④ 参见 Albert O. Hirschman, *Exit, Voice, and Loyalty：Responses to Decline in Firms, Organizations, and States*, Harvard University Press, 1970. quoted from John Armour, *Enforcement Strategies in UK Corporate Governance：A Roadmap and Empirical Assessment*, 2010, http：//papers.ssrn.com/sol3/papers.cfm? abstract＿ id＝1133542。

的行使，惩罚那些未能达到其期望的上市公司之行为。[1]

通过以上梳理，我们可以看到，就证券法律执行而言，至少存在着两种评价路径：一种是对相关主体在纸面上拥有执法权大小的测评，其以 LLS 的研究为代表；[2] 另一种则是就不同执法机制在实际运行中的适用频度和惩罚轻重进行的测评，其以 Howell Jackson、John Coffee 以及 John Armour 等人的研究为代表。从研究目的来讲，笔者更关心的是第二种类型的测量与评价。

三　本书的评价方法

下面，是本书对于证券法律执行的评价方法。笔者借鉴了 John Armour 教授所述的"二乘二"分类框架，将证券法律执行这一抽象概念分解为了"正式的私人执行"与"非正式的私人执行"，以及"正式的公共执行"与"非正式的公共执行"，共计两类四组执法机制（见表 1-7）。

表 1-7　　　　　　　　　证券法律执法的分类框架

	私人	公共
正式	民事诉讼	①刑事处罚 ②证监会执法
非正式	①股东投票 ②声誉惩罚	①证券交易所执法 ②看门人执法

就私人执行而言，正式私人执行与非正式私人执行的划分，在一定程度上遵循了 Robert Ellickson 等在社会规范（social norms）研究中，关于

---

① John Armour，"Enforcement Strategies in UK Corporate Governance：A Roadmap and Empirical Assessment"，2010，http：//papers. ssrn. com/sol3/papers. cfm? abstract_ id=1133542.

② 笔者亦根据 LLS 提供的指标体系对我国的证券法律执行进行了赋值（详见附录1、附录2）。具体来讲，就私人执行指数而言，我国的分值为 0.80 分，英美法系国家（地区）的平均分值为 0.68 分，法国法系国家（地区）的平均分值为 0.42 分，德国法系国家（地区）的平均分值为 0.51 分，斯堪的纳维亚国家（地区）的平均分值为 0.52 分，LLS 的 49 个样本国家（地区）的平均分值为 0.52 分。根据该数值，我国在私人执行方面的表现不错。就公共执行指数而言，我国的分值为 0.47 分，英美法系国家（地区）的平均分值为 0.62 分，法国法系国家（地区）的平均分值为 0.53 分，德国法系国家（地区）的平均分值为 0.25 分，斯堪的纳维亚国家（地区）的平均分值为 0.52 分，LLS 的 49 个样本国家（地区）的平均分值为 0.52 分。根据该数值，我国在公共执行方面的得分仅高于德国法系国家（地区）的平均分值。

"第三方执行"（third party enforcement）和"第二方执行"（second party enforcement）的划分。① 详言之，所谓的"第三方"，是指互动行为之外的主体（在本书中即人民法院）；而所谓"第二方"，则是指互动行为参与者本身（在本书中即股东自己）。因此，在本书中，所谓"正式的私人执行"，是指股东基于相关证券法律向人民法院提起的民事诉讼；所谓"非正式的私人执行"，是指股东自己基于股东投票权的行使，以及抛售或拒绝购买某上市公司股票而产生的执法机制。② 就公共执行而言，本书根据公共执法主体的不同而将其区分为刑事执法、行政执法和自律性组织的执法。③ 所谓"正式的公共执行"，包括刑事执法与行政执法，即国家或政府实施的证券执法活动。其中，行政执法特指我国证监会的执法。所谓"非正式的公共执行"，即自律性监管机构与看门人的执法活动。其中，自律性组织的执法限定为上交所与深交所作出的纪律处罚及相关监管措施。

在此分类的基础之上，本书第二章、第三章将分别就"正式的私人执行""非正式的私人执行""正式的公共执行""非正式的公共执行"四组执法机制进行评价。同时，应指出的是，该"二乘二"的分类框架仅仅是对复杂现实世界的一个简化处理。④ 除此之外，当然还会存在其他的一些执行机制。⑤ 从这个意义上讲，本书仅仅是一项初步的探索性研究。

---

① 关于上述"第三方执法"与"第二方执法"的划分，可参见 Robert C. Ellickson, *Order Without Law: How Neighbors Settle Disputes*, Harvard University Press, 1991, pp. 126-132. 中文译本可参见 [美] 罗伯特·C. 埃里克森《无需法律的秩序——邻人如何解决纠纷》，苏力译，中国政法大学出版社 2003 年版，第 153—160 页。

② 当然，可能会有人认为，本书所谓的"非正式的执行"更多地表现为"治理"（governance），而非"执行"（enforcement）。笔者认为，这更多的是表述问题，并不妨碍如此划分的操作性。

③ 如前所述，John Armour 教授将"非正式公共执行"定义为"公共主体作出的不包含司法或准司法程序的执法活动"。笔者认为，这样的定义稍显模糊。因此，本书以公共执法主体的不同进行划分，进而将"非正式公共执行"界定为自律性组织和看门人的执法活动。

④ John Armour 教授在《英国公司治理的执行策略：路线图与经验评价》一文中也指出："显然，还存在其他的分类方法来划分执行。实际上，（本文的）各种执行类别之间的界限是模糊的。因此，相比于二乘二的矩阵，二维散点图也许是一个更为精确的分析工具。因为，在现实世界中，绝大多数的机制或许都是这四种执行类别的混合。" 参见 John Armour, "Enforcement Strategies in UK Corporate Governance: A Roadmap and Empirical Assessment", 2010, http://papers. ssrn. com/sol3/papers. cfm? abstract_ id=1133542。

⑤ 比如，因监管竞争（regulatory competition）而产生的执法机制。

第二章

证券法的私人执行

在本章中，我们将分别评估我国证券法的正式私人执行与非正式私人执行。就正式的私人执行而言，主要包括因虚假陈述、内幕交易、操纵市场、欺诈客户而提起的民事诉讼，以及因损害公司利益而提起的股东代表诉讼；就非正式的私人执行而言，本章将就股东投票和声誉惩罚两类执法机制展开论述。

第一节 民事诉讼

一 证券民事诉讼简史

众所周知，我国股票市场的建立始于 1990 年 12 月，以上海证券交易所和深圳证券交易所的先后成立为标志。然而，直到 1998 年 12 月，我国才颁布了第一部《证券法》。在这之前，若投资者希望通过诉讼来追究上市公司及其管理层的责任，只能依据《民法通则》以及国务院颁布的《股票发行与交易暂行条例》。当然，即使投资者在当时提起这样的证券诉讼，法院受理的案件也寥寥无几。①

到了 2001 年，随着一批上市公司财务造假、市场操纵、内幕交易等

---

① 1998 年"红光实业案"的境遇，就是这类案件的一个缩影。1998 年年底，一上海股民以虚假陈述为由，将所有与"红光实业案"相关的 24 名董事及中介机构告上法庭。但三个月后，法院以"原告损失与被告的违规行为之间无必然联系，原告所述其股票交易案件不属于人民法院处理范围"为由，裁定驳回了原告的起诉。之后，有关红光实业虚假陈述的若干起损害赔偿的民事诉讼，均被驳回。参见《从红光实业到银广夏 证券市场民事赔偿路多长》，《上海证券报网络版》，http://finance.sina.com.cn/t/20010906/104276.html。

证券欺诈案件的陆续曝光，再加上新闻媒体的舆论推动，投资者希望通过诉讼方式获得赔偿的呼声也越来越高，进而各地投资者向法院提起的诉讼不断增多。① 在这样的背景之下，最高人民法院建议证监会尽快呼吁有关部门成立对证券市场纠纷调处的机构，来调解和处理市场发生的各种纠纷，进而缓冲民事诉讼的压力。然而，最高人民法院并未就此事与证监会达成一致。② 面对巨大的诉讼浪潮，最高人民法院于 2001 年 9 月 21 日，发布了《关于涉证券民事赔偿案件暂不予受理的通知》，要求所有下级法院暂停受理证券民事诉讼案件。③

该通知出台之后，立即受到了舆论的猛烈抨击。失望的投资者要求法律保护的呼声也越来越高，并引起了中央政府的高度重视。在各方面的压力之下，最高人民法院于 2002 年 1 月 15 日下发了《关于受理证券市场因虚假陈述引发的民事侵权纠纷案件有关问题的通知》。这标志着法院开始介入证券市场，受理虚假陈述引发的民事赔偿案件。但是，该司法解释只是从程序上解决了法院受理虚假陈述民事赔偿案件的管辖、诉讼时效、诉讼方式和前置程序的程序问题。在进一步研究之后，最高人民法院于 2003 年 1 月 9 日下发了《关于审理证券市场虚假陈述引发的民事赔偿案件的若干规定》。④

从上述历程来看，最高人民法院对审理证券民事诉讼的态度经历了一个从最初拒绝受理到有条件受理的转变过程。根据最高人民法院发布的《民事案件案由规定》，证券欺诈责任纠纷包括四种类型，即证券内幕交易责任纠纷、操纵证券交易市场责任纠纷、证券虚假陈述责任纠纷、欺诈

---

① 对于这个过程的详细描述，可参见陈志武、王勇华《从中国的经历看司法改革与资本市场的关系》，载梁治平主编《国家、市场、社会：当代中国的法律与发展》，中国政法大学出版社 2006 年版，第 197—220 页。

② 李国光、贾纬：《证券市场虚假陈述民事赔偿制度》，法律出版社 2003 年版，第 21—22 页。

③ 最高人民法院《关于涉证券民事赔偿案件暂不予受理的通知》规定："我国的资本市场正处于不断规范和发展阶段，也出现了不少问题，如内幕交易、欺诈、操纵市场等行为。这些行为损害了证券市场的公正、侵害了投资者的合法权益，也影响了资本市场的安全和健康发展，应该逐步规范。当前，法院审判工作中已经出现了这些值得重视和研究的新情况、新问题，但受目前立法及司法条件的局限，尚不具备受理及审理这类案件的条件。经研究，对上述行为引起的民事赔偿案件，暂不予以受理。"

④ 彭冰：《中国证券法学》（第 2 版），高等教育出版社 2007 年版，第 366 页。

客户责任纠纷。然而，目前最高人民法院仅针对因虚假陈述引发的民事诉讼出台司法解释。2007 年，最高人民法院的态度出现了松动，最高人民法院副院长在全国民商事审判工作会议上的讲话中指出，应当参照虚假陈述民事诉讼来处理因内幕交易和操纵市场引发的民事诉讼。[①] 但到目前为止，仍然没有针对其他类型案件的明确法律规范。在司法实践中，法院受理的案件主要是因虚假陈述引发的民事诉讼。这样一来，证券民事诉讼的可诉范围被限制在一个非常狭小的范围之内。

二　因虚假陈述而提起的民事诉讼

我们首先来看因虚假陈述而提起的民事诉讼。根据"中国裁判文书网"公开的数据，截至 2019 年 12 月 31 日我国证券欺诈责任纠纷的民事判决书共计 9005 份。其中，证券虚假陈述责任纠纷 8984 份，占比 99.77%。

（一）虚假陈述证券诉讼的需求端：低起诉率

笔者收集了从 2003 年 1 月最高人民法院发布《关于审理证券市场虚假陈述引发的民事赔偿案件的若干规定》之后，到 2013 年 12 月 31 日止，所有上市公司因虚假陈述而受到证监会处罚的行政处罚决定书，一共获得了 185 个样本。[②] 通过检索这些上市公司的公告[③]以及相关网络新闻，进而整理出在此期间，实际被起诉的上市公司数量（见表 2-1）。[④] 我们可以看到，2004 年被起诉的上市公司比率最低，仅占总体的 7.4%；2012 年被起诉的上市公司比率最高，仅占总体的 40%。在这 11 年里，因虚假陈述引发民事诉讼的上市公司为 44 家，占总体的 23.8%。换言之，有 76.2% 因虚假陈述而被证监会作出过行政处罚的上市公司，没有受到任何

① 参见《最高人民法院副院长奚晓明在全国民商事审判工作会议上的讲话——充分发挥民商事审判职能作用为构建社会主义和谐社会提供司法保障》，http：//vip. chinalawinfo. com/New-Law2002/SLC/slc. asp？db = chl&gid = 110729。

② 数据来源中国证监会官方网站：http：//www. csrc. gov. cn/pub/newsite/。

③ 公告来源于中国证监会指定披露媒体之一的"巨潮资讯网"：http：//www. cninfo. com. cn/information/lclist. html。

④ 笔者的最后搜索日期为 2015 年 1 月 1 日。

私人诉讼的威胁。①

表 2-1   我国虚假陈述案件的起诉率（2003—2013 年）

年份	可以被起诉的上市公司家数	实际被起诉的上市公司家数	起诉率（%）
2003	15	4	26.7
2004	27	2	7.4
2005	15	5	33.3
2006	19	5	26.3
2007	23	5	21.7
2008	18	4	22.2
2009	14	4	28.6
2010	16	5	31.3
2011	12	1	8.3
2012	15	6	40
2013	11	3	27.3
合计	185	44	23.8

    John Coffee 教授曾整理了 2002—2004 年美国证券集团诉讼的数据。根据 Coffee 的整理，2002—2004 年美国联邦法院正在审理的证券集团诉讼案件数量分别为 2325 件、2339 件、2480 件，其分别占到了所有集团诉讼案件的 47.5%、47%、47.9%。② 按照美国联邦司法中心（Federal Judicial Center）较早前的一项统计，平均每个证券集团诉讼大约有 45000 名原告。③ 如果我们取 2002—2004 年美国联邦法院受理证券集团诉讼案件的平均数（即 2381 件），则美国每年大约有 1.07 亿人次的证券投资者提起过证券诉讼。我国每年有多少证券投资者提起证券诉讼呢？在笔者收

---

    ① 据徐文鸣博士统计，针对因虚假陈述而被起诉的上市公司，提起诉讼的投资者平均仅占这些公司股东总数的 0.25%。参见徐文鸣《证券民事诉讼制度实施效果的实证研究——以虚假陈述案件为例》，《证券市场导报》2017 年第 4 期。

    ② John C. Coffee, "Reforming the Securities Class Action: An Essay on Deterrence and its Implementation", *Columbia Law Review*, Vol. 106, No. 7, November 2006, pp. 1534-1586.

    ③ Thomas E. Willging, Laural L. Hooper, Robert J. Niemic, "Empirical Study of Class Actions in Four Federal District Courts: Final Report to the Advisory Committee on Civil Rules", 1996, https://bulk.resource.org/courts.gov/fjc/rule23.pdf.

集与整理的 2003—2013 年证券民事诉讼案件中，被称为"共同诉讼第一案"的"大庆联谊案"的起诉股东人数最多，有 606 名股东起诉，法院受理案件总数为 145 件。① 2003—2013 年平均每年被诉的上市公司有 4家，如果我们按照每家上市公司有 600 名股东起诉，② 则我国每年最多有 2400 人次的证券投资者提起证券诉讼。因此，按照最保守的估计，美国每年参与证券诉讼的投资者人数也是我国的 4.46 万倍。

那么，在美国上市的中国公司遭遇证券集团诉讼的情况又如何呢？据统计，从 2001 年 6 月到 2013 年 1 月，共有 70 家在美国上市的中国公司遭遇了证券集团诉讼。③ 同时，随着赴美上市的中国企业逐年增多，中国企业遭遇证券集团诉讼的案件也越来越多。特别是 2010 年之后④，每年都有 10 家以上的中概股企业在美国遭遇证券诉讼。具体来讲，2010 年有 11 家，2011 年有 19 家，2012 年有 12 家。另外，2014 年有 12 家中概股企业遭受证券集团诉讼。⑤ 与中概股企业在美国遭遇证券集团诉讼的情况相比，国内上市企业面临的诉讼压力可谓微不足道。

（二）虚假陈述证券诉讼的供给端：集中的法律服务市场

根据徐文鸣博士的统计，2013 年 11 月 1 日至 2016 年 9 月 30 日，有 38 家律师事务所代理过虚假陈述证券诉讼，仅有 12 家律所代理的投资者数量超过 15 名。这说明，与美国的企业家式律师（Entrepreneur lawyers）不同，我国实际参与证券诉讼的律所数量较少，法律服务市场集中度较高，且主要分布在北京、上海、广州三地。⑥ 在此基础上，我们进一步检

---

① 参见《共同诉讼第一案：大庆联谊案》，http://finance.sina.com.cn/stock/t/20110309/19309500873.shtml。

② 应指出的是，这是按照最大数值的计算。实际上，除了"大庆联谊案"，笔者很少发现起诉股东有过 100 人的案件，有很多案件的起诉股东仅有 1 至 2 人。当然，这些数据大多源自对网络新闻的整理，因此可能会出现统计遗漏的情况。

③ 卓继民：《跨洋大鏖战：美国证券集体诉讼之中国概念股》，中国财政经济出版社 2013年版，第 507—511 页。

④ 2010 年是中国企业赴美上市数量最多的一年，该年有 34 家中国公司在美国上市，累计融资 37.3 亿美元，市值总和约为 246.5 亿美元。参见《2010 中国企业赴美 IPO 创历年之最，融资 37 亿美元》，http://stock.eastmoney.com/news/1406,20101228112586268.html，2015 年 2 月15 日。

⑤ 卓继民：《战火 2014：美国中概股集体诉讼综述》，http://tech.sina.com.cn/zl/post/detail/i/2015-02-15/pid_8472065.htm。

⑥ 徐文鸣：《证券民事诉讼制度的实证研究》，《中国政法大学学报》2017 年第 2 期。

索了截至 2019 年 12 月 31 日，相关主要律所代理虚假陈述案件的判决书数量，[①] 具体为：上海创远律师事务所，790 份；上海市东方剑桥律师事务所，753 份；广东环宇京茂律师事务所，594 份；浙江裕丰律师事务所，326 份；北京盈科律师事务所，324 份；广东经天律师事务所，169 份；上海市汇业律师事务所，120 份；广东奔犇律师事务所，75 份。

（三）虚假陈述证券诉讼的收益与成本

在已提起的虚假陈述证券诉讼中，投资者的收益与成本如何呢？黄辉教授对虚假陈述的获赔率进行过统计。[②] 在 65 个案件样本中，尽管大部分案件是调解或和解结案的，但也有不少案件得到了判决。其中，有 59 个案件获得了赔偿，占案件总数的 90.7%。更为重要的是，对于可证明损失部分（provable loss）[③] 而言，原告获赔率的均值为 83.1%，中值为 78.6%。[④] 相比而言，在美国的证券诉讼中，投资者能够获得的赔偿比例要明显低很多。根据 James Cox 与 Randall Thomas 对美国证券集团诉讼的统计，在《私人证券诉讼改革法案》[⑤] 之前，原告对于可证明损失部分的获赔率，均值为 13.5%，中值为 9.6%；在《私人证券诉讼改革法案》之

[①] 实际上，另有大量案件通过调解方式结案，但因大多数民事调解书未公开，故此部分数据无法统计。

[②] 在黄辉教授的样本框中，一共收集了 65 个证券诉讼案件。黄辉教授的数据主要来源于三个途径：（1）北大法宝与北大法意两个数据库的案例；（2）网络上公开的相关信息；（3）对相关法官和律师的访谈。参见 Robin Hui Huang，"Private Enforcement of Securities Law in China：A Ten-Year Retrospective and Empirical Assessment"，*The American Journal of Comparative law*，Vol. 61，No. 4，Fall 2013，p. 763。

[③] 所谓"可证明损失部分"（provable loss），是指证券民事诉讼中的损害标准测量，即投资者交易股票的价格与在没有虚假陈述情况下股票被交易的价格之间的差额。参见 Robin Hui Huang，"Private Enforcement of Securities Law in China：A Ten-Year Retrospective and Empirical Assessment"，*The American Journal of Comparative law*，Vol. 61，No. 4，Fall 2013，p. 770。

[④] Robin Hui Huang，"Private Enforcement of Securities Law in China：A Ten-Year Retrospective and Empirical Assessment"，*The American Journal of Comparative law*，Vol. 61，No. 4，Fall 2013，pp. 770-771。

[⑤] 1995 年 12 月 22 日，美国国会通过了《私人证券诉讼改革法案》（*Private Securities Litigation Reform Act*，PSLRA），旨在限制投资者提起证券集团诉讼。

后，其均值更是下降为 12.3%，中值下降为 5.1%。① 同时，在另一项研究中，James D. Cox 与 Randall S. Thomas 还发现，在与美国证券交易委员（SEC）的执法活动并行的私人诉讼中，获赔率低于 30% 的案件占到了总数的 91.9%。② 对于我国虚假陈述民事诉讼的获赔率，有学者亦给出了不同的实证检验结论。在徐文鸣博士的统计中，有超过 60% 的投资者未获得赔偿，仅有 6.92% 的案件获赔率高于 80%。③

笔者就 2019 年备受媒体关注的"股民诉祥源文化、龙薇传媒、赵薇等证券虚假陈述系列案件"④ 进行了统计。根据祥源文化诉讼公告的披露，截至 2019 年 12 月 31 日已审结的案件共计 477 件，起诉金额合计 5360.58 万元，投资者获赔金额合计 2462.35 万元，获赔率均值为 45.93%；同时，投资者承担的诉讼费共计 7.79 万元，刨除该费用，获赔率均值为 45.79%。其中，诉讼金额得到全部支持的共计 363 件，案件数量占比 76.10%；诉讼金额得到部分支持的共计 45 件，案件数量占比 9.44%；被驳回诉讼请求的共计 55 件，案件数量占比 11.53%；撤诉的共计 2 件，案件数量占比 0.42%；调解结案的 12 件，案件数量占比 2.51%。可见，即使在证监会作出行政处罚决定书的情况下，我国证券投资者针对

---

① James D. Cox, Randall S. Thomas, "Does the Plaintiff Matter? An Empirical Analysis of Lead Plaintiffs in Securities Class Actions", *Columbia Law Review*, Vol. 106, No. 7, November 2006, pp. 1087, 1627.

② James D. Cox, Randall S. Thomas, "SEC Enforcement Heuristics: An Empirical Inquiry", *Duke Law Journal*, Vol. 53, Issue2, Nov. 2003, pp. 737, 769.

③ 徐文鸣：《证券民事诉讼制度的实证研究》，《中国政法大学学报》2017 年第 2 期。

④ 案件基本情况如下：2016 年 12 月 23 日，万家文化发布公告，赵薇旗下公司龙薇传媒拟以 30.6 亿元收购万家文化 29.14% 的股份。该方案中龙薇传媒自有资金仅有 6000 万元，其余均为借入资金，杠杆比例高达 51 倍。2017 年 2 月 27 日，因此次收购"涉嫌违反证券法律法规"，万家文化被证监会立案调查。2017 年 4 月 1 日，万家文化发布公告宣布该股份转让事项终止。2017 年 9 月 26 日，万家文化更名为"祥源文化"。从公告收购到收购失败，祥源文化股价从 18 元一度冲高至 25 元。因龙薇传媒在自身境内资金准备不足，相关金融机构融资尚待审批，存在极大不确定性的情况下，以空壳公司收购上市公司，并在交易信息披露过程中存在虚假记载、重大遗漏和误导性陈述，证监会于 2018 年 4 月 11 日发布《行政处罚决定书》，决定对祥源文化、龙薇传媒责令改正，给予警告，并各处 60 万元罚款；对涉及此次收购的当事人孔德永、黄有龙、赵薇、赵政给予警告，并处 30 万元罚款；对孔德永、黄有龙、赵薇分别采取 5 年证券市场禁入措施。2018 年 1 月，投资者开始陆续提起民事诉讼。参见 http://tv.cctv.com/2019/07/22/VID-EqqRZazEpWIUH4L2JIqQJ190722.shtml? spm =C22284.PoJGBSlOPG74.S50129.40。

虚假陈述的获赔率依然不高，如果再扣除律师费①等相关诉讼成本，最终获赔率将更低。

通过对判决书的梳理可以发现，投资者败诉的主要原因在于，不能证明实际损失与虚假陈述之间的因果关系。《关于审理证券市场虚假陈述引发的民事赔偿案件的若干规定》第18条对因果关系的认定作出规定，投资者"在虚假陈述实施日及以后，至揭露日或者更正日之前买入该证券"，或者"在虚假陈述揭露日或者更正日及以后，因卖出该证券发生亏损，或者因持续持有该证券而产生亏损"应当认定虚假陈述与损害结果之间存在因果关系。因此，如果投资者在虚假陈述实施日之前，或者揭露日之后买入相关股票，法院通常不会认定虚假陈述与损害赔偿之间存在因果关系，进而驳回投资者的诉讼请求。

三　因内幕交易、操纵市场、欺诈客户而提起的民事诉讼

对于内幕交易、操纵市场、欺诈客户的民事责任，《证券法》仅规定"给投资者造成损失的，应当依法承担赔偿责任"。由于法条过于简单，实践中司法如何适用，没有相关的裁判标准，投资者在维权过程中通常举步维艰。这突出地表现在，投资者难以证明其损失与侵害行为之间的因果关系。根据"中国裁判文书网"公开的数据，截至2019年12月31日，证券内幕交易责任纠纷12份判决书，② 操纵证券交易市场责任纠纷3份判决书；欺诈客户责任纠纷6份判决书。根据这些判决书所呈现的裁判结果，我们发现因内幕交易、操纵市场、欺诈客户而提起的民事诉讼不仅数量极少，而且投资者的诉讼请求几乎不会得到支持。具体情况参见表2-2、表2-3、表2-4。

---

① 笔者阅读过上海两家律师事务所向投资者寄送的代理合同，其约定的律师费通常为"获赔款项的30%"。

② 应指出的是，"中国裁判文书网"已公开的证券内幕交易责任纠纷案件，全部为因"8·16光大证券内幕交易案"而引发的民事诉讼，但仅有12份判决书。根据光大证券年报披露的数据，截至2017年3月，共有502宗投资者提起民事诉讼，涉讼总金额约为人民币6873万元。

表 2-2　　　　　　　　　　　　操纵证券交易市场责任纠纷①　　　　　　　（单位：元）

案号	审级	地域	请求金额	支持金额	诉讼费负担
（2019）皖民终 121 号	二审	安徽	433535.08	0	7803.03
（2019）皖民终 111 号	二审	安徽	4519338.01	0	42954.7
（2018）皖 01 民初 806 号	一审	安徽	4519338.01	0	42955

表 2-3　　　　　　　　　　　　　　欺诈客户责任纠纷　　　　　　　　　（单位：元）

案号	审级	地域	请求金额	支持金额	诉讼费负担
（2017）粤 03 民终 12928 号	二审	广东	471739.25	0	8376
（2013）二中民终字第 17341 号	二审	北京	4800000	0	90400
（2017）苏 0623 民初 3826 号	一审	江苏	976140.08	0	6781
（2015）珠香法民二初字第 1450 号	一审	广东	未公开	未公开	未公开
（2013）东民初字第 06000 号	一审	北京	4800000	0	45200
（2012）玉区法民初字第 1417 号	发回重审	广西	295573.30	51254	4587

表 2-4　　　　　　　　　　　　　证券内幕交易责任纠纷　　　　　　　　（单位：元）

案号	审级	地域	请求金额	支持金额	诉讼费负担
（2016）沪民终 336 号	二审	上海	43508.94	0	887.72
（2016）沪民终 335 号	二审	上海	37524.02	0	738.1
（2016）沪民终 203 号	二审	上海	22765.84	0	369.15
（2016）沪民终 334 号	二审	上海	10510.44	0	62.76
（2016）沪民终 228 号	二审	上海	12745.84	0	118.65
（2016）沪民终 454 号	二审	上海	12598.87	0	114.97
（2016）沪民终 157 号	二审	上海	5104	0	970.35
（2016）沪民终 154 号	二审	上海	64524.76	0	1413.12
（2016）沪民终 158 号	二审	上海	3644.90	0	50
（2016）沪民终 155 号	二审	上海	46814.12	0	970.35
（2016）沪民终 148 号	二审	上海	31479.01	0	586.98

---

① 表 2-2、表 2-3、表 2-4 中，"地域"为审理法院所在地；"请求金额"为投资者所主张的赔偿金额；"支持金额"为法院最终所支持投资者诉求的金额；"诉讼费负担"为法院判决投资者所承担的诉讼费用。

续表

案号	审级	地域	请求金额	支持金额	诉讼费负担
（2016）沪民终 156 号	二审	上海	29413.10	0	535.33

　　值得注意的是，尽管目前对证券诉讼案件仍然持相对谨慎的立场，但近年来我国法院的审判态度正在发生着悄然的变化。对于以下两个案件的不同处理，代表性地反映了这样的变化：2010 年 9 月启动的黄光裕内幕交易①民事索赔案，被媒体称为"国内正式开庭审理的第一起因内幕交易引发的民事诉讼"。不少人对该案充满了期待，并认为其或将成为推动内幕交易民事诉讼机制向前发展的契机。律师也在报纸、网络上向投资者公开征集黄光裕内幕交易民事赔偿案的委托代理。但该案的结果令人失望，法院认为投资者的损失与黄光裕内幕交易行为之间不具有因果关系，最终驳回了投资者的诉讼请求。②

---

　　①　案件基本情况如下：黄光裕为北京中关村科技发展（控股）有限公司（简称中关村上市公司）、北京鹏泰投资有限公司（简称鹏泰公司）的实际控制人。2007 年 4 月，中关村上市公司拟与鹏泰公司进行资产置换，黄光裕参与了该项重大资产置换的运作和决策。在该信息公告前，黄光裕决定并指令他人借用龙燕等人的身份证，开立个人股票账户并由其直接控制。2007 年 4 月 27 日至 6 月 27 日，黄光裕累计购入中关村股票 976 万余股，成交额共计人民币 9310 万余元，账面收益 348 万余元。2007 年 7 月、8 月，中关村上市公司拟收购鹏润控股公司全部股权进行重组。在该信息公告前，黄光裕指使他人以曹楚娟等 79 人的身份证开立相关个人股票账户，并安排被告人杜鹃协助管理以上股票账户。2007 年 8 月 13 日至 9 月 28 日，黄光裕指使杜薇等人使用上述账户累计购入中关村股票 1.04 亿余股，成交额共计 13.22 亿余元，账面收益 3.06 亿余元。其间，许钟民明知黄光裕利用上述内幕信息进行中关村股票交易，仍接受黄光裕的指令，指使许伟铭在广东借用他人身份证开立个人股票账户或直接借用他人股票账户，于同年 8 月 13 日至 9 月 28 日，累计购入中关村股票 3166 万余股，成交额共计 4.14 亿余元，账面收益 9021 万余元。许钟民还将中关村上市公司拟重组的内幕信息故意泄露给其妻李善娟及相怀珠等人。同年 9 月 21 日至 25 日，李善娟买入中关村股票 12 万余股，成交额共计 181 万余元。2008 年 11 月 19 日黄光裕以操纵股价罪被调查。2010 年 5 月 18 日，北京市第二中级人民法院作出一审判决，以非法经营罪，内幕交易、泄露内幕信息罪和单位行贿罪判处黄光裕有期徒刑 14 年，罚金 6 亿元，没收财产 2 亿元。北京市高级人民法院 8 月 30 日对黄光裕非法经营罪、内幕交易罪和单位行贿罪案终审宣判，维持一审判决，黄光裕获有期徒刑 14 年。参见赵艳红、李婧《最高法院披露黄光裕案内幕交易犯罪细节》，https：//www.chinacourt.org/article/detail/2012/05/id/518670.shtml。

　　②　参见《股民诉黄光裕内幕交易民事索赔案败诉》，http://finance.chinanews.com/cj/2012/12-21/4427498.shtml。

2013 年 11 月，"光大证券乌龙指事件"引发的内幕交易行政处罚，①再次引起公众的关注。当月，最高人民法院发出《关于光大证券股份有限公司"8·16"内幕交易引发的民事赔偿案件指定管辖的通知》，指出"起诉人以证监会对光大证券作出的行政处罚决定为依据，以行政处罚决定确认的违法行为侵害其合法权益、导致其损失为由，采取单独诉讼或者共同诉讼方式向人民法院提起民事诉讼的，人民法院应当受理；同时，指定省、自治区、直辖市人民政府所在的市、计划单列市和经济特区中级人民法院作为一审法院管辖"。自 2013 年 12 月起，投资者诉光大证券公司证券、期货内幕交易责任纠纷案件陆续诉至法院。2015 年 9 月，法院对首批案件作出一审判决，支持了投资者的赔偿请求。这也是我国证券投资者在内幕交易民事赔偿案中第一次获得胜诉判决。② 目前，"中国裁判文书网"仅公开了 12 份判决书。通过梳理发现，这些案件中投资者的诉讼请求均被驳回，驳回的主要原因仍然是不能证明投资损失与内幕交易之间的因果关系。

四　缺失的股东代表诉讼

除了《证券法》上规定的民事责任，《公司法》亦赋予了少数投资者广泛的诉讼权利。就上市公司而言，中小股东可以直接提起的诉讼主要有七种。③ 具体来讲，当控股股东滥用股东权利损害公司或其他股东的利益时，其他股东可根据《公司法》第 20 条之规定提起股东代表诉讼或股东直接诉讼；当控股股东、实际控制人、董事、监事、高级管理人员利用关联交易损害公司利益时，股东可根据《公司法》第 21 条之规定提起股东代表诉讼；当股东大会、董事会的决议内容违反法律、行政法规时，股东

---

①　案件基本情况如下：2013 年 8 月 16 日，上证综指大涨近 6%，50 多只权重股触及涨停。后查明，当天异动的主要原因是光大证券自营账户巨额买入。这也是中国 A 股市场上迄今为止最大的乌龙事件。2013 年 11 月 1 日，证监会作出处罚决定，认定光大随后的对冲措施为内幕交易，对包括光大证券策略投资部总经理杨剑波在内的四名主要责任人作出处罚，杨剑波终身不得进入证券和期货市场，或担任上市公司董事、监事、高级管理人员职务。参见《"光大乌龙指"内幕交易案全回顾：历时 4 年终尘埃落定》，http://www.sohu.com/a/201371931_313170。

②　根据光大证券年报披露的数据，截至 2017 年 3 月，共有 487 宗案件结案，由光大证券赔偿投资者金额合计约人民币 4155 万元。

③　除了以下条文之外，《公司法》上的股东诉讼权利还规定在第 34 条和第 75 条。但这两个条文并不适用上市公司的股东，故此处不再论述。

可根据《公司法》第22条第1款之规定，请求法院确认决议无效；当股东大会、董事会的会议召集程序、表决方式违反法律、行政法规或者公司章程，或者决议内容违反公司章程时，股东可根据《公司法》第22条第2款之规定，在决议作出之日起60日内请求法院撤销；当董事、监事、高级管理人员违反忠实义务和勤勉义务时，股东可根据《公司法》第148条之规定提起股东代表诉讼；当董事、高级管理人员损害股东利益时，股东可根据《公司法》第153条之规定提起股东直接诉讼；当公司经营管理发生严重困难，继续存续会使股东利益受到重大损失，通过其他途径不能解决的，持有公司全部股东表决权10%以上的股东可根据《公司法》第183条之规定，请求法院解散公司。

　　针对上述法律条款的适用，笔者曾通过"中国裁判文书网"收集整理了2014年的全部相关判决，结果发现：适用《公司法》第20条，涉及控股股东滥用股东权利损害公司或其他股东利益的民事判决书有27份，涉讼公司全部为有限责任公司。适用《公司法》第21条，涉及控股股东、实际控制人、董事、监事、高级管理人员利用关联交易损害公司利益的民事判决书有11份，涉讼公司全部为有限责任公司。适用《公司法》第22条第1款，涉及股东会、董事会决议是否无效的民事判决书有84份，涉讼公司全部为有限责任公司。适用《公司法》第22条第2款，涉及股东会、董事会决议是否可撤销的民事判决书有115份，涉讼公司有4家为股份有限责任公司、有110家为有限责任公司。① 其中，4家股份有限公司均为非上市公司。适用《公司法》第148条，涉及董事、监事、高级管理人员违反忠实义务和勤勉义务的民事判决书有34份，涉讼公司全部为有限责任公司。适用《公司法》第153条，涉及董事、高级管理人员损害股东利益的民事判决书有14份，涉讼公司全部为有限责任公司。适用《公司法》第183条，涉及股东请求法院解散公司的民事判决书有118份，涉讼公司有1家为股份有限公司，有116家为有限责任公司。② 概言之，未有一起针对上市公司的股东直接诉讼。

　　那么，股东代表诉讼的运行情况如何呢？在英美公司法中，股东代表诉讼被视为是公司治理不可缺少的一项制度。如果缺乏该项制度，再完备

---

① 另外，还有1家股份合作制企业。

② 另外，还有1家股份合作制企业。

的公司治理安排，对董事、高级管理人员、监事以及控股股东而言，都是没有牙齿的老虎。因为，在错误决策、自我交易等不当行为发生时，虽然可以对侵害公司利益的行为提起诉讼，但问题是谁来启动该程序？尤其是，当侵权行为人就是董、监、高等公司内部人时，其结果不言自明。所以，对股东代表诉讼制度的移植亦成为一个全球现象。2005 年之前，我国司法实践中就已经出现股东代表诉讼，但由于《公司法》中无相关规定，各地法院在受理该类型案件时，裁判尺度亦不统一。2005 年，我国《公司法》第 152 条正式引入股东代表诉讼制度；① 同时，《证券法》第47 条②中亦规定了短线交易的股东代表诉讼

　　根据"中国裁判文书网"公开的判决书，笔者对股东代表诉讼的适用情况进行了初步统计，时间跨度为 2014 年 1 月 1 日至 2019 年 12 月 31日。我们收集到涉及股东代表诉讼的判决书数量为 638 份，具体为：2014年 46 份、2015 年 92 份、2016 年 85 份、2017 年 102 份、2018 年 172 份、2019 年 141 份。从省际分布上看，江苏、广东、上海、浙江四地法院审理的股东代表诉讼数量最多，合计 285 件，占比近全国的一半。如表 2-5

---

① 《公司法》第 151 条规定了股东代表诉讼制度，即"董事、高级管理人员有本法第一百四十九条规定的情形的，有限责任公司的股东、股份有限公司连续一百八十日以上单独或者合计持有公司百分之一以上股份的股东，可以书面请求监事会或者不设监事会的有限责任公司的监事向人民法院提起诉讼；监事有本法第一百四十九条规定的情形的，前述股东可以书面请求董事会或者不设董事会的有限责任公司的执行董事向人民法院提起诉讼。监事会、不设监事会的有限责任公司的监事，或者董事会、执行董事收到前款规定的股东书面请求后拒绝提起诉讼，或者自收到请求之日起三十日内未提起诉讼，或者情况紧急、不立即提起诉讼将会使公司利益受到难以弥补的损害的，前款规定的股东有权为了公司的利益以自己的名义直接向人民法院提起诉讼。他人侵犯公司合法权益，给公司造成损失的，本条第一款规定的股东可以依照前两款的规定向人民法院提起诉讼"。相关司法解释包括：最高人民法院《关于适用〈中华人民共和国公司法〉若干问题的规定（一）》第 4 条；最高人民法院《关于适用〈中华人民共和国公司法〉若干问题的规定（二）》第 23 条；最高人民法院《关于适用〈中华人民共和国公司法〉若干问题的规定（四）》第 23—26 条。

② 《证券法》第 47 条规定："上市公司董事、监事、高级管理人员，持有上市公司股份百分之五以上的股东，将其持有的该公司的股票在买入后六个月内卖出，或者在卖出后六个月内又买入，由此所得收益归该公司所有，公司董事会应当收回其所得收益。但是，证券公司因包销购入销售后剩余股票而持有百分之五以上股份的，卖出该股票不受六个月时间限制。公司董事会不按照前款规定执行的，股东有权要求董事会在三十日内执行。公司董事会未在上述期限内执行的，股东有权为了公司的利益以自己的名义直接向人民法院提起诉讼。公司董事会不按照第一款的规定执行的，负有责任的董事依法承担连带责任。"

所示：

表 2-5　　　　　　　　　　股东代表诉讼的省际分布

审理法院所在省份	股东代表诉讼的数量	占比（%）
江苏省	97	15.30
广东省	87	13.72
上海市	60	9.46
浙江省	41	6.47
其他省份	湖南（34）、福建（27）、四川（27）、安徽（24）、重庆市（23）、云南（23）、江西（20）、北京市（17）、湖北（17）、广西（17）、陕西（17）、天津市（15）、山东（15）、河南（14）、河北（14）、内蒙古（9）、辽宁（7）、青海（7）、黑龙江（5）、海南（5）、宁夏（5）、贵州（4）、新疆（3）、山西（2）、吉林（2）、甘肃（1）	55.05

从比较法的视角，尽管美国的股东代表诉讼较多，[①] 但其他国家的实施情况却不尽相同。比如，第二次世界大战后的日本，1950—1985 年，股东代表诉讼的数量平均每年不到一件。[②] 因此，从数量上看，我国股东代表诉讼制度已经在实践中得到了积极的运用。但进一步梳理可以发现，在 638 个判决书中，绝大部分案件发生在有限责任公司；涉及股份有限公司的案件共计 9 个（其中，6 个案件涉及同一家公司）。这 9 个案件的基本情况如表 2-6 所示：

表 2-6　　　　　　　股份有限公司代表诉讼的基本情况

案号	被代表公司是否为上市公司	原告适格要件	前置程序要件	诉讼结果
（2013）沪一中民六（商）重字第 S1 号	是	1 名法人股东，持股 13.77%	向董事会请求	支持

---

① 根据 Thompson 和 Thmas 的统计，1999—2000 年，仅特拉华州发生的股东代表诉讼就有 137 件。参见 Robert B. Thompson & Randall S. Thomas，"The Public and Private Faces of Derivative Lawsuits"，*Vand. L. Rev.*，Vol. 57，No. 5，2004，pp. 1747，1762。

② 黄辉：《中国股东派生诉讼制度：实证研究及完善建议》，《人大法律评论》2014 年第 1 期。转引自 Shiro Kawshima & Susumu Sakurai，"Shareholder Derivative Litigation in Japan：Law，Practice，and Suggested Reforms"，*Stan. j. intl L*，Vol. 12，1997，pp. 17-18。

续表

案号	被代表公司是否为上市公司	原告适格要件	前置程序要件	诉讼结果
2016 湘 07 民初 92 号①	否	137 名自然人股东，持股超过 1%	向董事会、监事会请求	支持
（2017）皖 02 民终 810 号	否	5 名自然股东，持股比例未载明	未请求	驳回
（2019）渝 0110 民初 4898 号	否	2 名法人股东，2 名自然人股东，合计持股 23%	向董事会、监事会请求	支持
（2019）渝 0110 民初 4899 号				
（2019）渝 0110 民初 4900 号				
（2019）渝 0110 民初 4901 号				
（2019）渝 0110 民初 4902 号				
（2019）渝 0110 民初 4903 号				

　　在上述案件中，涉及上市公司的股东代表诉讼仅一例。该案即备受关注的海航系与九龙山的系列纠纷之一，② 案件的基本情况如下：③

---

　　① 在"2016 湘 07 民初 92 号"案件中，常德市政府和国资委作为控制股东，被 137 名自然人股东提起股东代表诉讼并最终败诉，颇具观察价值。该案的基本案情如下：湖南常德欣运集团股份有限公司（简称欣运集团）的前身湘运常德分公司创办于 1949 年，性质为国有大型企业。2000 年，常德市委、市政府下发"9 号文件"，提出对欣运集团进行改制。2003 年 4 月，欣运集团的改制工作正式启动。2003 年 10 月，时任欣运集团董事长兼总经理的陈欣以 9200 万元拍得该企业 100% 的股权。后发现，改制过程中，陈欣等存在大量明显的财务造假行为，并造成国有资产的流失。2004 年 8 月，陈欣被"双规"。随后，欣运集团被市政府工作组接管。2005 年 12 月，市国资委给欣运集团下达《常德市人民政府国有资产监督管理委员会关于同意恢复原有股本结构的批复》。2006 年 8 月，欣运集团按照该批复进行了变更登记。自此，欣运集团由市政府和市国资委控股经营，法定代表人由市政府直接任命。在改制过程中，欣运集团共垫付相关经费 8852.781379 万元。2016 年 3 月，顾成华等股东分别向公司的董事会、监事会提出书面请求，要求欣运集团通过诉讼的方式向市政府收回垫付的企业改制经费，依法维护公司法人的合法权益，但欣运集团未提起诉讼。因此，顾成华等 137 名自然人股东向常德市中级人民法院提起股东代表诉讼。经审理，法院判定，市政府决定并且主导对欣运集团进行改制，依当时政策规定，国有企业改制的有关费用应由市政府负担，欣运集团为此垫付的改制费用，市政府应当偿还。
　　② 公开资料显示，2011 年 3 月，海航系以 16.53 亿元收购了李勤夫及其关联公司持有的九龙山 A、B 股合计 3.9 亿股，占九龙山总体股本的 29.9%，成为九龙山第一大股东，李勤夫持股比例下降至 19.2%，成为公司第二大股东。这成为海航系与九龙山系列纠纷的开始。
　　③ 参见证监会（2011）54 号行政处罚决定书、（2013）沪一中民六（商）重字第 S1 号判决书。

2006 年 2 月，上海九龙山股份有限公司（股票简称：九龙山；股票代码：600555）。根据股改承诺，原控股股东日本松冈株式会社同意将其持有的九龙山 66254198 股境外法人股（占股本总额的 15.25%）和 88380000 股 B 股（占股本总额的 20.34%）全部转让给平湖茉织华实业发展有限公司或李勤夫指定的境内外公司。

2007 年 9 月 21 日，日本松冈、日本野村证券有限公司与 RESORT 公司、OCEAN 公司分别签订股权转让协议，日本松冈将九龙山 48380000 股 B 股转让给 RESORT 公司，将 40000000 股 B 股转让给 OCEAN 公司，转让价格为每股 0.29 美元。

2007 年 11 月 16 日，日本松冈与九龙山国旅签订《转让上海九龙山股份有限公司 66254198 股 A 股之股份转让协议》，日本松冈将九龙山 66254198 股境外法人股转让给九龙山国旅，转让价格为每股 3.29 元。

2008 年 2 月 28 日，商务部批准上述九龙山 A 股股权转让；2008 年 9 月 2 日，证监会核准豁免 RESORT 公司、OCEAN 公司、九龙山国旅及平湖休闲的要约收购义务。2009 年 1 月 13 日，完成过户手续。

2009 年 3 月 2 日，九龙山国旅持有的 132508396 股九龙山 A 股上市流通，同日九龙山国旅开始通过集中竞价交易和大宗交易减持该股。2009 年 1 月 13 日至 6 月 5 日，6 个月内九龙山国旅合计减持九龙山 A 股 31892500 股，成交金额 165390539.49 元，扣除印花税、手续费、过户费及受让股权成本，盈利 112582401.78 元，扣除 25% 所得税后，净盈利 84436801.34 元。九龙山国旅减持前持股比例为 15.25%，减持后持股比例为 11.58%。

自 2009 年 2 月起，RESORT 公司和 OCEAN 公司开始减持所持九龙山 B 股股票。RESORT 公司于 2009 年 1 月 13 日至 7 月 10 日，6 个月内合计减持九龙山 B 股 34523217 股，成交金额 24253658.40 美元，扣除交易费用及受让股权成本，盈利 19157936.40 美元。RESORT 公司减持前持股比例为 11.13%，减持后持股比例为 7.16%。OCEAN 公司于 2009 年 1 月 13 日至 6 月 22 日，6 个月内合计减持九龙山 B 股 7193650 股，成交金额 3778439.37 美元，扣除交易费用及受让股权成本，盈利 2717559.75 美元。OCEAN 公司减持前持股比例为

9.21%，减持后持股比例为 8.38%。

2011 年 12 月，中国证券监督管理委员会作出（2011）54 号行政处罚决定书，认定九龙山国旅、RESORT 公司和 OCEAN 公司违反《证券法》第 47 条的规定，构成《证券法》第 195 条[①]所述的短线交易行为。

海航置业控股（集团）有限公司（简称海航置业）系持有九龙山 13.77%股权的股东。2012 年 6 月，海航置业向九龙山董事会及相关董事发出公函，要求向九龙山国旅、RESORT 公司和 OCEAN 公司追讨短线交易收益。但董事会并未提起相关诉讼，因此海航置业于 2013 年 12 月向上海市第一中级人民法院提起股东代表诉讼。因基本事实有行政处罚决定书和行政诉讼的确认，故本案中法院直接援引《证券法》第 47 条，支持了海航置业的诉讼请求。

在 2005 年《公司法》《证券法》修改时，学者对股东代表诉讼制度充满了期待，其被视为是解决股份公司控股股东滥用控制权等公司治理问题的一项重要制度。但从实际运行情况看，代表诉讼制度在股份有限公司中并没有得到中小股东的积极运用，仅有的一例涉及上市公司股东代表诉讼的发起者亦为控制股东。从这个意义上讲，股东代表诉讼制度在我国证券市场上对中小投资者的保护机能是缺失的，更谈不上之前有学者所担心的滥用问题。[②]

五 对正式私人执行的评价

法与金融方面的文献指出，相对于公共执法而言，私人执法对于证券市场的发展更为重要。[③] 但这一结论对中国证券市场的发展而言，似乎并

---

① 《证券法》第 195 条规定，"上市公司的董事、监事、高级管理人员、持有商事公司股份百分之五以上的股东，违反本法第四十七条的规定买卖本公司股票的，给予警告，可以并处三万元以上十万元以下的罚款"。

② 对此，不少学者认为，如下原因导致了股东代表诉讼提起的障碍：（1）对股份有限公司原告适格要件的限制过于严苛；（2）前置程序缺乏可操作性；（3）缺乏相应的费用及诉讼补偿机制。

③ Rafael La Porta, Florencio Lopez-de-Silanes, Andrei Shleifer, "What Works in Securities Laws?" *The Journal of Finance*, Vol. 61, No. 1, February 2006, pp. 1-32.

不适用。在整个 20 世纪 90 年代，投资者能够提起的证券诉讼寥寥无几。2001—2013 年，因虚假陈述被证监会处罚并引发民事诉讼的上市公司为 44 家，仅占总体的 23.8%。这表明，有 76.2%因虚假陈述而被证监会处以行政处罚的上市公司，没有受到过任何私人执行的威胁。同时，即使在证监会行政处罚的前置程序之下，投资者能够获得的赔偿依然有限，并承担着较高的诉讼成本。另外，在 2005 年修订《公司法》时，移植美国公司法且被寄予厚望的信义义务（《公司法》第 148 条）①、股东代表诉讼（《公司法》第 152 条）② 等制度设计，并没有在上市公司治理中发挥人们所期待的作用，正式的私人执行难以有效发挥制度机能。

第二节　股东投票

一　证券法私人执行的两种模式

从前面的经验数据来看，投资者依据我国《公司法》《证券法》实施的私人执行机制是非常微弱的。甚至从某种意义上讲，这样的正式私人执法机制在我国是缺失的。然而，如果我们把视线拓展至其他国家，而不只是放在美国上，就会发现几乎没有其他国家存在像美国一样的私人执法机制。John Coffee 教授就曾指出，在欧洲，不论是普通法国家还是大陆法国家，与美国的私人执法模式都存在很大的差别。详言之，集团诉讼、胜诉

---

① 信义义务在美国公司法中扮演了非常重要的角色，其不仅被视为是美国公司法的核心概念，且被认为是推动美国公司法继续发展的关键因素。在特拉华州的经典判例中，很多都涉及对信义义务的阐释。相关判例可参见 Guth v. Loft，5 A. 2d 503（Del. 1939）；Sinclair v. Levien，280 A. 2d 717（1971）；Weinberger v. UOP，Inc.，409 A. 2d 701（Del. 1983）；Revlon v. McAndrews & Forbes，506 A. 2d 173（Del. 1985）。

② 乔治·华盛顿大学法学院的 Donald Clarke 与密西根大学法学院的 Nichols Howson 曾对我国 2005 年《公司法》修订时引入的股东代表诉讼进行过一项研究。他们亦发现，我国有限责任公司股东提起的股东代表诉讼被大量使用，但涉及上市公司的诉讼案件却"令人吃惊地缺席了"（strikingly absent）。为此，这两位美国学者这样感叹道，"对于飞速增长的股份有限公司和它们的中小股东而言，（中国公司法）第 152 条所规定的股东代表诉讼似乎并没有发挥作用，或者其根本不被允许发挥作用"。参见 Donald Clarke，Nichols Howson，"Pathway to Minority Shareholder Protection Derivative Actions in the People´s Republic of China"，2011，http：//papers. ssrn. com/sol3/papers. cfm？abstract_ id=1968732。

酬金制和诉讼费用分担机制，[①] 这三大要素构成美国强大的私人执行机制，但这些要素在其他国家几乎都不存在。[②] 其中，英国就是一个最为典型的例子。尽管英国是普通法国家的代表，但正式的私人执行机制在英国几乎不存在。[③] 那么，在这些国家中什么机制在起作用呢？

为此，John Armour 教授给出了一个经验性的解释。他认为尽管英国缺少正式的私人执行，但英国的公司法通过股东大会赋予了股东相当大的权利。对于上市公司而言，这些权利又会因英国的《上市规则》（Listing Rules）、《公司治理联合准则》（*Combined Code of Corporate Governance*）及《收购法典》（*Takeover Code*）等规则而被加强。这些规则加在一起，使得英国的股东在不需要诉讼的情况下就能对上市公司的代理问题进行多方面的控制。[④] 换言之，这样的机制使得股东可以实施所谓的"非正式私人执行"，并使其成为正式私人执行的替代物。的确，英国的例子非常具有启发意义。John Coffee 教授亦指出，在执法上至少存在事前（ex ante）与事后（ex post）两种策略，而英国和美国恰恰代表了该光谱的两端。[⑤] 因此，我们可以这样来理解，美国式的私人执法更强调正式私人执行的运用，而英国式的私人执法则更重视非正式私人执行机制的运用。[⑥]

既然我国在正式的私人执行机制上存在缺失，那么在非正式的私人执

---

① 集团诉讼和胜诉酬金（contingent fee）制共同保证了发起诉讼的律师在胜诉之后能得到一大笔报酬。同时，诉讼费用分担机制让当事各方各自承担自己的诉讼费用，从而使得原告减轻了提起诉讼时的顾虑。

② John Coffee, "Do Norms Matter?: A Cross-Country Examination of the Private Benefits of Control", 2001, http://papers. ssrn. com/sol3/results. cfm? RequestTimeout = 50000000.

③ John Armour 等曾对 2004—2006 年英国的诉讼案件进行研究，结果发现针对上市公司违反信义义务的诉讼几乎不存在。参见 John Armour, Bernard Black, Brian Cheffins, Richard Nolan, "Private Enforcement of Corporate Law: An Empirical Comparison of the United Kingdom and the United States", 2009, http://papers. ssrn. com/sol3/results. cfm? RequestTimeout = 50000000。

④ John Armour, "Enforcement Strategies in UK Corporate Governance: A Roadmap and Empirical Assessment", 2010, http://papers. ssrn. com/sol3/papers. cfm? abstract_ id = 1133542.

⑤ John C. Coffee, Jr., "Law and the Market: The Impact of Enfocement", http://papers. ssrn. com/sol3/papers. cfm? abstract_ id = 967482.

⑥ Black 与 Kraakman 也曾指出，鉴于孱弱的制度基础，新兴市场国家应减少对正式法律执行的依赖，并鼓励公司的直接参与者尽可能多的实施"自我执行"（self-enforcing）。参见 Bernard Black, Reinier Kraakman, "A Self-enforcing model of corporate law", *Harvard Law Review*, Vol. 109, No. 8, June 1996, pp. 1911-1982。

行机制上表现如何呢？按照 John Armour 教授的归纳，非正式的私人执行机制包括两种形式，即：通过股东投票权行使的"抗议"（voice），以及通过抛售股份的"退出"（exit）。本节首先对前一种非正式私人执行机制行讨论，后一种非正式私人执行机制将在随后的一节里展开。对于前一种非正式私人执行机制，即股东通过投票权行使的"抗议"，本书将从股东投票的参与程度与否决率两个方面进行检验。为此，笔者从"国泰安数据库"收集了 2001—2013 年上市公司召开股东大会的所有样本，包括年度股东大会和临时股东大会，共计 59929 个。

二　我国上市公司股东投票的参与度

就股东投票的参与程度而言，笔者考察了"股东大会出席会议的股东及股东代表个数""股东大会出席股份比例"这两个方面的情况。

（一）股东大会出席会议的股东及股东代表个数

我们首先来看股东大会出席会议的股东及股东代表个数。[①] 2001—2013 年，我国股东大会出席会议的股东及股东代表个数的均值为 84 人、中值为 8 人，最小值为 0、最大值为 31517 人，标准差为 529.176。[②] 其中，2001 年出席人数的中值为 11 人，单次会议最少出席人数为 1 人、最多出席人数为 12520 人；2002 年出席人数的中值为 8 人，单次会议最少出席人数为 1 人、最多出席人数为 3501 人；2003 年出席人数的中值为 7 人，单次会议最少出席人数为 1 人、最多出席人数为 250 人；2004 年出席人数的中值为 7 人，单次会议最少出席人数为 1 人、最多出席人数为

---

① 应指出的是，鉴于"股东大会出席会议的股东及股东代表个数"数据的离散程度非常高，所以这里使用中值来反映数据的集中趋势。同时，这里将均值的数据经过四舍五入后附注如下：2001 年均值为 77 人，标准差为 375.942；2002 年均值为 27 人，标准差为 114.471；2003 年均值为 14 人，标准差为 22.036；2004 年均值为 2671 人，标准差为 18.414；2005 年均值为 236 人，标准差为 1094.854；2006 年均值为 475.04 人，标准差为 1422.606；2007 年均值为 89 人，标准差为 398.929；2008 年均值为 74 人，标准差为 436.850；2009 年均值为 56 人，标准差为 413.099；2010 年均值为 44 人，标准差为 279.474；2011 年均值为 39 人，标准差为 216.861；2012 年均值为 32 人，标准差为 167.121；2013 年均值为 29 人，标准差为 141.060。

② 2001—2013 年，股东大会出席会议的股东及股东代表个数的有效样本数分别为：2001 年为 2369 个，2002 年为 2573 个，2003 年为 2568 个，2004 年为 2671 个，2005 年为 2882 个，2006 年为 4112 个，2007 年为 4048 个，2008 年为 4511 个，2009 年为 4769 个，2010 年为 5874 个，2011 年为 6581 个，2012 年为 8258 个，2013 年为 7387 个。

302 人；2005 年出席人数的中值为 7 人，单次会议最少出席人数为 1 人、最多出席人数为 22652 人；2006 年出席人数的中值为 9 人，单次会议最少出席人数为 1 人、最多出席人数为 31517 人；2007 年出席人数的中值为 7 人，单次会议最少出席人数为 0、最多出席人数为 9737 人；2008 年出席人数的中值为 7 人，单次会议最少出席人数为 1 人、最多出席人数为 11119 人；2009 年出席人数的中值为 7 人，单次会议最少出席人数为 1 人、最多出席人数为 14014 人；2010 年出席人数的中值为 8 人，单次会议最少出席人数为 1 人、最多出席人数为 16648 人；2011 年出席人数的中值为 8 人，单次会议最少出席人数为 1 人、最多出席人数为 10007 人；2012 年出席人数的中值为 7 人，单次会议最少出席人数为 1 人、最多出席人数为 5893 人；2013 年出席人数的中值为 8 人，单次会议最少出席人数为 1 人、最多出席人数为 5806 人。

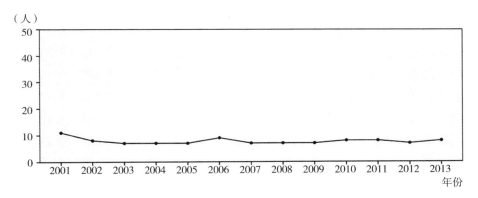

图 2-1　每年股东大会出席会议的股东及股东代表个数（2001—2013 年）

（二）股东大会出席股份比例

我们再来看股东大会出席股份比例。[①] 2001—2013 年，我国股东大会出席股份比例的均值为 53.86%、中值为 54.50%，最小值为 0、最大值为

---

① 相对而言，"股东大会出席股份的比例"的数据离散性程度不大，因此这里同时使用均值与中值描述，并将标准差附如下：2001 年数据的标准差为 14.770；2002 年数据的标准差为 14.983；2003 年数据的标准差为 15.936；2004 年数据的标准差为 16.147；2005 年数据的标准差为 15.065；2006 年数据的标准差为 16.918；2007 年数据的标准差为 17.131；2008 年数据的标准差为 18.071；2009 年数据的标准差为 21.201；2010 年数据的标准差为 22.422；2011 年数据的标准差为 21.149；2012 年数据的标准差为 18.653；2013 年数据的标准差为 18.026。

100%，标准差为 18.811。[1] 2001 年出席股份比例的均值为 58.62%、中值为 60.17%，单次会议出席股份比例的最小值为 0、最大值为 100%；2002 年出席股份比例的均值为 58.18%、中值为 59.67%，单次会议出席股份比例的最小值为 0、最大值为 100%；2003 年出席股份比例的均值为 58.08%、中值为 59.09%，单次会议出席股份比例的最小值为 0、最大值为 100%；2004 年出席股份比例的均值为 58.81%、中值为 60.06%，单次会议出席股份比例的最小值为 0、最大值为 100%；2005 年出席股份比例的均值为 58.82%、中值为 60.69%，单次会议出席股份比例的最小值为 1%、最大值为 100%；2006 年出席股份比例的均值为 55.66%、中值为 56.50%，单次会议出席股份比例的最小值为 0、最大值为 100%；2007 年出席股份比例的均值为 50.79%、中值为 50.72%，单次会议出席股份比例的最小值为 0、最大值为 100%；2008 年出席股份比例的均值为 50.67%、中值为 50.70%，单次会议出席股份比例的最小值为 0、最大值为 100%；2009 年出席股份比例的均值为 52.38%、中值为 51.06%，单次会议出席股份比例的最小值为 0、最大值为 100%；2010 年出席股份比例的均值为 54.41%、中值为 52.91%，单次会议出席股份比例的最小值为 0、最大值为 100%；2011 年出席股份比例的均值为 54.21%、中值为 54.11%，单次会议出席股份比例的最小值为 0、最大值为 100%；2012 年出席股份比例的均值为 51.66%、中值为 52.49%，单次会议出席股份比例的最小值为 0、最大值为 100%；2013 年出席股份比例的均值为 50.86%、中值为 51.86%，单次会议出席股份比例的最小值为 0、最大值为 100%。

通过以上数据的呈现，我们可以看到股东投票参与程度的两个面相。一方面，"股东大会出席会议的股东及股东代表个数"非常少，年均中值仅为 8 人；但另一方面，"股东大会出席股份比例"却都超过了半数，年均中值为 54.50%。这表明，股东对于行使投票权的积极性不高，参与程度非常之低，并且从一个侧面也反映出我国上市公司股权高度集中的现实。

---

① 2001—2013 年，股东大会出席股份比例的有效样本数分别为：2001 年为 2389 个，2002 年为 2603 个，2003 年为 2589 个，2004 年为 2688 个，2005 年为 2890 个，2006 年为 4118 个，2007 年为 4045 个，2008 年为 4513 个，2009 年为 4771 个，2010 年为 5875 个，2011 年为 6580 个，2012 年为 8259 个，2013 年为 7387 个。

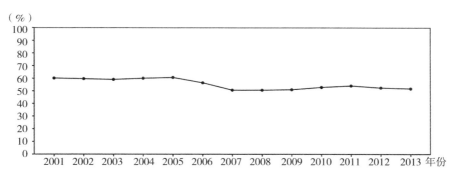

图 2-2　每年股东大会出席股份比例（2001—2013 年）

三　我国上市公司股东投票的否决率

　　评价股东投票是否起作用，除了看股东投票的参与程度之外，更为直接的一个判断标准是看股东投票对董事会提案的否决率。[①] 从某种程度上讲，否决率的高低直接反映了股东在多大程度上对公司决议事项享有发言权。

　　我国《公司法》第 38 条、第 100 条对股东投票的范围作了具体的规定。在此，笔者仅就股东投票对关联交易提案的否决率进行统计。所谓"股东投票对关联交易提案的否决率"，是指被否决的关联交易提案数与关联交易提案总数之间的比值。比如，2001 年的关联交易提案数为 217 个，被否决的关联交易提案数为 1 个，二者的比值为 0.46%，此即股东投票对关联交易提案的否决率。根据前述收集得到的 59929 个样本，笔者计算、整理出了表 2-7。该表反映了 2001—2013 年，我国上市公司股东投票对关联交易提案的否决率。

表 2-7　我国上市公司股东投票对关联交易提案的否决率（2001—2013 年）

（单位：个）

年份	样本数	关联交易提案数	被否决数	否决率（%）
2001	2395	217	1	0.46

---

　　① 正如施天涛教授所言，"关于股东权力行使的特点，与其说是法律赋予了股东会对特定事项和交易进行表决并作出决定的权力，毋宁说是法律赋予了股东会对董事会的提案予以赞同或者否决的权力"。参见施天涛《公司法论》，法律出版社 2006 年版，第 310 页。

续表

年份	样本数	关联交易提案数	被否决数	否决率（%）
2002	2627	309	2	0.65
2003	2599	315	0	0
2004	2698	377	3	0.80
2005	2896	1719	6	0.35
2006	4304	780	4	0.51
2007	4273	1015	1	0.10
2008	4578	1164	4	0.34
2009	4879	1402	0	0
2010	6165	1721	8	0.46
2011	6744	1894	11	0.58
2012	8380	2032	20	0.98
2013	7391	2212	17	0.77
合计	59929	15157	77	0.51

从表 2-7 中我们可以看到，2001—2013 年，共计 15157 个关联交易提案，其中被否决的仅有 77 个，年均否决率为 0.51%。在 2003 年、2009 年，甚至没有关联交易提案被否决，即否决率为 0。2012 年，股东投票对关联交易提案的否决率达到 0.98%，为 13 年的最高值，但仍旧不到 1%。尽管股东不论投赞成票，还是投反对票，都能够反映其对公司决议事项上的发言权，但畸低的否决率，却在很大程度上说明了我国股东投票作用的微弱。

四　股东选任董事权利的落空

董事会与股东会之间的权力平衡一直是公司治理的核心问题。在过去的十多年时间里，尤其是 2008 年金融危机之后，欧美学界和立法者一直主张赋予股东更多的权力，鼓励其参与公司治理。2005 年，《公司法》导入股东提案权、累积投票等制度设计，以增强少数股东的话语权。应当说，立法者的初衷是对上市公司控制股东掠夺行为的限制。但这些制度设计在实践中却常常被"落空"。

我国《公司法》第 37 条[①]、第 102 条[②]赋予了股东选任董事的权利。按照《公司法》的规定，持有或联合持有 3%以上股份的股东有提出议案的权利。从各国的公司法规范来看，选任董事是股东大会的一项基本权利。但是，在我国的公司法实践中，上市公司往往在章程中规定特别条款，以限制股东提名董事的权利。张舫教授曾对沪深两市 40 家上市公司章程进行梳理，发现通过提高股东提案权行使的持股比例、附加连续持股的时间要求、限制提名董事候选人的人数、分类董事会等方式，其在实际上大大限制了股东提名董事的权利，这不仅为敌意收购的竞争者设置了障碍，也在很大程度上剥夺了少数股东的监督权。[③]

累积投票制在实践中的运行效果不佳，是另一个比较典型的例子。在累积投票制下，每个有表决权的股份享有与拟选出的董事、监事人数相同的表决权，股东可以自由地在各候选人间分配其表决权，既可分散投于多人，也可集中投于一人，然后根据各候选人得票多少的顺序决定董事、监事人选。所以，其在一定程度上为中小股东的代言人进入董事会、监事会提供了保障，因而被视为是衡量一国资本市场对少数投资者保护力度的重要指标。[④] 我国现行《公司法》第 105 条亦规定了该项制度。[⑤] 同时，在证监会和两大证券交易所的积极推广下，[⑥] 我国上市公司普遍将累计投票制写入章程。然而，在股权高度集中的情况下，上市公司通过各种方式限

---

① 《公司法》第 37 条第（二）项规定，股东会可行使的职权包括"选举和更换非由职工代表担任的董事、监事，决定有关董事、监事的报酬事项"。

② 《公司法》第 102 条第 2 款规定，"单独或者合计持有公司百分之三以上股份的股东，可以在股东大会召开十日前提出临时提案并书面提交董事会；董事会应当在收到提案后二日内通知其他股东，并将该临时提案交股东大会审议。临时提案的内容应当属于股东大会职权范围，并有明确议题和具体决议事项"。

③ 张舫：《上市公司章程中董事选任条款的有效性》，《法学》2009 年第 1 期。

④ 在 LLSV "反董事权利指数"的 6 个变量中即包含该项制度。

⑤ 《公司法》第 105 条：股东大会选举董事、监事，可以依照公司章程的规定或者股东大会的决议，实行累计投票制。本法所称累计投票制，是指股东大会选举董事或者监事时，每一股份拥有与应选董事或者监事人数相同的表决权，股东拥有的表决权可以集中使用。

⑥ 2002 年，在证监会与原国家经贸委联合发布的《上市公司治理准则》中，最早规定了累计投票制。其第 31 条规定，"股东大会在选举董事过程中应推进累积投票制度，控股股东控股比例在 30%以上的公司，应当采取累积投票制度"。2004 年，证监会发布《关于加强社会公众股东权益保护的若干规定》，鼓励所有上市公司采用累计投票制。之后，上交所、深交所在相关规范性文件中，亦大力推行累计投票制度。

制累计投票制的使用，使其成为停留在"纸面上的权利"。[①]

五　制度为什么不能起作用

前面提到，尽管英国缺少正式的私人执行，但英国的公司法通过股东大会赋予了股东相当大的权利，可以使得英国的股东在不需要诉讼的情况下就能对上市公司的代理问题进行多方面的控制。实际上，就股东投票的决议事项而言，我国《公司法》亦作了较大范围的规定，并赋予了股东大会相当大的权力，[②] 但为什么股东投票机制的作用如此的微弱呢？为了回答这个问题，我们有必要首先对英国股东投票机制的运行做一个简单的梳理。

根据 John Armour 教授的分析，作为非正式执行机制的股东投票之所以能够发挥如此大的作用，主要原因在于机构投资者在英国公司治理中扮演着重要角色。[③] 从 20 世纪 50 年代开始，并经过了 60 年代和 70 年代，随着养老基金（pension funds）、保险公司（insurance companies）和单位信托（unit trusts）持股比例的急剧增加，机构投资者成为英国股票市场中最重要的股东群体[④]（见图 2-3）。由于机构投资者对于公司的良好治理有着直接利益诉求，因而会积极、高效地参加股东投票，所以也就不难理解为什么英国的股东投票机制会发挥如此大的作用。

然而，我国的证券市场却并不存在像英国那样由机构投资者主导的局面。图 2-4 呈现了 2007—2013 年上海证券交易所各类投资者持股比例的

---

① 有学者基于对深交所上市公司 2012 年年报的分析指出，累计投票制度的效果并不显著，几乎沦为大股东或实际控制人的"作秀"。由于股权高度集中，进而在通常情况下，即使按照累计投票的方式，深交所上市公司的前三大股东亦能够选出半数以上的董事；同时，凭借模糊累计投票适用范围、减少应选董事或监事的人数、等额选举、剥夺或限制中小股东的提名权等方式，累计投票制度的功效将大为削弱。参见蒋学跃《我国上市公司累计投票权实施效果的实证研究——基于深市上市公司 2012 年年报数据的分析》，载黄红元、徐明主编《证券法苑》（第 9 卷），法律出版社 2013 年版，第 641—655 页。

② 详见我国《公司法》第 38 条、第 100 条之规定。

③ John Armour, "Enforcement Strategies in UK Corporate Governance: A Roadmap and Empirical Assessment", 2010, http://papers.ssrn.com/sol3/papers.cfm? abstract_ id=1133542.

④ 这与英国收入分配调整和促进发展私人养老金计划有关。参见 Brian R. Chefins, Steven A. Bank, "Corporate Ownership and Control in the UK: The Tax Dimension", *The Modern Law Review*, Vol. 70, Issue5, September 2007, p. 778。

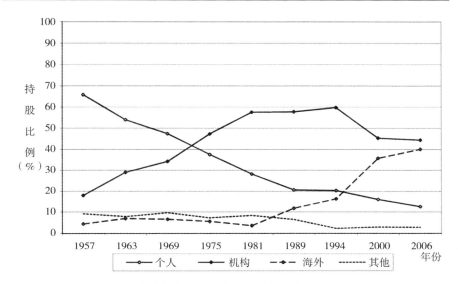

图 2-3 英国上市公司各类投资者持股比例变化（1957—2006 年）

变化。① 从该图中我们可以发现，个人投资者的持股比例始终高于机构投资者②的持股比例。根据 2013 年的数据，我国机构投资者在上海证券交易所的持股账户数占比 0.09%，持股市值占比 14.58%，交易占比 15.3%；与之相比，个人投资者的持股账户数占比 99.78%，持股市值占比 21.78%，交易占比 82.24%。从以上数据可见，我国的证券市场仍然是一个由散户主导的市场。

当然，我们也注意到，股权分置改革之后，随着限制转让的股份逐步解禁，一般法人的持股比例在近年来得到了大幅度提升，并在 2009 年首次突破 50%，成为上交所持股比例最大的股东群体。如果将机构投资者的持股比例加上一般法人的持股比例，其总持股比例从 2008 年开始，就已经超过个人投资者的持股比例。但应指出的是，从公司治理的角度来看，一般法人持股与专业的机构投资者持股是存在明显差别的。详言之，与专业的机构投资者相比，一般法人会因信息收集等监督成本上过高，而不愿花费更多的资金和时间成本在公司治理上。因此，它们并不会像机构投资者那样积极地参与股东投票。

---

① 具体的数据见附录 3。数据来源：http://www.sse.com.cn/。

② 此处的"机构投资者"即专业机构，包括券商自营、投资基金、社保基金、保险资金、资产管理及 QFII 等。

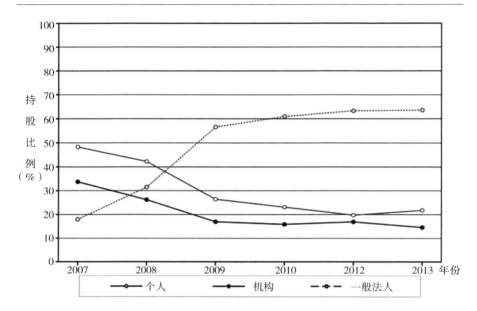

图 2-4　上海证券交易所各类投资者持股比例变化（2007—2013 年）

实际上，除了机构投资者持股比例不高之外，股权结构的高度集中是我国股东投票作用甚微更为重要的一个原因。[①] 根据王文杰教授的概括，我国上市公司的股权结构突出地表现为以下特点：流通股的比重低，绝大部分股份不能上市流通；非流通股过于集中，导致控制股东"一股独大"的鲜明情景；流通股过于分散，机构投资者比重过小；上市公司的最大股东通常为一控股公司，而不是自然人。[②] 以 2010 年 A 股的数据为例，沪市百万股以上的户数为 2.01 万户，仅占总户数的 6.28%，但其持有12880.25 亿股，占总持股数的 80.44%；深市主板百万股以上的户数为0.71 万户，仅占总户数的 0.04%，但其持有 1260.40 亿股，占总持股数的 50.31%；深市中小板百万股以上的户数为 0.30 万户，仅占总户数的0.04%，但其持有 463.77 亿股，占总持股数的 59.28%；深市创业板百万股以上的户数为 0.04 万户，仅占总户数的 0.03%，但其持有 17.92 亿股，占总持股数的 33.28%。[①] 另外，根据王文杰教授的统计，在 2003 年股权分置改革之前，上海证券交易所的上市公司第一大股东平均所占公司的股份高达 43.9%，即使是第二大股东亦占有 8.1%；到 2008 年，股权分置改革之后，第一大股东平均所占公司的股份仍然高达 39.7%，第二大股东平均占 7.2%。更有甚者，像中国石油天然气股份公司第一大股东为中国石油集团，其持股比例高达 86.42%。[②]

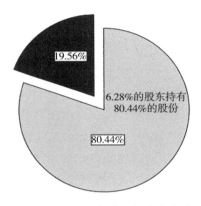

图 2-5　上证主板的股权集中程度

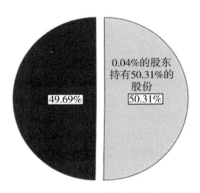

图 2-6　深证主板的股权集中程度

---

① 中国证券监督管理委员会：《中国证券期货统计年鉴（2011 年）》，学林出版社 2011 年版，第 360 页。

② 王文杰：《股权分置下的中国上市公司治理——以控股股东为核心的检视》，《政大法学评》2012 年第 122 期。

股权结构的高度集中，形成大股东控制的局面，使得股东投票机制难以发挥有效作用。同时，我国《公司法》的规定亦进一步强化了大股东对上市公司治理的控制。1993 年《公司法》第 106 条规定："股东出席股东大会，所持每一股份有一表决权。股东大会作出决议，必须经出席会议的股东所持表决权的半数以上通过。股东大会对公司合并、分立或者解散公司作出决议，必须经出席会议的股东所持表决权的三分之二以上通过。"2005 年《公司法》延续了这样的规定，即其 103 条规定："股东出席股东大会会议，所持每一股份有一表决权。但是，公司持有的本公司股份没有表决权。股东大会作出决议，必须经出席会议的股东所持表决权过半数通过。但是，股东大会作出修改公司章程、增加或者减少注册资本的决议，以及公司合并、分立、解散或者变更公司形式的决议，必须经出席会议的股东所持表决权的三分之二以上通过。"可见，我国《公司法》并未对股东大会出席人数或出席股份比例与决议有效性之间的关系作出具体规定。如此一来，便使得控股股东在资本多数表决原则的掩护之下，可以完全控制股东大会的表达，从而即使众多中小股东会集在一起，也难以通过股东投票有效地行使否决权。这同时也解释了，为什么在我国出席股东大会的股东及股东代表人数的年度中值仅有 8 人的情况下，却不妨碍绝大多数股东大会决议的有效性。

第三节　声誉惩罚

一　声誉惩罚的作用机制

我们再把目光转向第二种形式的非正式私人执行。此种类型的非正式私人执行是由那些与公司有合同关系的主体采取的行动。从广义上讲，这样的主体包括投资者、消费者、供货商等。当公司的不当行为被曝出时，这些主体会降低对该公司的预期，以及与之进行交易的意愿。这样一来，便会影响到公司未来的经营业绩。我们通常将由此造成的损失称为"声誉损失"（reputational losses），并把这样的惩罚效果称为"声誉惩罚"

（reputational sanctions）。① 具体来讲，当上市公司的违规行为被公布时，投资者会受到预期的影响而不再购买该公司的股票，或者抛售他们已经持有的股票，从而造成该公司股价的下跌，并由此带来声誉惩罚的效果。与前述用手中的股票来行使投票权相对应，我们常常把投资者的此种行为方式称为"用脚投票"。John Armour 等认为，此种行为方式而带来的惩罚是"迄今为止很少被关注，但却比直接处罚更具潜在威力"的执法活动。②

二　基于事件研究法的实证检验

如何评价我国的股价惩罚机制是否在发挥作用呢？到目前为止，事件研究法（Event study）是进行此类检验最为有效的研究方法。

事件研究法的理论基础是：在理性的市场上，某个事件对企业的影响会在相对短暂的一段时间内反映在相应的资产价格的变动上。因此，可以通过对公司价值变动的计量分析来评价事件的影响。对于上市公司而言，就是研究事件发生前后公司的股价是否发生了异常变动。③ 正是鉴于事件研究法强大的政策分析功能，Sanjai Bhagat 与 Roberta Romano 曾撰文介绍该种方法在公司法、证券法中的运用。④ 按照两位学者的归纳，一项事件研究由四个要素组成，即：定义事件和窗口期；计算该窗口期内的股票收益；预测在没有该事件发生的情况下，此窗口期内的预期股票收益；计算异常收益，并检验其在统计学上的显著性。实际上，上述四个要素亦构成了事件研究的基本步骤。

---

① 比如，当消费者发现一家公司生产的商品不符合规定的产品质量时，就会在未来拒绝购买此种商品。再比如，若某公司的广告或其财务报表含有虚假的信息，则人们会大大降低对该公司的信任，进而严重影响到该公司的市场价值。这些都会产生声誉惩罚的效果。

② John Armour, Colin Mayer, Andrea Polo, "Regulatory Sanctions and Reputational Damage in Financial Markets", October 2010, www. cepr. org/active/publications/discussion ＿ papers/dp. php? dpno = 8058.

③ 在国外，事件研究其实已具有相当长的历史。最先提出这一方法的是 Dolly（1933），他运用"事件研究法"对 1921—1931 年的 95 个样本考察了股票分割的股价效应。随后，Myers 与 Bakay（1948）、Barkay（1956，1957，1958）、Ashley（1962）等人进一步完善和发展了事件研究法。但直到 Ball 与 Brown（1968）、Fama 等（1969）的研究成果问世，事件研究才得以最终"成熟"。参见汪昌云、戴稳胜、张成思《基于 Eviews 的金融计量学》，中国人民大学出版社 2011 年版，第 159 页。

④ Sanjai Bhagat, Roberta Romano, "Event Studies and the Law: Part I: Technique and Corporate Litigation", *American Law and Economics Review*, Vol. 4, Issue 1, January 2002, pp. 141-168.

甘顺利博士曾使用事件研究法，对 2001—2011 年我国证监会、上交所、深交所的所有执法活动公告进行统计，并检验了由此带来的声誉惩罚效果。[①] 该项研究将监管机构发布上市公司不当行为公告的前后 2 天（包括发布当天，共计 5 天）作为事件观察窗口期，用于观察在这一时间段内，上市公司股票价格平均异常回报、平均异常累积回报情况。[②] 结果发现：首先，证监会、上交所或深交所对违规公司的执法活动公告，会导致违规公司的股票价格出现下跌，且在统计上具有显著性；[③] 其次，从整个样本来看，上市公司的声誉损失远远大于其被处以的罚款数额，前者大约是后者的 16.89 倍；[④] 最后，罚款数额多少与声誉损失大小之间没有相关性。[⑤]

三　声誉惩罚具有足够的威慑力吗

根据以上研究结论，我们可以发现，股价惩罚显然是一种非常重要的执法机制，其给上市公司带来的经济损失甚至远远大于监管机构作出的财产性处罚。那么，此种非正式的私人执法机制是否对我国证券市场的违法者有足够的威慑力呢？一个简单的评价方法就是，统计执法公告中被处罚上市公司的再犯率[⑥]。再犯率高，说明执法威慑力低；反之，则说明执法威慑力高。

笔者对受到监管部门处罚并被公告的上市公司进行了统计。数据来源于国泰安数据库，时间跨度为 2001—2011 年。结果发现：在受到处罚的

---

① 甘顺利：《金融市场监管：经济处罚与声誉损失》，《投资研究》2013 年第 32 期。此项研究使用的数据来源于国泰安数据库和 Wind 数据库。

② 之所以要考察发布公告前 2 天的数据，主要是考虑到监管机构发布声明前一天可能存在的信息泄露情况。

③ 受处罚公司在 5 天观察窗口期内的累积异常回报为-1.43%。

④ 罚款数额影响部分等于罚款数额占公告发布之前公司价值的百分比。用前述事件窗口期内股价异常收益率减去罚款数额影响部分，可得到声誉损失影响部分。通过计算，罚款数额影响部分为-0.08%。进而，声誉损失影响部分为-1.43% 减去-0.08%，即-1.35%。因此，声誉损失是罚款数额的 16.89 倍［即（-1.35%）÷（-0.08%）］。

⑤ 为了进一步判断声誉损失和罚款数额之间的相关关系，甘顺利博士采用多元回归分析来研究影响声誉损失额的若干决定因素，比如经济处罚额、市场规模、后危机虚拟变量等，并检测各因素的统计显著性。从回归方程最终结论来看，罚款数额对声誉损失的影响在统计上并不显著。

⑥ 本书所谓"再犯率"，是指受到监管机构两次或两次以上处罚的比率。

624 家上市公司中，受到两次或两次以上处罚的上市公司有 292 家，占比 46.79%。[①] 易言之，有将近一半的受罚上市公司会再次违反证券法律法规。当然，这还不包括再次违反，但并未被查处的情形。如此之高的再犯率表明，即使执法公告会带来高额的股价惩罚，但其仍难以对证券违法主体构成足够的威慑力。

如何解释上述看似矛盾的现象呢？我们或许可以从法经济学的理论中找到答案。Gary Becker 曾给出了一个执法威慑力的不等式，即：$W < P * D$。[②] 其中，W 代表违法主体的获利；D 代表罚款额度；P 代表违法主体被处罚的概率（其取值在 0 到 1 之间）。该公式表明，执法的威慑力不仅取决于处罚额度的大小，而且还取决于执法概率的大小。只有当违法主体付出的违法成本大于其违法所得时，执法才会形成有效的威慑力。据此，我们可以给出这样的推论，即尽管执法公告会给上市公司造成高额的股价惩罚，但由于执法公告数量不足，使得证券违法主体的违法所得仍然远远大于其违法成本，从而导致了高再犯率的发生。关于公共执法数量的检验，我们将在第三章中详细讨论。

---

① 其中，受到 2 次处罚的上市公司有 139 家，占比 22.28%；受到 3 次处罚的上市公司有 78 家，占比 12.5%；受到 4 次处罚的上市公司有 32 家，占比 5.13%；受到 5 次处罚的上市公司有 22 家，占比 3.53%；受到 6 次处罚的上市公司有 14 家，占比 2.24%；受到 7 次处罚的上市公司有 3 家，占比 0.48%；受到 8 次处罚的上市公司有 2 家，占比 0.32%；受到 10 次处罚的上市公司有 1 家，占比 0.16%；受到 11 次处罚的上市公司有 1 家，占比 0.16%。

② Gary S. Becker, "Crime and Punishment: An Economic Approach", *Journal of Political Economy*, Vol. 76, No. 2, Mar. -Apr., 1968, pp. 169-217. 中文翻译，可参见 ［美］加里·贝克《人类行为的经济分析》，王业宇、陈琪译，上海人民出版社 1995 年版，第 55—104 页。

第三章

证券法的公共执行

在论及我国证券市场的执法机制时，有学者指出，受制于各种各样的客观障碍，证券法的私人执行很难在现有的法治环境下扮演重要的角色。因此，更为可行的执法策略就是，让证券法的公共执行发挥更加积极的作用。[①] 在本章中，笔者将分别评估我国证券法律的正式公共执行与非正式公共执行。就正式的公共执行而言，主要包括证券刑事执法与证券行政执法（即证监会的执法）。就非正式的公共执行而言，主要包括交易所的执法和看门人的执法。

第一节　证券刑事执法

一　罪与罚的非均衡性

我们知道，"罪刑相适应"是刑法的一项基本原则，即"刑罚的轻重"应当与"犯罪的轻重"相适应。如果刑罚的严厉程度轻于证券犯罪的严重性程度，就会影响到刑事执法的威慑力。那么，我国证券犯罪所对应的罪刑关系是怎样的呢？白建军教授曾对我国《刑法》分则规定的422个犯罪进行量化分析，并用"刑量"与"罪量"[②] 的对比来具体评价我

[①] Marlon A. Layton, "Is private securities litigation essential for the development of China's stock markets?" *New York University Law Review*, Vol. 83, December 2008, pp. 1948–1978.

[②] 所谓罪量，就是指犯罪严重性程度的数量表现；所谓刑量，就是指刑罚严厉性程度的数量表现。参见白建军《罪刑均衡实证研究》，法律出版社2004年版，第137、229页。

国《刑法》罪与刑之间的均衡程度。① 根据白建军教授的量化分析结果②，表3-1列举了五项证券犯罪的罪刑关系。

表3-1　　　　　　　　　　常见证券犯罪的罪刑关系

《刑法》条文	罪名	罪量	刑量	罪级	刑级	极差
第160条	欺诈发行股票、债券罪	3.475	4.75	7	3	-4
第161条	提供虚假财务报告罪	3.565	2.75	8	2	-6
第180条第1款	内幕交易、泄露内幕信息罪	3.565	9.75	8	6	-2
第181条第1款	编造并且传播证券、期货交易虚假信息罪	3.425	4.75	6	3	-3
第182条	操纵证券、期货交易价格罪	3.475	4.75	7	3	-4

数据来源：白建军：《罪刑均衡实证研究》，法律出版社2004年版，第280—295页。

从表3-1中我们可以看到，所列举的五项证券犯罪的刑级均小于罪级。其中，提供虚假财务报告罪的罪级与刑级差距最大，极差达到了6个等级；内幕交易、泄露内幕信息罪的罪级与刑级差距最小，但极差也达到了2个等级。这表明，我国刑法对证券犯罪的法定刑规定明显偏轻。③

二　刑事执法频度与处罚力度

根据2006—2012年的数据，证监会在执法过程中移送公安机关涉嫌证券犯罪的案件共计118件，平均每年移送约17件。具体而言，2006年3件、2007年8件、2008年10件、2009年11件、2010年28件、2011年25件、2012年33件。④ 为了获得比较，我们收集了同期美国证券刑事

---

① 具体内容，可参见白建军《罪刑均衡实证研究》，法律出版社2004年版。另可参见白建军《刑罚轻重的量化分析》，《中国社会科学》2001年第6期；白建军《犯罪轻重的量化分析》，《中国社会科学》2003年第6期。

② 白建军：《罪刑均衡实证研究》，法律出版社2004年版，第280—295页。

③ 在白建军教授的研究中，当罪级与刑级的极差在-3到3之间时，为"一致"；当极差在-4到-6之间时，为"偏轻"。所谓"罪级"与"刑级"分别是罪量和刑量原始分数的合并分组。详细介绍参见白建军《犯罪轻重的量化分析》，《中国社会科学》2003年第6期。

④ 数据来源于中国证监会2007—2014年发布的《中国资本市场法制报告》。另外，有学者曾对1993—2007年我国上市公司高管犯罪的数据进行过统计，根据其统计：1993—1999年涉案公司4家，涉案高管9人；2000年涉案公司6家，涉案高管10人；2001年涉案公司3家，涉案高管5人；2002年涉案公司9家，涉案高管19人；2003年涉案公司8家，涉案高管9人；2004年涉案公司17家，涉案高管29人；2005年涉案公司19家，涉案高管32人；2006年涉案公司16家，

执法的数据。2008—2012 年，美国证券交易委员会移送司法部涉嫌证券犯罪的案件共计 664 件，平均每年移送约 133 件。具体而言，2008 年 108 件、2009 年 154 件、2010 年 139 件、2011 年 137 件、2012 年 126 件。[①] 可以看到，尽管我国移送司法机关的证券案件数量呈逐年增长的趋势，但刑事执法活动的频度仍然较低。

　　同时，我们关注了各类案件的刑事判决情况。[②] 在整个 2014 年中，全国各级法院针对证券犯罪而作出的刑事判决书共计 7 份。[③] 除了有 10 人因分别触犯《刑法》第 180 条第 1 款、第 4 款而受到刑事处罚之外，并无其他证券罪名被适用的记录。具体而言，犯内幕交易罪的有 5 人，同时犯内幕交易罪、泄露内幕信息罪的有 4 人，犯利用未公开信息交易罪的有 1 人，共计 10 人因证券违法而受到刑事制裁。被追究刑事责任的证券违法者受到了多大程度的处罚呢？为此，我们对以上 7 份刑事判决书的处罚内容作了进一步的整理，如表 3-2 所示：

表 3-2　　　　　　　　　2014 年我国证券犯罪的刑事处罚情况

姓名	罪名	有期徒刑	缓刑	没收违法所得（元）	刑事罚金（元）
金某	内幕交易罪、泄露内幕信息罪	3 年	5 年	2477244.52	2480000
吕某	内幕交易罪	2 年 6 个月	4 年		2480000
韩某	内幕交易罪、泄露内幕信息罪	3 年	5 年	无	1000
黄某某	内幕交易罪、泄露内幕信息罪	3 年	4 年	2060904.57	800000

涉案高管 22 人；2007 年涉案公司 17 人，涉案高管 30 人。合计涉案公司 99 家，涉案高管 165 人。参见金泽刚、于鹏《上市公司高管犯罪问题研究》，载张育军、徐明主编《证券法苑》（第 2 卷），法律出版社 2010 年版，第 291—313 页。

　　① 　数据来源：http://www.sec.gov。

　　② 　检索范围涉及如下罪名：欺诈发行股票、债券罪（《刑法》第 160 条）、提供虚假财务报告罪（《刑法》第 161 条），徇私舞弊低价折股、出售国有资产罪（《刑法》第 169 条），背信损害上市公司利益罪（《刑法》第 169 条之一），内幕交易、泄露内幕信息罪（《刑法》第 180 条第 1 款），利用未公开信息交易罪（《刑法》第 180 条第 4 款），编造并传播证券、期货交易虚假信息罪（《刑法》第 181 条第 1 款），操纵证券、期货市场罪（《刑法》第 182 条）。

　　③ 　这 7 份刑事判决书的案号分别为：（2013）浙刑二终字第 135 号、（2014）浙绍刑初字第 12 号、（2014）浙台刑二初字第 4 号、（2014）二中刑初字第 315 号、（2014）锡刑二初字第 00008 号、（2014）粤高法刑二终字第 137 号、（2014）江开法刑初字第 546 号。

续表

姓名	罪名	有期徒刑	缓刑	没收违法所得（元）	刑事罚金（元）
李某某	内幕交易罪	5 年	无	860120.87	620000
宋某	内幕交易罪	1 年 6 个月	1 年 6 个月		190000
涂某	内幕交易罪	6 个月	1 年		60000
高某	内幕交易罪、泄露内幕信息罪	无	无	707427.57	1100000
马某①	利用未公开信息交易罪	3 年	5 年	18833374.74	18840000
余某某	内幕交易罪	5 个月	6 个月	367505.9	370000

　　对于内幕交易、泄露内幕信息罪，利用未公开信息交易罪的处罚，《刑法》第 180 条 1 款规定，"情节严重的，处五年以下有期徒刑或者拘役，并处或者单处违法所得一倍以上五倍以下罚金；情节特别严重的，处五年以上十年以下有期徒刑，并处违法所得一倍以上五倍以下罚金"。从表 3-2 中，我们可以看到，被实际执行了有期徒刑的仅有 1 人；另有 1 人仅被判处罚金，并无主刑适用；其他 8 人虽被判处了 5 个月至 3 年不等的有期徒刑，但均适用了缓刑。同时，在刑事罚金方面，上述 10 人的违法所得总额为 25306578 元，刑事罚金总额为 26941000 元，人均处罚数额仅仅是按照 1 倍的最低限额在进行处罚。②

---

　　①　"马某利用未公开信息交易案"被舆论广泛关注。深圳博时基金公司原基金经理马某，利用未公开信息非法交易 10.5 亿余元，获利 1883 万余元，因此被称为"史上最大老鼠仓案"。2014 年 3 月，深圳市中级人民法院一审以利用未公开信息交易罪，判处马某有期徒刑三年，缓刑五年，并处罚金 1884 万元，同时对其违法所得 1883 万余元予以追缴。2014 年 4 月，深圳市检察院收到马某案一审判决后认为，该判决适用法律错误、量刑明显不当，于是就该案向广东省高级法院提出抗诉。2014 年 8 月，广东省检察院在审查之后支持了深圳市检察院的抗诉。2014 年 9 月，马某案二审在广东省高级法院开庭。2014 年 10 月，广东省高级法院终审裁定驳回抗诉，维持原判。广东省检察院认为该终审裁定确有错误，于 2014 年 11 月提请最高检抗诉。2014 年 12 月，最高检检委会研究认为，本案终审裁定法律适用错误，导致量刑明显不当，决定按审判监督程序向最高人民法院提出抗诉。中国政法大学的阮齐林教授亦认为，对于交易次数多、交易额和获利特别巨大的利用未公开信息交易罪行，适用缓刑，不足以实现刑法报应和预防的目的。参见郑赫南《"最大老鼠仓"案为何被三级检察机关抗诉》http://funds.hexun.com/2015-02-15/173387341.html。

　　②　在"黄某某内幕交易、泄露内幕信息罪"一案中，甚至在违法所得 1 倍以下进行处罚。从"（2014）浙台刑二初字第 4 号"刑事判决书的内容来看，承审法院的逻辑应当是，尽管被告人黄某某共非法获利 2060904.57 元，但其卖出股票部分仅获利 40 余万元。因此，该承审法院按

三　刑法规制与金融创新

另值得关注的是，随着融资融券①、股指期货③、ETF 期权④、程序化交易⑤等金融创新工具的出现，近年来证券市场的生态已经发生了根本性的变化。面对这些变化，证券刑事执法能否作出有效应对呢？

照卖出股票部分的获利，即 40 余万元的两倍进行处罚。笔者认为，这样的解释对于被告人而言或许过于宽松。

①　2005 年 10 月，第一次修订的《证券法》，规定证券公司可以为客户融资融券服务。2006 年 6 月 30 日，证监会发布《证券公司融资融券试点管理办法》；8 月 21 日，《融资融券交易试点实施细则》公布。2008 年 4 月，《证券公司监督管理条例》第 48—56 条对证券公司的融资融券业务进行了具体的规定。2008 年 10 月 5 日，证监会宣布启动融资融券试点。2008 年 10 月 31 日，证监会发布《证券公司业务范围审批暂行规定》，并于 12 月 1 日开始实施。2010 年 1 月 8 日，国务院原则上同意了开设融资融券业务试点，这标志着融资融券业务进入了实质性的启动阶段。2010 年 3 月 19 日，证监会公布融资融券首批 6 家试点券商。2010 年 3 月 30 日，上海、深圳证券交易所正式向 6 家试点券商发出通知，将于 2010 年 3 月 31 日起接受券商的融资融券交易申报。融资融券交易正式进入市场操作阶段。2013 年 4 月，多家券商将"两融"最新门槛调整为客户资产达 10 万元、开户满 6 个月，这一举措大幅降低"两融"的门槛。

②　2010 年 4 月 16 日，为了给市场参与者提供一个有效的避险工具，并健全金融产品体系，中国金融期货交易所（简称中金所）推出第一个股指期货品种"沪深 300 股指期货"。2015 年 4 月 16 日，中金所再添"中证 500"和"上证 50 股指期货"两个股指期货交易品种。股指期货推出后，也成为市场参与者跨市场套利的工具。详言之，如果某投资者长期看好一只股票但又担心其下跌，可以到期货市场开一张对应的空单。如果股票继续涨，那么股指期货会亏一点，但因为是保证金交易，所以亏得比较少；如果股票下跌，那么期货这边就盈利，同样是因为保证金交易，所以可以对冲掉股票现货的亏损。

③　2015 年 2 月 9 日，我国首个场内期权产品"上证 50ETF 期权"上市交易，实现了场内股票期权零的突破。在之后的近 5 年时间里，上证 50ETF 期权已经成为投资者进行风险管理的重要工具，但由于 50ETF 中金融行业权重较高，对股票市场覆盖面有限，无法满足投资者多样化的风险管理需求。因此，2019 年 11 月 8 日，证监会宣布，正式启动扩大股票股指期权试点工作，批准上交所、深交所上市"沪深 300ETF 期权"，中金所上市"沪深 300 股指期权"。这标志着 A 股市场的投资者在继"沪深 300 股指期货""中证 500 股指期货""上证 50 股指期货"之后，迎来第四个风险管理对冲工具，这也是我国首个股指期权。

④　程序化交易，亦即自动化交易，现已深度改造着金融行业。以华尔街为例，目前 60% 的以上的交易，已由机器人和算法完成。以往华尔街交易员繁忙交易的景象，一直是现代金融社会标志性的场景，但这样的场景如今已经发生了巨大的变化。2005 年，纽约证券交易所全面启动电子化交易，曾经繁忙的电话亭变成了风景，就连交易大厅似乎也变得可有可无，因为绝大多数的交易都是在场外通过互联网完成。2017 年，随着东京、新加坡、伦敦证券交易所纷纷关闭交易大厅，香港证券交易所关闭，繁忙的交易大厅和"红马甲"成为历史。

发生在 2015 年的"股灾"是对这些问题的一次实战版压力测试。[1]
2015 年 6 月 15 日，上证指数一举突破了 5178 点的高位，但随后突然掉头
向下大跌 103 点。为了避免进一步的暴跌，监管层开始重拳出击，出台了
一系列的利好刺激政策，意在遏制这场非理性的暴跌。[2] 至 7 月 9 日，上
证指数在 18 个交易日内暴跌 1803 点，最大跌幅近 35%。[3] 从 2014 年七月
开始，最高达到 78 万亿元的市值，在短短几周的时间内，33 万亿元灰飞
烟灭，280 万个市值超过 10 万元的账户消失。[4] 在这一轮股灾中，场外配
资、做空机制、程序化交易[5]被认为是生成暴跌的"罪魁祸首"，"场外配

---

[1] 事实上，这些金融工具能够发挥的威力，在前述提及的"8·16 光大乌龙指事件"中就
已经被市场所领教。2013 年 8 月 16 日，光大证券的策略交易系统在申购 180ETF 成分股的时候，
误打入 234 亿元巨量买单。在短短两分钟内，成交 72 亿元，上证指数瞬间上涨 6%，权重股纷纷
涨停。券商利用 T+0 的交易规则，把这些股票打包成 50ETF 和 180ETF 在市场上卖出，同时协调
其他部门同时卖出沪深 300 股指期货的空头合约，进行对冲操作。在这波操作中，我们看到，程
序化交易出错，72 亿元的交易就能够让上证指数瞬间上涨近 6%；风险产生以后，又可以利用不
同的金融衍生工具，在不同的市场间进行对冲，降低风险甚至盈利。光大乌龙事件中的所有要
素，也在 2015 年的股灾中被放大演绎了一遍。

[2] 据《证券日报》研究中心统计，从 2015 年 6 月 27 日的"双降"出台，到 7 月 4 日的
IPO 暂停，短短 8 天时间，先后出台了 20 个利好政策，市场俗称"20 道金牌"。但是，依旧无法
止住市场的下跌。证监会单兵救市效果不佳，关键时刻银监会、保监会、国资委等关键部门集体
表示要维护市场稳定，央行也表示可以出手援助，公安部直接进驻证监会，重拳出击打击证券领
域的违法犯罪活动。7 月 6 日开始，国家队入场。中国证券金融股份有限公司（简称证金公司）
和 21 家券商背后，是央行提供的巨大流动性。7 月 9 日，证金公司通过同业拆借、发债等各种途
径集结到的资金就达到了千亿元的级别，真金白银投入股市；当日，融资盘终于顶住被平仓的巨
大压力，并出现千股涨停的景象，市场也能够流动性枯竭的极端，走向报复性反弹的另一个极
端。对此，关于政府是否应该出手救市的争论也在继续。

[3] 参见《股灾反思：谁是真凶？》，http://news.sohu.com/20160101/n433222588.shtml。

[4] 参见《盘点 2015 年股市刻骨铭心之事》，https://www.sohu.com/a/50960752_343217。

[5] 实际上，程序化交易蕴藏着巨大的操作风险。2010 年 5 月 6 日 14 时 40 分至 45 分，道
指、标普 500 等股票指数跌幅均超过 5%，主要指数悉数暴跌至当日最低点。其中，道指盘中跌
998 点（跌幅 9.2%），创有史以来单日最大跌幅。在当天的恐慌性交易中，一些股票成交价格严
重偏离常态，成交价有的低至 1 美分或更少，有的却高达 10 万美元。事实证明，这次闪电崩盘
背后，与程序化交易密切相关。目前，各交易所建立了熔断机制，以停止或延缓市场剧烈波动时
期的交易，尤其是指数套利交易。在国际金融市场，现对于高频交易监管最全面的是德国。德国
曾于 2013 年制定出台《高频交易法》，标志着程序化高频交易正式列入监管范围。新法规要求，
采取程序化交易技术的金融机构，在自主交易金融工具的时候，首先需要获得高频交易的资质。
中国证监会 2015 年 10 月 9 日公布《证券期货市场程序化交易管理办法（征求意见稿）》，拟建

资是否构成非法经营罪"　"哪些做空行为涉嫌构成操纵证券、期货市场罪"等成为备受关注的问题。

2015 年 7 月 2 日，有记者问是否会对所谓"期指恶意做空"采取举措时，证监会发言人指出，证监会决定组织稽查执法力量对涉嫌市场操纵，特别是跨市场操纵的违法违规线索进行专项核查。① 7 月 9 日，公安部副部长带队到证监会，会同证监会开始排查恶意做空股票与股指的线索。② 7 月 10 日，证监会发言人指出，跨期现市场操纵就是恶意做空。③ 7 月 31 日，证监会核查了部分具有程序化交易特征的机构和个人。在首批被限制交易的账户中，一家名为司度（上海）贸易有限公司的企业进入大众视野，④ 并应涉嫌恶意做空 A 股被调查。⑤ 三个多月后，公安部侦办

立申报核查管理、接入管理、指令审核、收费管理、严格规范境外服务器的使用、监察执法六方面监管制度。征求意见稿明确，程序化交易是指通过既定程序或特定软件，自动生成或执行交易指令的交易行为。程序化交易者应当只用一个账户从事程序化交易，证监会另有规定的除外。

①　参见《证监会决定对涉嫌市场操纵违法违规线索专项核查》，http：//finance.people.com. cn/stock/n/2015/0702/c67815-27246182.html。

②　参见《证监会公安部已对涉嫌恶意做空机构和个人核查取证》，http：//legal.people.com. cn/n/2015/0709/c42510-27280694.html。

③　参见《证监会明确解释何谓"恶意做空"：跨期现市场操纵》，http：//www.gov.cn/ zhengce/2015-07/11/content_ 2895449.htm。

④　2010 年 2 月，中信证券孙公司中信联创和 Citadel 共同出资成立司度（上海）贸易有限公司，汪定国出任中方董事。中信联创出资 100 万美元，占 20% 股权；Citadel 出资 400 万美元，占 80% 股权。2014 年 11 月，中信联创退出司度公司。维基资料显示，Citadel 由著名的对冲基金经理 Kenneth Griffin 于 1990 年创建，是主要依靠程序做交易的基金。在超过 20 年的，Citadel 为包括主权财富基金、养老金、高校捐款等许多世界上规模最大的机构投资者管理资产，成绩不菲。美联储前主席 Bernanke 加入的正是这家公司。参见《恶意做空 A 股的境外势力：起底对冲基金巨头 Citadel》，https：//finance.sina.com.cn/world/20150828/200523109691.shtml？qq-pf-to=pcqq.group。

⑤　之后，司度（上海）贸易有限公司以及富安达基金管理有限公司、中信期货有限公司、北京千石创富资本管理有限公司、国信期货有限责任公司五家机构及其相关工作人员，就其涉嫌违反账户管理有关规定以及资产管理业务有关规定的案件，向证监会申请行政和解。2020 年 1 月，证监会按照《行政和解试点实施办法》（证监会令第 114 号）与上述申请人达成行政和解。根据申请人在其涉嫌违法行为中所得金额等不同情况，五家申请人分别交纳行政和解金人民币 6.7 亿元、180 万元、1000 万元、235 万元、100 万元，并按协议要求采取了必要措施加强公司的内控管理，证监会依照规定终止对申请人有关行为的调查、审理程序。参见《证监会与司度（上海）贸易有限公司等五家机构及其有关工作人员达成行政和解》，http：//www.csrc.gov.cn/ pub/newsite/zjhxwfb/xwdd/202001/t20200120_ 370181.html。

的伊士顿国际贸易公司操纵期货市场案有了初步结果。① 应指出的是，恶意做空并非正式的法律概念。《刑法》第 182 条②所列举的三种行为模式，并不能够覆盖跨期现市场操纵的情形；而兜底条款 "以其他方法操纵证券、期货市场的" 具有较大的弹性空间。因此，所谓恶意做空的行为如何在刑法上定性，存在较大争议。

2016 年 11 月 25 日，证监会对 2015 年股灾期间涉及场外配资的 13 起证券违法违规案件作出行政处罚。其中，证监会对 3 家为配资提供系统服务的公司、4 家证券公司及 6 家涉案配资公司或个人，共计罚没近 8.58 亿元。③ 根据证监会处罚决定书的披露④，上述 13 起案件涉及场外配资的三个环节：第一个环节，恒生证券、同花顺及上海铭创三家网络技术公司为违法配资提供系统服务；第二个环节，广发证券、海通证券、华泰证券、方正证券四家涉案券商违法为网络公司提供系统接入；第三个环节，

---

① 据媒体披露，2012 年 9 月，俄罗斯人 Georgy Zarya 和 Anton Murashov 成立伊世顿公司。为逃避监管，伊世顿公司从 2013 年 6 月起，通过高燕、金文献的介绍，通过借用或者收购方式实际控制 19 名自然人和 7 个法人期货账户，并与伊世顿公司自有账户组成账户组。2015 年 6 月 1 日至 7 月 6 日，伊世顿公司通过自行开发的报单系统，非法接入中金所交易系统进行高频交易，交易中证 500 股指期货主力合约、沪深 300 股指期货主力合约共 377.44 万余手，从中获利人民币 3.893 亿余元。当然，这一数字亦较此前新华社报道的 20 多亿元有较大出入。参见《伊世顿操纵期货市场案一审宣判 获利 3.9 亿余元》，http：//finance.caixin.com/2017 - 06 - 23/101104894.html。

② 《刑法》第 182 条规定，"有下列情形之一，操纵证券、期货市场，情节严重的，处五年以下有期徒刑或者拘役，并处或者单处罚金；情节特别严重的，处五年以上十年以下有期徒刑，并处罚金：（一）单独或者合谋，集中资金优势、持股或者持仓优势或者利用信息优势联合或者连续买卖，操纵证券、期货交易价格或者证券、期货交易量的；（二）与他人串通，以事先约定的时间、价格和方式相互进行证券、期货交易，影响证券、期货交易价格或者证券、期货交易量的；（三）在自己实际控制的账户之间进行证券交易，或者以自己为交易对象，自买自卖期货合约，影响证券、期货交易价格或者证券、期货交易量的；（四）以其他方法操纵证券、期货市场的。单位犯前款罪的，对单位判处罚金，并对其直接负责的主管人员和其他直接责任人员，依照前款的规定处罚。"

③ 参见《证监会清算股灾场外配资：13 案罚没 8.6 亿》，http：//news.sohu.com/20161125/n474166605.shtml。

④ 中国证监会相关行政处罚决定书的文号分别为：（2016）123 号、（2016）124、（2016）125、（2016）126、（2016）127 号、（2016）128、（2016）129、（2016）130、（2016）131、（2016）132、（2016）133、（2016）134、（2016）135、（2016）136。

涉案的 6 家配资公司及 1 个自然人利用信托计划募集资金,① 通过恒生 HOMS 系统、上海铭创 FPRC 系统、同花顺资产管理系统等第三方交易终端软件为客户提供账户开立、证券委托交易、清算、查询等证券服务,且按照证券交易量的一定比例收取费用。② 根据证监会的认定,配资公司、网络技术公司均构成《证券法》第 197 条的"非法经营证券业务",而四家涉案的证券公司则未按照相关法律法规对客户的身份信息进行审查和了解,违反了《证券公司监督管理条例》第 28 条第 1 款规定。有学者曾指出,证监会在此次行政处罚之后,应该依法将上述相关单位和人员涉嫌犯罪的问题移送司法机关,否则明显有"以罚代刑"的嫌疑。③ 从后续相关报道来看,并没有主体被移送。另有学者指出,场外配资实质是以证券为担保的资金借贷,并不直接构成非法经营罪。因此,可适度降低非法经营证券业务的刑事违法性标准。④

从上述系列事件中我们看到,随着金融创新产品的日益丰富,市场与交易方式已经发生了很大改变。这些金融工具在提高市场定价效率、促进价值发现的同时,也增大了市场的波动性。如何保持证券刑事执法与市场发展的动态平衡,有效防范系统性金融风险的发生,相关问题显然有待进一步的明晰。

---

① 涉案的配资公司及自然人分别为:湖北福诚澜海资产管理有限公司、南京致臻达资产管理有限公司、浙江丰范资本管理有限公司、臣乾金融信息服务(上海)有限公司、杭州米云科技有限公司、黄辰爽。

② 根据申万宏源的测算,场外配资主要有这样几个来源:民间配资公司全国约为 10000 家,平均规模约为 1 亿—1.5 亿元,保守估计民间配资公司规模总体约为 1 万亿—1.5 万亿元;伞形信托+单一信托资金规模约为 7000 亿—8000 亿元;除此之外,可能还有一些互联网+P2P 配资等新的商业模式,难以统计,规模不大。因此,整个场外配资市场规模约为 1.7 万亿—2 万亿元。这些场外配资活动主要通过恒生公司 HOMS 系统、上海铭创和同花顺系统接入证券公司。参见《申万宏源:场外配资市场规模约为 1.7 万亿—2 万亿元》,http://money.163.com/api/15/0629/19/ATA58H9T00254TFQ.html。

③ 金泽刚:《证监会的处罚会不会是以罚代刑》,http://news.ifeng.com/a/20150907/44596449_0.shtml。

④ 谢杰:《后"股灾"背景下资本市场犯罪的刑法规制》,《法学》2015 年第 12 期。

第二节 证监会的执法投入

下面，我们将目光转向证监会的执法活动。在本节和下一节中，笔者将参考 Howell Jackson 等的测量方法，并将证监会的执法区分为"投入"和"产出"两个方面进行考察。在投入方面，笔者将收集、整理我国证监会的监管预算和人员配备的相关数据与信息，并在此基础上进行国别比较。

一 证监会的监管预算

我们首先看监管预算。以人民币为币值单位，笔者收集了 2006—2013 年证监会的预算投入。具体而言，2006 年为 4.82 亿元，2007 年为 7.52 亿元，2008 年为 11.14 亿元，2009 年为 9.75 亿元，2010 年为 7.62 亿元，2011 年为 7.72 亿元，2012 年为 8.48 亿元，2013 年为 9.68 亿元。[①] 根据以上 8 年的预算金额，我们可以看到，我国证监会的预算投入呈现出一个波状分布，并在 2008 年达到峰值。预算投入的波动，主要是由于监管对象的变化所致。[②] 同时，2007 年以后，证监会的预算投入均保持在 7.5 亿元以上，且波幅在 3.62 亿元以内。

那么，这样的预算投入是否充足呢？为此，笔者使用了 Howell Jackson 教授的两个衡量指标，即"每十亿美元股票市值监管预算"与"每十亿美元 GDP 监管预算"，将我国的预算投入与美国、英国、澳大利亚、中国香港、法国、德国进行横向比较，时间跨度为 2007—2012 年

---

① 以上数据来源于"中国政府网"（http://www.gov.cn/）。

② 2006—2013 年，我国证监会的预算从 4.82 亿元增加到了 9.68 亿元，增长率为 100.83%。与之相对应的是监管对象的变化：在这八年中，我国境内上市公司从 1434 家增加到了 2489 家，增长率为 73.57%；我国股票有效账户数从 7482.11 万户增加到了 13247.15 万户，增长率为 77.05%；我国股票市场的总市值从 89403.89 亿元增加到了 239077.19 亿元，增长率为 167.41%；我国股票交易总额从 90468.92 亿元增加到了 468728.60 亿元，增长率为 418.11%。具体数值可参见附录 4。数据来源：中国证券监督管理委员会《中国证券监督管理委员会年报（2013 年）》，中国财政经济出版社 2014 年版，第 86 页。

(详细数值参见附录 5、附录 6)①。为了论述的方便，此处选取 2012 年的数值进行比较。② 2012 年，就每十亿美元股票市值的监管预算而言（见图 3-1），中国为 36241.92 美元，美国为 66208.38 美元，英国为 287136.77 美元，澳大利亚为 265073.02 美元，中国香港为 137168.39 美元，法国为 58135.10 美元，德国为 67953.29 美元。可以看到，中国每十亿美元股票市值监管预算最低，与预算最高的英国相差了近 8 倍。就每十亿美元 GDP 的监管预算而言（见图 3-2），中国为 16282.90 美元，美国为 76470.01 美元，英国为 331555.60 美元，澳大利亚为 222232.94 美元，中国香港为 578760.99 美元，法国为 39453.27 美元，德国为 28585.64 美元。同样的，中国每十亿美元 GDP 监管预算仍然最低，与预算最高的中国香港相差了近 36 倍。

二 证监会的人员配备

接下来，我们继续考察证监会的人员配备情况：③

（一）人员数量

在证监会的工作人员数量方面：2007 年有 2246 人，2008 年有 2512 人，2009 年有 2621 人，2010 年有 2589 人，2011 年有 2745 人，2012 年有 2891 人，2013 年有 3183 人。从以上数据可以看出，我国证监会工作人员的数量呈逐年增加的趋势，2013 年较 2007 年增加了 937 人，增长率为 41.72%。

（二）平均年龄

在证监会工作人员的平均年龄方面：2007 年，其平均年龄为 34.3 岁；2008 年，其平均年龄为 33.4 岁；2009 年，其平均年龄为 36.2 岁；2010 年，其平均年龄为 34.6 岁；2011 年，其平均年龄为 34.7 岁；2012 年，其平均年龄为 36.3 岁；2013 年，其平均年龄为 35.8 岁。在 2007—

---

① 就监管预算而言，美国的数据来自 Select SEC and Market Data Fiscal；英国的数据部分来自 FSA Business Plan，部分来自香港证监会年报；澳大利亚的数据来自 ASIC Annual Report；中国香港的数据来自香港证监会年报；法国的数据来自 Facts and figures（Faits et chiffres）；德国的数据来自 Bafin Annual Report。以下有关各监管机构人员数量的数据亦来自这些文献。

② 有关股票市值、GDP 的数据来源于世界银行的统计，下载网址：http://data.worldbank.org.cn/。

③ 如无特别说明，以下数据均来源于 2007—2013 年的《中国证券监督委员会年报》。

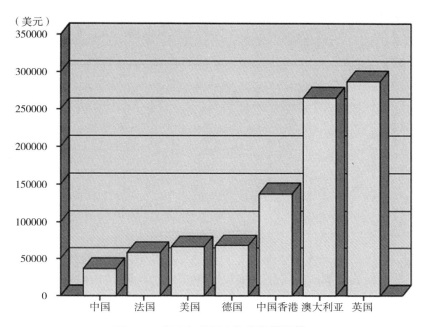

图 3-1　每十亿美元市值的监管预算

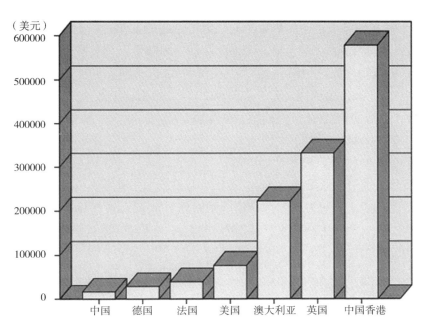

图 3-2　每十亿美元 GDP 的监管预算

2013 年这 7 年里，证监会工作人员的平均年龄为 35.0 岁。这样的年龄结构表明，我国证监会在人员配备上兼具了工作经验与工作活力，相对较为合理。

（三）学历结构

在证监会工作人员的学历结构方面：2007 年，证监会拥有博士、硕士学位的工作人员占 48.4%；2008 年，证监会拥有博士、硕士学位的工作人员占 52.3%；2009 年，证监会拥有博士、硕士学位的工作人员占 53.6%；2010 年，证监会大学本科学历以上人员占全体人员的 95.2%，其中会机关硕士以上干部占 74.4%、博士占 18.9%；2011 年，证监会大学本科以上干部占全体人员的 65.2%，其中会机关硕士以上干部占 58.3%、博士占 18.2%；2012 年，证监会大学本科以上干部占全体人员的 97.5%，其中会机关硕士以上干部占 76.1%、博士占 16.4%。这在一定程度上表明，我国证监会工作人员在总体上具有较高的专业素质。

（四）国别比较

为了对中国证监会人员配备情况进行评价，笔者继续使用了 Howell Jackson 教授的衡量指标对前述六国进行比较，时间跨度仍然为 2007—2012 年（详细数值参见附录 7）。[①] 为了论述的方便，此处亦选取 2012 年的数值进行比较。2012 年，就每百万人口的监管人员数量而言（见图 3-3），中国为 2 人，美国为 12 人，英国为 63 人，澳大利亚为 86 人，中国香港为 93 人，法国为 7 人，德国为 29 人。根据以上数值，中国证监会在人员配备上仍远远低于其他国家或地区。

但笔者认为，由于中国的人口基数过大，进而使用每百万人口的监管人员数量的评价是缺乏合理性的。因此，笔者进一步适用了"每万亿美元市值的监管人员数量"和"每千家上市公司的监管人员数量"两个指标进行衡量。就每万亿美元市值的监管人员数量而言（见图 3-4），中国为 782 人，美国为 203 人，英国为 1322 人，澳大利亚为 1526 人，中国香港为 603 人，法国为 245 人，德国为 1572 人。就每千家上市公司的监管人员数量而言（见图 3-5），中国为 1159 人，美国为 923 人，英国为 1832 人，澳大利亚为 1002 人，中国香港为 458 人，法国为 519 人，德国为

---

① 有关人口数量、上市公司数量的数据来源于世界银行的统计，下载网址：http://data.worldbank.org.cn/。

3513 人。在上述七个国家或地区中，中国证监会每万亿美元市值的监管人员数量排名第四，每千家上市公司的监管人员数量排名第三，且均高于美国的数值。可见，我国在监管人员的数量上并不存在明显偏少的情形。

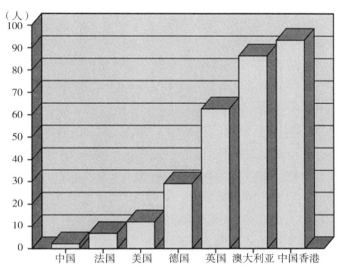

图 3-3　每百万人口的监管人员数量

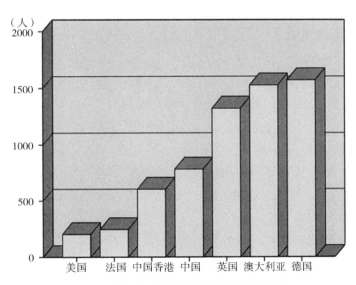

图 3-4　每万亿美元市值的监管人员数量

最后，笔者进一步整理了人均监管预算的情况。就人均监管预算而言

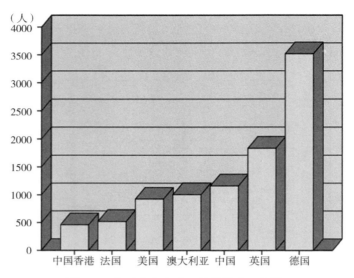

图 3-5　每千家上市公司的监管人员数量

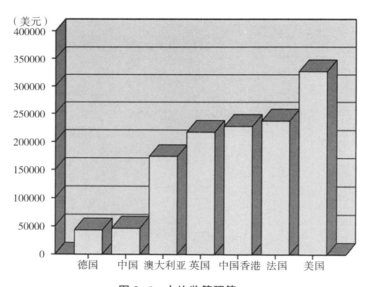

图 3-6　人均监管预算

（见图 3-6），中国为 46350.74 美元，美国为 326552.18 美元，英国为 217184.37 美元，澳大利亚为 173713.70 美元，中国香港为 227544.91 美元，法国为 237136.47 美元，德国为 43236.30 美元。我国与人均监管预算投入最多的美国相比相差了 7 倍。以上数值仍然凸显了我国监管预算投入不足的问题。

第三节　证监会的执法产出

事实上，仅统计执法投入的数据是有局限性的。正如 John Coffee 教授所言，"一个资源投入充足的执法机构仍可能被监管对象所'俘获'，以至于其几乎不施加，或者仅施加一些微不足道的惩罚"[①]。因此，从某种意义上讲，测量证监会执法活动的产出或许更为重要。在本节中，笔者试图将证监会的执法产出带入可量化的层面去讨论，测量的工具就是执法强度指数。

一　执法强度指数

通常情况下，我们用"执法强度"（或称"执法力度"）这一概念来描述和评价证监会的执法活动。本节对于证监会监管产出的评价，也是通过执法强度这一概念来实现的。然而，什么是"执法强度"？[②] 如何评价"执法强度"？[③] 对于这些问题，我们的认识却并不十分的清晰。比如，我们很难准确地说出什么样的执法活动算是强，什么样的执法活动算是弱。因此，在本节的开始，我们有必要对"执法强度"的概念给出一个的确切的、可测量的操作化定义。

（一）何谓"执法强度"

在界定证监会的"执法强度"之前，我们需首先明确什么是证监会的"执法"。简言之，本节所谓的"执法"，是指证监会对证券违法主体行政责任的追究。按照学者的归纳，证券行政责任可划分为"行政处分"

---

① John C. Coffee，"Law and the Market：The Impact of Enforcement"，*University of Pennsylvania Law Review*，Vol. 156，No. 2，December 2007，pp. 229-311.

② 按照《现代汉语词典》的解释，所谓"强度"就是指作用力的大小。参见中国社会科学院语言研究所词典编辑室编《现代汉语词典》，商务印书馆 1995 年版，第 918 页。

③ 对于"强度"的大小，我们在物理学上是比较好理解的。具体来讲，我们可以通过弹簧测力计来具体测算某一个力的大小、强弱，并用"牛（顿）"（简写为字母"N"）这个单位来表示。

"行政处罚"和"市场禁入"三种形式。[①] 由于行政处分[②]属于内部行政行为，故本节的论述并不涉及此种责任形式。本节对于证监会执法的评价，仅包括"行政处罚"和"市场禁入"两种形式。[③] 就行政处罚而言，我们可作进一步的划分。具体来讲，《证券法》第十一章规定的行政处罚包括以下八种形式：责令改正、警告、没收违法所得、罚款、取缔、撤销任职资格或从业资格、暂停或者撤销相关业务许可、责令关闭。对于"责令改正""没收违法所得""取缔""责令关闭"都是恢复到违法行为发生之前的状态，本身难以体现惩罚性的大小。因此，笔者的统计将这四种处罚措施排除在外。对于剩下的四种处罚措施，我们可以将其归入声誉罚、财产罚、资格罚三类。详言之，声誉罚即警告；财产罚即罚款；资格罚则包括暂停或者撤销相关业务许可、撤销任职资格或从业资格。[④] 根据以上阐述，我们可将"执法强度"界定为：证监会通过适用声誉罚、财产罚、资格罚，以及市场禁入措施，对我国证券违法行为惩罚力度的大小。

（二）执法强度的操作化

当然，这样的界定仍过于抽象，有必要将上述四种执法形式转化为可测量的维度。然而，我们在可测量这个问题上碰到的第一个障碍就是，四种执法形式在变量属性上的不同。声誉罚（即警告）属于二分类定性变量，即要么存在警告的处罚，要么不存在警告的处罚。财产罚（即罚款）

---

① 周友苏：《新证券法论》，法律出版社 2007 年版，第 638 页。

② 行政处分是证券行政管理主体对其工作人员或行政监察机关对国家工作人员违法失职行为进行警告、记过、记大过、降级、撤职、留用察看、开除等形式的处罚。在我国《证券法》中，第 199 条、第 200 条、第 207 条、第 227 条都有行政处分的规定。参见周友苏《新证券法论》，法律出版社 2007 年版，第 638 页。

③ 严格意义上讲，除了"行政处罚"和"市场禁入"两种执法活动外，证监会的执法活动尚包括"非行政处罚性监管措施"。2002 年，证监会在《关于进一步完善中国证券监督管理委员会行政处罚体制的通知》中，首次提出了"非行政处罚性监管措施"。这些监管措施包括监管谈话、谈话提醒、重点关注、出具监管关注函、记入诚信档案，等等。有学者对证监会的"非行政处罚性监管措施"进行了梳理，并最终梳理出 29 项监管措施。参见柯湘《中国证监会非行政处罚性监管措施研究》，《政法学刊》2008 年第 25 期。然而，应说明的是，有关证监会"非行政处罚性监管措施"的执法活动较少公布，故本书对于证监会执法活动的讨论仅限于"行政处罚"和"市场禁入"两种。

④ 其中，"暂停或者撤销相关业务许可"是针对法人及其他组织而言的；而"撤销任职资格或从业资格"是针对自然人而言的。

包括倍率数据式罚款方式和数值数据式罚款方式两种，^① 其都属于定比变量。就资格罚而言，严格来讲应该分两种情况，即 "撤销任职资格或从业资格" "撤销相关业务许可" 属于二分类定性变量，而 "暂停相关业务许可" 属于定比变量。但在后述我们论及的样本中，只有一例样本使用了 "暂停相关业务许可" 这种处罚措施。^② 因此，为了统计上的方便，我们将 "暂停相关业务许可" 亦算作一个二分类定性变量。^③ 就市场禁入措施而言，《证券市场禁入规定》（2006 年）第 5 条规定了 3—5 年的证券市场禁入措施、5—10 年的证券市场禁入措施，以及终身的证券市场禁入措施。为此，我们可将其分为两种情况，即终身的证券市场禁入措施与有具体期限的市场禁入措施。终身的证券市场禁入措施是一个二分类定性变量，有具体期限的市场禁入措施是一个取值范围在 3—10 年的定比变量。为了解决各种处罚措施变量属性的不同，笔者试图用一个指数来统一量纲，并实现执法强度的可测量。

关于这个指数的设计灵感，来源于物理学上的弹簧测力计对力的大小之测量。在初中物理中，我们学到过一个叫 "胡克定律" 的力学原理，其具体内容是这样的：物体被外力拉伸（或压缩）时，物体的形变与外力大小的关系是，在弹性限度内，物体的伸长（或缩短）与外力的大小成正比。弹力的大小等于外力的大小，方向与外力方向相反。其公式为 $F=k \cdot \Delta L$，其中 k 为比例系数，ΔL 为伸长量（或缩短量）。^④ 同样地，证监会作出处罚的实际数值也与其执法强度亦应呈正比例关系。详言之，证监会作出处罚的实际数值越大，其执法强度越大；相反，证监会作出处罚的实际数值越小，其执法强度越小。若套用胡克定律的公式表达，我们可

---

① 所谓数值数距式罚款，就是将罚款数额设定在某个数值区间内。所谓倍率数距式，就是将罚款设定在某个倍率区间内。比如，《证券法》第 202 条规定，"……没收违法所得，并处以违法所得一倍以上五倍以下的罚款；没有违法所得或者违法所得不足三万元的，处以三万元以上六十万元以下的罚款……" 分号的前半段就是数值数距式罚款，分号的后半段就是倍率数距式罚款。

② 即证监会（2013）48 号行政处罚决定书决定 "暂停平安证券有限责任公司保荐业务许可 3 个月"。

③ 在我国现行的法律体系中，并没有规定 "暂停相关业务许可" 的最长时间是多长。因此，"暂停相关业务许可" 的处罚强度事实上也是很难衡量的。

④ 《初中生最常用用表》编写组：《初中生最常用物理用表》，安徽少年儿童出版社 2011 年版，第 47 页。

以将执法强度与证监会作出处罚的实际数值之间的关系表示为：执法强度＝k·证监会作出处罚的实际数值。其中，"执法强度"相当于胡克定律公式中"力的大小"（F），"证监会作出处罚的实际数值"就相当于"弹簧的伸缩量"（ΔL）。接下来，关键问题就是确定常量 k，笔者将 k 界定为"k＝1/证监会能够作出处罚的最大数值"。而该"证监会能够作出处罚的最大数值"则由《证券法》第十一章具体的法律责任条款规定，并且为一个常量。比如，《证券法》第 195 条规定，"上市公司的董事、监事、高级管理人员、持有上市公司股份百分之五以上的股东，违反本法第四十七条的规定买卖本公司股票的，给予警告，可以并处三万元以上十万元以下的罚款"。那么，对于违反第 195 条的财产罚而言，"证监会能够作出处罚的最大数值"为 10 万元，故常数 k 等于 1/10 万元。进而，"执法强度"就等于"1/10"万元乘"证监会作出处罚的实际数值"。基于上述分析，我们可将证监会的执法强度用公式表示为：

$$执法强度指数 = \frac{证监会作出处罚的实际数值}{证监会能够作出处罚的最大数值} \times 100$$

从上述公式中我们可以看出，本书所谓的"执法强度"，就是"证监会作出处罚的实际数值"与"证监会能够作出处罚的最大数值"之间的比率（遵循指数的使用习惯又乘上了 100）。这个比率反映了证监会实际作出的处罚数值距离其最大能够作出的处罚数值有多远。通过以上公式，我们就可以把声誉罚、财产罚、资格罚，以及市场禁入措施的执法强度都统一成定比变量，并用一个强度指数来表示。该强度指数在 0 到 100 之间取值，并被等分为 100 个单位的强度。这样一来，一个违法行为受到了几个单位的声誉罚、几个单位的财产罚、几个单位的资格罚，以及几个单位的市场禁入措施，我们就可以定量化地表示出来。下面，笔者将分别介绍前述四种执法形式强度指数的计算方法。

1. 声誉罚强度指数与资格罚强度指数

声誉罚与资格罚的数值在变量属性上均系二分类定性变量，因此它们在执法强度指数的计算方法上相同，故在此一并介绍。

声誉罚（或资格罚）"处罚的实际数值"就是证监会给予声誉罚（或资格罚）的实际人数，"处罚的最大数值"就是证监会能够给予声誉罚（或资格罚）的最大人数。进而，声誉罚（或资格罚）强度指数系"证监会给予声誉罚（或资格罚）的实际人数"与"证监会能够给予声誉罚

（或资格罚）的最大人数"的比值。比如，我们有 100 个样本，且这 100 个样本都可以适用声誉罚（或资格罚）处罚，其中实际受到证监会声誉罚（或资格罚）处罚的有 83 个样本。那么，此时证监会"处罚的实际数值"就是 83 人次，而其能够给予"处罚的最大数值"则为 100 人次，进而该 100 个样本的声誉罚（或资格罚）执法强度指数就是 83。

应指出的是，就单个样本而言，只存在两种情况，即要么受到了声誉罚（或资格罚），要么没有受到声誉罚（或资格罚）。因此，其声誉罚（或资格罚）强度指数要么为 100（即 1÷1×100），要么为 0（即 0÷1×100）。

2. 财产罚强度指数

财产罚强度指数需区分"倍率数距式罚款"和"数值数距式罚款"两种情形分别计算。详言之，倍率数距式罚款的财产罚强度指数为"实际罚款倍率"与"法定最大罚款倍率"的比值；数值数距式罚款的财产罚强度指数为"实际罚款数额"与"法定最大罚款数额"的比值。

在这里，我们以《证券法》第 202 条为例，具体说明财产罚强度指数的计算方法。就倍率数距式罚款而言，第 202 条规定"没收违法所得，并处以违法所得一倍以上五倍以下的罚款"。比如，样本 A 因内幕交易的违法所得为 10 万元，证监会对其没收违法所得，并处 20 万元罚款；此时"实际罚款倍率"为 2 倍（即 20 万÷10 万），同时第 202 条规定的"最大罚款倍率"为 5，进而对样本 A 的财产罚强度指数为 40（即 2÷5×100）。就数值数距式罚款而言，第 202 条规定"没有违法所得或者违法所得不足三万元的，处以三万元以上六十万元以下的罚款"。比如，样本 B 因内幕交易的违法所得为 1 万元，证监会对其没收违法所得，并处 5 万元罚款；此时"实际罚款数额"为 5 万元，同时第 202 条规定的"最大罚款数额"为 60 万元，进而对样本 B 的财产罚强度指数为 8（即 5 万÷60 万×100）。

3. 市场禁入强度指数

最后，我们来看市场禁入强度指数的计算。市场禁入措施存在"终身的市场禁入措施"和"有期限的市场禁入措施"两种处罚形式。

就"有期限的市场禁入措施"而言，其具体禁入年限从 3 年到 10 年不等，在变量属性上是一个定比变量。由此，我们将禁 3 年到 10 年不等的市场禁入措施分别赋值为 3—10 个单位。同时，为了统计上的方便，笔者将"终身的市场禁入措施"赋值为 20 个单位。笔者认为，将终身的市场禁入措施赋值为 20 个单位是具有一定的合理性的。因为，20 个单位相当于受到了 20 年的市场禁入措施，而对于绝大多数自然人的职业年限来讲，20 年意味着与终身禁入无异。[①] 当然，这样的赋值亦体现了一种相对的准确性，不可能做到绝对的准确性。

对两种市场禁入处罚形式的赋值完成之后，我们便可按照前述执法强度指数的公式计算市场禁入强度指数。具体来讲，"证监会作出处罚的实际数值"是我们对自然人被处以的市场禁入措施年限的赋值，而"证监会能够作出处罚的最大值"就是最大赋值 20。举例而言，若样本 C 被证监会处以的市场禁入年限为 10 年，则其市场禁入强度指数为 50（即 10÷20×100）。

另外，应指出的是，《证券市场禁入规定》（2006 年）第 3 条规定了市场禁入措施的适用范围，前六项是对证券违法主体类型的具体列举，第七项是兜底条款。按照第 3 条的字面解释，市场禁入措施可适用于所有自然人，但考虑到实践中证监会往往仅针对在证券市场中具有相关资格和职务的人员作出，故本书对于市场禁入措施的统计限于该条前六项具体列举的证券违法主体。

二　样本与测量方法

在明确了证监会"执法强度"的操作化定义之后，笔者对我国证监会作出的行政处罚决定和市场禁入决定进行了收集、整理。

（一）样本

本节所使用行政处罚决定与市场禁入决定的样本，全部来自我国证监会的官方网站[②]，或者由其发行的公开出版物。[③]

---

① 据学者的统计，我国上市公司高管的平均年龄在 45 岁左右。参见黄继承，盛明泉《高管背景特征具有信息含量吗?》，《管理世界》2013 年第 9 期。因此，从某种意义上讲，如果对这些上市高管处以 20 年的市场禁入措施，与对其处以终身市场禁入差别不大。

② 中国证监会官方网站：http：//www.csrc.gov.cn/pub/zjhpublic/。

③ 这里所谓的"官方发布的公开出版物"主要是指由中国证监会编写，由法律出版社出版的《中国资本市场法制发展报告》（2006—2013 年卷）。

　　首先，本节关于证监会证券行政处罚决定的统计数据是从 2001 年开始的。① 2001—2014 年，证监会共作出了 708 件行政处罚决定。② 从证监会所作出的行政处罚决定书的数量来看，其 2001 年作出了 31 份，125 名自然人受到处罚，29 个机构③受到处罚；2002 年作出了 17 份，66 名自然人受到处罚，16 个机构受到处罚；2003 年作出了 35 份，141 名自然人受到处罚，34 个机构受到处罚；2004 年作出了 49 份，281 名自然人受到处罚，44 个机构受到处罚；2005 年作出了 43 份，143 名自然人受到处罚，42 个机构受到处罚；2006 年作出了 38 份，153 名自然人受到处罚，37 个机构受到处罚；2007 年作出了 36 份，189 名自然人受到处罚，33 个机构受到处罚；2008 年作出了 52 份，251 名自然人受到处罚，47 个机构受到处罚；2009 年作出了 58 份，209 名自然人受到处罚，38 个机构受到处罚；2010 年作出了 53 份，220 名自然人受到处罚，41 个机构受到处罚；2011 年作出了 57 份，186 名自然人受到处罚，43 个机构受到处罚；2012 年作出了 57 份，160 名自然人受到处罚，30 个机构受到处罚；2013 年作出了 79 份，237 名自然人受到处罚，32 个机构受到处罚；2014 年作出了 103 份，256 名自然人受到处罚，29 个机构受到处罚。从以上数据可以看出，2008 年之前，证监会每年作出的行政处罚决定书均在 50 份以下；2008 年之后，其每年作出的行政处罚决定书均在 50 份以上，特别是 2014

---

　　① 　之所以从 2001 年开始统计，是因为中国证监会网站上公布的行政处罚决定书是从（2001）1 号开始的。

　　② 　数据来源：http://www.csrc.gov.cn/pub/zjhpublic/。其中，有 33 份行政处罚决定书缺失（官方网站上并未公布），它们分别是：（2001）30 号、（2002）04 号、（2003）07 号、（2011）30 号、（2011）50 号、（2013）32 号、（2013）50 号、（2013）62 号、（2013）68 号、（2013）72 号、（2013）77 号、（2013）78 号、（2014）33 号、（2014）34 号、（2014）35 号、（2014）44 号、（2014）46 号、（2014）61 号、（2014）62 号、（2014）64 号、（2014）65 号、（2014）83 号、（2014）84 号、（2014）85 号、（2014）86 号、（2014）93 号、（2014）95 号、（2014）96 号、（2014）97 号、（2014）98 号、（2014）100 号、（2014）101 号、（2014）102 号。

　　③ 　这里所谓的 "机构"，是指法人或其他组织，包括上市公司、证券公司、证券投资咨询公司、期货公司、会计师事务所、律师事务所等。

年首次突破了 100 份。①

　　其次，本节关于证监会证券市场禁入决定的统计数据是从 2006 年开始的。② 2006—2014 年，证监会共作出了 150 项市场禁入决定，共有 368

---

　　①　就自然人而言，2001 年有 91 人次被警告，10 人次被暂停从业资格，没收违法所得 186000 元，罚款 6530000 元；2002 年有 58 人次被警告，2 人次被撤销从业资格，没收违法所得 0 元，罚款 1740000 元；2003 年有 134 人次被警告，0 人次被撤销从业资格或是被暂停从业资格，没收违法所得 0 元，罚款 4640000 元；2004 年有 270 人次被警告，4 人次被撤销从业资格，没收违法所得 120045 元，罚款 10480045 元；2005 年有 123 人次被警告，9 人次被撤销从业资格，没收违法所得 1992110.42 元，罚款 7430000 元；2006 年有 132 人次被警告，11 人被撤销从业资格，没收违法所得 0 元，罚款 7500000 元；2007 年有 176 人次被警告，5 人被撤销从业资格，没收违法所得 7744706.84 元，罚款 13264706.84 元；2008 年有 219 人次被警告，18 人次被撤销从业资格，没收违法所得 129019412.9 元，罚款 139882805.9 元；2009 年有 160 人次被警告，22 人次被撤销从业资格，没收违法所得 4907096.77 元，罚款 21182961 元；2010 年有 177 人次被警告，20 人次被撤销从业资格，没收违法所得 2871584.4 元，罚款 22485432.63 元；2011 年有 147 人次被警告，3 人次被撤销从业资格，没收违法所得 30178456.9 元，罚款 50046642.58 元；2012 年有 122 人次被警告，0 人次被撤销从业资格，没收违法所得 181513118.1 元，罚款 191841936.7 元；2013 年有 162 人次被警告，6 人次被撤销从业资格，没收违法所得 17076465.13 元，罚款 74079550.23 元；2014 年有 168 人次被警告，6 人次被撤销从业资格，没收违法所得 30099226.59 元，罚款 136187921.2 元。就机构而言，2001 年有 14 人次被警告，1 人次被撤销业务许可，没收违法所得 490630339.9 元，罚款 511980362.7 元；2002 年有 4 人次被警告，0 人次被撤销业务许可或暂停业务许可，没收违法所得 1459790.05 元，罚款 3634657 元；2003 年有 2 人次被警告，2 人次被撤销业务许可，没收违法所得 29866361.26 元，罚款 36365729.09 元；2004 年有 7 人次被警告，1 人次被撤销业务许可，没收违法所得 33698507.66 元，罚款 35000907.66 元；2005 年有 4 人次被警告，17 人次被撤销业务许可，没收违法所得 28048846 元，罚款 8954846 元；2006 年有 6 人次被警告，1 人次被撤销业务许可，没收违法所得 10276689.94 元，罚款 17100832.08 元；2007 年有 11 人次被警告，0 人次被撤销业务许可或暂停业务许可，没收违法所得 16867906.2 元，罚款 23967906.2 元；2008 年有 12 人次被警告，4 人次被撤销业务许可，没收违法所得 31722539.23 元，罚款 19361977.85 元；2009 年有 15 人次被警告，5 人次被撤销业务许可，没收违法所得 15535306.64 元，罚款 9374626.71 元；2010 年有 22 人次被警告，3 人次被撤销业务许可，没收违法所得 40922398.44 元，罚款 35209731.3 元；2011 年有 26 人次被警告，1 人次被撤销业务许可，没收违法所得 342830417.8 元，罚款 157700234.4 元；2012 年有 21 人次被警告，0 人次被撤销业务许可或暂停业务许可，没收违法所得 27924922.47 元，罚款 35494922.47 元；2013 年有 13 人次被警告，1 人次被撤销业务许可，1 人次被暂停业务许可，没收违法所得 137242107.5 元，罚款 520381304.8 元；2014 年有 18 人次被警告，0 人次被撤销业务许可或暂停业务许可，没收违法所得 154227323.8 元，罚款 28684953.92 元。

　　②　从中国证监会官方网站公布的数据来看，市场禁入决定书最早可搜索到（2004）6 号。之所以从 2006 年开始统计，是因为 2006 年之前的市场禁入决定书缺失的数量特别多。

个自然人被处以市场禁入的处罚。① 从证监会所作出的市场禁入决定书的数量来看，其 2006 年作出了 19 份，69 人被采取了市场禁入措施；2007年作出了 14 份，36 人被采取了市场禁入措施；2008 年作出了 27 份，59人被采取了市场禁入措施；2009 年作出了 16 份市场禁入措施，53 人被采取了市场禁入措施；2010 年作出了 16 份市场禁入措施，49 人被采取了市场禁入措施；2011 年作出了 11 份市场禁入措施，15 人被采取了市场禁入措施；2012 年作出了 8 份市场禁入措施，12 人被采取了市场禁入措施；2013 年作出了 21 份市场禁入措施，48 人被采取了市场禁入措施；2014年作出了 18 份市场禁入措施，48 人被采取了市场禁入措施。②

　　对于证监会上述 14 年的行政执法活动，我们可以将其划分为两段，即适用 2005 年修订前《证券法》作出的行政处罚和市场禁入措施，以及适用 2005 年修订后《证券法》作出的行政处罚和市场禁入措施。本书的研究样本，选取的是适用 2005 年修订后《证券法》作出的行政处罚和市场禁入措施。同时，笔者将一个人次的违法主体计入一个样本。如此一来，我们便得到了 1450 样本。由于这 1450 个样本包含了全部适用 2005年修订后《证券法》作出的行政处罚和市场禁入措施，故可以将其看作一个全样本。

　　应指出的是，本书对于执法强度的评价，主要依据的是《证券法》

---

　　① 数据来源：http://www.csrc.gov.cn/pub/zjhpublic/。其中，有 6 份市场禁入决定书缺失（官方网站上并未公布），它们分别是：（2014）10 号、（2014）11 号、（2014）17 号、（2011）06 号、（2006）06 号、（2006）09 号。

　　② 从市场禁入措施的类型来看，有 58 个自然人被处了 3 年的市场禁入措施，占样本总数的 15.8%；有 97 个自然人被处以 5 年的市场禁入措施，占样本总数的 26.4%；有 6 个自然人被处以 7 年的市场禁入措施，占样本总数的 1.6%；有 5 个自然人被处以 8 年的市场禁入措施，占样本总数的 1.4%；有 80 个自然人被处以 10 年的市场禁入措施，占样本总数的 21.7%；有 117 个自然人被处以终身的市场禁入措施，占样本总数的 31.8%。从被采取市场禁入人员的身份来看，有 137 名上市公司高管被采取市场禁入措施，占样本总数的 37.2%；有 1 名上市公司其他人员被采取了市场禁入措施，占样本总数的 0.3%；有 4 名实际控制人被采取了市场禁入措施，占样本总数的 1.1%；有 125 名证券公司从业人员被采取了市场禁入措施，占样本总数的 34%；有 11 名注册会计师被采取了市场禁入措施，占样本总数的 3%；有 5 名律师被采取了市场禁入措施，占样本总数的 1.4%；有 12 名保荐代表人被采取了市场禁入措施，占样本总数的 3.3%；有 9 名基金经理被采取了市场禁入措施，占样本总数的 2.4%；有 1 名基金经理助理被采取了市场禁入措施，占样本总数的 0.3%；有 17 名证券投资咨询从业人员被采取了市场禁入措施，占样本总数的 4.6%；有 5 名期货从业人员被采取了市场禁入措施，占样本总数的 1.4%。

第十一章法律责任的具体规定。在这 1450 个样本中，有些样本同时适用到了《证券法》第十一章两个法律责任条款。① 在此种情形下，证监会作出的处罚决定将是两个法律责任条款综合考量的结果，进而会降低我们对其中每一个特定法律责任条款实施强度评价的准确性。因此，我们在前述1450 个样本的基础上，删除了适用了《证券法》第十一章两个法律责任条款的样本。由此，我们最终得到了 1298 样本。其中，有 182 样本是机构②，有 1116 个样本是自然人③。

（二）测量方法

尽管前面已就执法强度指数进行了介绍，但在具体计算时仍需进一步的说明。笔者对于执法强度指数的计算大致分为以下步骤：

首先，我们需要确定"证监会能够作出处罚的最大数值"。如前所述，这个最大数值是由《证券法》第十一章含有具体处罚措施的法律责任条款规定的。具体来讲，《证券法》第十一章共有 48 个条文，其中明确规定了处罚措施的条文有 42 个（即第 188—229 条）。因此，笔者首先将 1298 个样本依据适用法条的不同进行了拆分，并最终得到了 17 个样本组。④ 换言之，

---

① 在这 1450 个样本，不存在适用三个及以上法律责任条款的情形。

② 其中，有 3 个样本是发行人，有 76 个样本是上市公司，有 7 个样本是证券公司，有 14个样本是会计师事务所，有 4 个样本是律师事务所，有 8 个样本是证券投资咨询公司，有 1 个样本是期货公司，及其他 69 样本。

③ 其中，有 581 个样本是上市公司董事、监事、高级管理人员，有 5 个样本是上市公司董事、监事、高级管理人员的亲属，有 19 个样本是上市公司其他人员，有 120 个样本是独立董事，有 1 个样本是独立董事的亲属，7 个样本是控股股东或实际控制人，有 13 个样本是律师，有 39个样本是注册会计师，有 2 个样本是注册资产评估师，有 10 个样本是保荐代表人，有 9 个样本是基金经理，有 1 个样本是基金经理助理，有 24 个样本证券公司从业人员，有 1 个样本是证券公司从业人员的配偶，有 31 个样本是证券投资咨询从业人员，2 个样本是期货公司从业人员，50个样本是大额持股未披露的投资者，以及其他 201 个样本。

④ （1）适用第 192 条的样本组，有 14 个自然人样本，5 个机构样本，共计 19 个样本；（2）适用第 193 条的样本组，有 718 个自然人样本，99 个机构样本，共计 817 个样本；（3）适用第 195 条的样本组，有 11 个自然人，4 个机构样本，共计 15 个样本；（4）适用第 197 条的样本组，有 1 个自然人样本；（5）适用第 199 条的样本组，有 12 个自然人样本；（6）适用第 200条的样本组，有 1 个自然人样本；（7）适用第 201 条的样本组，有 2 个自然人样本；（8）适用第202 条的样本组，有 205 个自然人样本，7 个机构样本，共计 212 个样本；（9）适用第 203 条的样本组，有 34 个自然人样本，4 个机构样本，共计 38 个样本；（10）适用第 206 条的样本组，有2 个自然人样本；（11）适用第 207 条的样本组，有 1 个自然人样本；（12）适用第 208 条的样本

对于该 1298 个样本而言，证监会作为处罚依据的就是这 17 个法律条文。这样一来，我们就可以依据这 17 个法律条文，分别确定每一组样本的"证监会能够作出处罚的最大数值"。

其次，尽管我们依据法律适用的不同，得到了 17 个样本组，但在同一个法律条文内部，不同违法主体之间的处罚措施之规定也是不同的。以《证券法》第 202 条的内幕交易处罚规定为例，我们可以从该条文中梳理出个人、单位、单位责任人员三类主体，并且他们适用的具体处罚措施和处罚金额是不同的。详言之，对于个人和单位而言，其进行内幕交易的，"责令依法处理非法持有的证券，没收违法所得，并处以违法所得一倍以上五倍以下的罚款；没有违法所得或者违法所得不足三万元的，处以三万元以上六十万元以下的罚款"。而对于单位责任人员而言，该条后半段规定"单位从事内幕交易的，还应当对直接负责的主管人员和其他直接责任人员给予警告，并处以三万元以上三十万元以下的罚款"。因此，对于每一样本组类的不同违法主体进行分别统计是必要的。从而，笔者在上述 17 个组别的基础上，进一步按照个人、单位、单位责任人员三类违法主体类型进行了分别统计。当然，不是所有组别都存在这三类违法主体类型。有的组别仅存在个人样本，比如第 199 条；有的组别则仅存在单位样本，比如第 225 条；有的组别包括单位样本和单位责任人样本，而不包括个人样本，比如第 192 条。

最后，在得到 17 个样本组，以及样本组内的违法主体划分之后，我们将按照不同组别，分别计算每一个样本的声誉罚强度指数、财产罚强度指数、资格罚强度指数，以及市场禁入措施强度指数。

应指出的是，在一些样本中，是不存在声誉罚强度指数或（和）资格罚强度指数的计算的。因为，这些样本所违反的法条本身就不包括声誉罚或（和）资格罚的适用。比如，在第 193 条的样本组中，不适用资格罚，仅适用声誉罚和财产罚。再比如，在第 197 条、第 201 条、第 206 条、第 207 条的样本组中，同时不适用声誉罚和资格罚，仅适用财产罚一

组，有 35 个自然人样本，37 个机构样本，共计 72 个样本；（13）适用第 211 条的样本组，有 4 个自然人样本，1 个机构样本，共计 5 个样本；（14）适用第 215 条的样本组，有 1 个自然人样本；（15）适用第 223 条的样本组，有 51 个自然人样本，18 个机构样本，共计 69 个样本；（16）适用第 225 条的样本组，有 3 个机构样本；（17）适用第 226 条 3 款的样本组，有 25 个自然人样本，5 个机构样本，共计 30 个样本。

种行政处罚形式。另外，需注意的是，市场禁入强度指数仅适用于违法主体是自然人的情形。

三 证监会执法强度的总体观察

根据前述研究方法，笔者对 1298 个样本的声誉罚强度指数、财产罚强度指数、资格罚强度指数，以及市场禁入强度指数进行了一一计算。为了反映这四类执法强度指数的集中趋势，笔者在此基础上计算了该 1298 个样本的总体均值（见表 3-3）。结果发现，就总体均值而言，证监会的声誉罚强度指数为 95，财产罚强度指数为 31,[①] 资格罚强度指数为 26,[②] 市场禁入强度指数为 8[③]。一般认为，从执法措施的严厉性程度来看，声誉罚最轻，财产罚居中，资格罚与市场禁入措施最强。而以上检验结果显示，除声誉罚强度指数的均值较高以外，其他执法强度指数的均值都处在较低水平。这说明，我国证监会的执法强度明显偏弱。

---

① 另外，《证券法》个别条款规定的最大罚金数额亦存在明显偏低的问题。其中，第 193 条的罚金幅度是比较典型的一个例子。该条 1 款规定，"发行人、上市公司或者其他信息披露义务人未按照规定披露信息，或者所披露的信息有虚假记载、误导性陈述或者重大遗漏的，责令改正，给予警告，并处以三十万元以上六十万元以下的罚款"。换言之，该条罚金数额的最大值为 60 万元。而 60 万元对于那些财大气粗的上市公司来讲只是九牛一毛，明显缺乏威慑力，这也是虚假陈述案件频发的主要原因之一。

② 单从分值来看，资格罚的强度并不低。但是，可适用资格罚的样本却非常之少，仅相当于总体的 1/10。换言之，有近 90% 的违法样本都不在资格罚的适用范围之内。究其原因，这与《证券法》第十一章的法律规定直接关联。在《证券法》第十一章明确规定有法律责任内容的 42 个条款中，仅有 18 个条款含有资格罚的处罚形式，占比为 42.86%。尤其在被高频适用的第 193 条、第 202 条中，均不含资格罚的内容。

③ 在 16 个可以适用市场禁入的法律责任条款中，有 9 个条款根本不存在市场禁入适用的案例；同时，证监会对于市场禁入的高强度适用仅集中在第 192 条、第 199 条两个法律责任条款。笔者认为，在规定有资格罚的法律责任条款有限的情形下，增加市场禁入措施的适用，可以在一定程度上弥补法律惩戒力度不足的现状。比如，证监会对上市公司高管、独立董事的市场禁入强度指数分别为 4 和 0，明显低于其他五类违法主体的执法强度。在资格罚缺失、财产罚处罚力度不足的情况下，加大对上市公司的董事、监事、高级管理人员的市场禁入强度，将有助于大大增强第 193 条的执法威慑力。彭冰教授亦曾指出，对于像上市公司的董事、监事、高级管理人员等，目前不需要证监会通过行政许可授予任职资格的职位而言，市场禁入可以有效地帮助证监会实现对此类主体的监管。参见彭冰《中国证券法学》（第二版），高等教育出版社 2007 年版，第 421 页。

表 3-3 中国证监会执法强度指数的总体均值与年度均值（2006—2014 年）

年份	样本数	声誉罚强度指数	财产罚强度指数	资格罚强度指数	市场禁入强度指数
2006	6	83	0	—	0
2007	58	97	18	—	0
2008	66	96	38	22	6
2009	162	85	31	39	3
2010	158	98	21	100	4
2011	192	95	31	43	4
2012	176	100	27	0	4
2013	233	96	38	21	24
2014	247	96	33	4	6
总体	1298	95	31	26	8

注：①如前所述，中国证监会执法强度指数的取值范围在 0 到 100 之间；②"—"表示不存在适用该种执法措施的情形（以下表格同理）；③在 1298 个样本中，含声誉罚强度指数的有效样本有 1001 个，含财产罚强度指数的有效样本有 1278 个，含资格强度指数的有效样本有 136 个，含市场禁入强度指数的有效样本有 858 个（所谓"有效样本"，是指排除了"不适用该种执法措施的样本"，以及"存在缺失值的样本"后剩下的样本）。

总体均值系立足于静态维度的观察，那么从时间维度上看，证监会的执法活动又会呈现出怎样的样态呢？为此，我们进一步计算了《证券法》自 2006 年 1 月 1 日施行以来，每个年度证监会执法强度指数的均值（见表 3-4）。结果发现：证监会的声誉罚、财产罚、市场禁入强度指数的年均变化不大，基本维持在总体均值的水平（可同时参见图 3-7）[1]。这说明，证监会的执法强度大体保持了一致性。当然，我们也发现，资格罚强度指数出现了大幅波动。究其原因，这与个别年份可适用资格罚的样本数过少有关。具体而言，除 2009 年、2013 年、2014 年外，其他年份可适用资格罚的样本数均在 10 个以下，[2] 这直接导致了资格罚强度指数的大幅波动。比如，在 2010 年里，只有 2 个样本可以适用资格罚，且这 2 个样本实际都适用了资格罚，因此该年度资格罚强度指数的均值达到了最大值

---

[1] 因 2006 年的样本数过少而难具有代表性，所以图 3-7 中反映的是 2007—2014 年的年度均值变化。

[2] 具体而言，2006 年、2007 年均不存在可适用资格罚的样本，2008—2014 年可适用资格罚的样本数分别为 9 个、46 个、2 个、7 个、5 个、42 个、25 个。

100；而在 2012 年里，有 5 个样本可适用资格罚，但这 5 个样本实际都没有适用资格罚，因此该年度资格罚强度指数的均值最小值为 0。

表 3-4　　　《证券法》17 个法律责任条款执法强度指数的均值

违反法条	样本数	声誉罚强度指数	财产罚强度指数	资格罚强度指数	市场禁入强度指数
第 192 条	19	84	56	37	64
第 193 条	817	99	28	—	4
第 195 条	15	100	55	—	0
第 197 条	1	—	50	—	0
第 199 条	12	—	1	67	63
第 200 条	1	—	80	100	0
第 201 条	2	—	4	—	0
第 202 条	212	84	25	—	14
第 203 条	37	100	31	—	8
第 206 条	2	—	58	—	0
第 207 条	1	—	100	—	0
第 208 条	71	91	32	—	—
第 211 条	5	100	24	60	0
第 215 条	1	100	0	—	0
第 223 条	69	80	51	3	29
第 225 条	3	100	33	—	—
第 226 条第 3 款	30	40	66	46	2

通过以上分析可见，除声誉罚强度之外，证监会的财产罚强度、资格罚强度、市场禁入强度均明显偏弱。那么，证监会的执法强度究竟弱在何处呢？为此，我们按照适用法律责任条款的不同，对 1298 个样本作了更进一步的梳理。表 3-4 所呈现的数值反映了证监会在适用 17 个法律责任条款时，每个条款下不同执法强度指数的均值。据此，我们可以确切地指出，证监会对该 17 个法律责任条款执行强度的大小。

此外，我们整理了证监会适用《证券法》作出的所有行政处罚决定书，共计 413 份。在这 413 份判决书中，证监会依据《证券法》第十一章作出行政处罚决定，适用的法律责任条款主要集中在第 193 条、第 202 条、208 条三个条文上，其适用频率分别为 32.7%、28.3%、10.0%，三

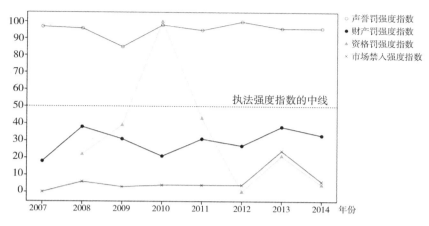

图 3-7　中国证监会执法强度指数的年均变化（2007—2014 年）

者共计占比 71.0%。同时，从表 3-5 中可以看到，2005 年《证券法》第
188 条、第 196 条、第 198 条、第 205 条、第 209 条、第 210 条、第 212
条、第 214 条、第 216 条、第 217 条、第 218 条、第 219 条、第 220 条、
第 221 条、第 222 条、第 227 条、第 228 条、第 229 条这 18 个条文没有
一次被适用。换言之，2005 年第一次修订的《证券法》实施九年以来，
在其十一章含有法律责任规范的 38 个条款中，有 44.74% 的条款处于休眠
状态。

表 3-5　　　　《证券法》第十一章法律责任条款的适用情况

法条	适用频率	百分比（%）	法条	适用频率	百分比（%）
第 188 条	0	0	第 209 条	0	0
第 189 条	3	0.7	第 210 条	0	0
第 190 条	1	0.2	第 211 条	1	0.2
第 191 条	1	0.2	第 212 条	0	0
第 192 条	6	1.5	第 213 条	4	1
第 193 条	134	32.7	第 214 条	0	0
第 194 条	2	0.5	第 215 条	1	0.2
第 195 条	13	3.2	第 216 条	0	0
第 196 条	0	0	第 217 条	0	0
第 197 条	2	0.5	第 218 条	0	0
第 198 条	0	0	第 219 条	0	0

法条	适用频率	百分比（%）	法条	适用频率	百分比（%）
第 199 条	13	3.2	第 220 条	0	0
第 200 条	1	0.2	第 221 条	0	0
第 201 条	4	1	第 222 条	0	0
第 202 条	116	28.3	第 223 条	21	5.1
第 203 条	28	6.8	第 224 条	3	0.7
第 204 条	2	0.5	第 225 条	3	0.7
第 205 条	0	0	第 226 条	9	2.2
第 206 条	2	0.5	第 227 条	0	0
第 207 条	2	0.5	第 228 条	0	0
第 208 条	41	10	第 229 条	0	0

第 202 条规定的内幕交易处罚条款就是长期被闲置的，直到 2013 年才被频繁适用的典型例子。2001—2008 年，仅有 6 个自然人因内幕交易受到查处。到了 2013 年，因内幕交易被查处的主体数量突然猛增，一下达到了 70 个。该年，证监会还对光大证券开出了 5.23 亿元的巨额罚单。2014 年，证监会继续保持了对内幕交易案件的执法强度，被查处主体达到 71 个。[1] 显然，并不是因为内幕交易在 2013 年之后突然变得多了起来，而是在这之前该条款很少得到适用。[2]

---

[1] 根据笔者在证监会网站上下载的 2001—2014 年的行政处罚决定书，这 14 年我国证监会查处的内幕交易案件是这样分布的：2001 年没有个主体被查处；2002 年没有主体被查处；2003 年没有主体被查处；2004 年有 1 个自然人被查处；2005 年没有主体被查处；2006 年没有主体被查处；2007 年有 1 个自然人被查处；2008 年有 4 个自然人被查处；2009 年有 11 个自然人被查处；2010 年有 20 个自然人被查处；2011 年有 17 个自然人，2 个机构被查处；2012 年有 27 个自然人被查处；2013 年有 67 个自然人，3 个机构被查处；2014 年有 71 个自然人，1 个机构被查处。另外，据安邦的统计，1992—2007 年，被证监会查处的内幕交易案件仅有 7 件。对此，著名财经评论人叶檀女士将中国股市戏称为"全球犯罪率最低的股市"。参见叶檀《深交所炮轰证监会挑明潜规则》，http://finance.sina.com.cn/stock/stocktalk/20080722/07355117275.shtml。

[2] 对内幕交易执法频度的大幅度增多，主要是由于证监会从 2013 年开始正式启动大数据分析系统。对此，我们将在第五章中详述。

四 证监会对违规披露与内幕交易的执法强度

在上述执法强度指数的基础上，我们还可以就某一特定法律条款，区分不同违法主体和违法情形，具体评价证监会的执法活动。在此，笔者仅就《证券法》第192条、第193条、第202条、第223条四个条文进行分析。其中，第192条、第193条、第223条所针对的是"信息披露类违规行为"，第202条针对的是"内幕交易"。这四个条文涉及的样本数共计1117个，占总体的86.06%。

（一）证监会对违规披露的执法强度

信息不对称是资本市场面临的核心问题，故法律强制规定了有关主体负有信息披露的义务。在《证券法》中，信息披露违法行为的法律责任集中规定在第193条；同时，第192条、第223条规定了证券中介机构在信息披露中的法律责任。在此，我们仅讨论第193条的执行情况，第192条、223条有关证券中介机构违规披露的执行情况将在本章第五节中展开。

长期以来，信息披露不实是我国资本市场最为突出的问题之一。根据表3-4所呈现的数值，证监会适用第193条的声誉罚强度指数均值为99，财产罚强度指数均值为28，市场禁入强度指数均值为4。可见，证监会对信息披露违法行为的处罚更多的是使用声誉罚，而财产罚、市场禁入均明显偏弱。从内容上讲，《证券法》第193条可划分为两类法律责任：一是发行人、上市公司及其控股股东、实际控制人、高级管理人员、其他直接责任人虚假陈述或虚假报告的法律责任；二是投资者大额持股未披露的法律责任。[①] 按照这样的划分，笔者对不同违法主体执法强度指数的均值作了进一步的测量（见表3-6）。

---

① 《证券法》第86条规定："通过证券交易所的证券交易，投资者持有或者通过协议、其他安排与他人共同持有一个上市公司已发行的股份达到百分之五时，应当在该事实发生之日起三日内，向国务院证券监督管理机构、证券交易所作出书面报告，通知该上市公司，并予公告；在上述期限内，不得再行买卖该上市公司的股票。投资者持有或者通过协议、其他安排与他人共同持有一个上市公司已发行的股份达到百分之五后，其所持该上市公司已发行的股份比例每增加或者减少百分之五，应当依照前款规定进行报告和公告。在报告期限内和作出报告、公告后二日内，不得再行买卖该上市公司的股票。"

表 3-6　　　《证券法》第 193 条不同违法主体执法强度指数的均值

违法主体	样本数	声誉罚强度指数	财产罚强度指数	市场禁入强度指数
发行人	3	100	100	——
上市公司	74	95	57	——
董事、监事、高级管理人员	539	99	26	4
独立董事	119	100	7	0
发行人、上市公司的其他直接责任人员	4	100	46	29
控股股东或实际控制人及其直接责任人员	8	100	52	21
大额持股未披露的投资者	70	94	39	——

　　由于"发行人""发行人、上市公司的其他直接责任人员""控股股东或实际控制人及其直接责任人员""大额持股未披露的投资者"的样本数过少，因此我们重点关注了"上市公司""董事、监事、高级管理人员""独立董事"及"大额持股未披露的投资者"四类违法主体。就声誉罚而言，各类信息披露违法主体执法强度指数的均值差别不大，都处于94 以上的水平。就财产罚而言，各类信息披露违法主体执法强度指数的均值则呈现出较大差异。具体而言，"上市公司"执法强度指数的均值达到了 57，并不算弱；[①]"大额持股未披露的投资者"执法强度指数的均值为 39，稍微偏弱；而"董事、监事、高级管理人员""独立董事"执法强度指数的均值分别为 26、7，明显偏弱。方差分析的结果表明，这四类违法主体执法强度指数均值的差异在统计上具有显著性。[②] 同时，应指出的是，"董事、监事、高级管理人员"和"独立董事"两类违法主体的样

---

　　① 或许有人会指出，第 193 条对于上市公司的法定罚款金额上限为 60 万元，财产罚强度指数的均值为 57，意味着财产罚金额的均值为 34.2 万元，这对于上市公司而言只能算是九牛一毛。但应指出的是，执法强度指数反映的是证监会对《证券法》法定处罚幅度的执行水平，并不涉及对该法定处罚幅度本身的评价。

　　② 为了检验均值之间的差异是否在统计上具有显著性，本书使用了"t 检验"和"方差分析"的统计方法，并将检验水平设定在 P 值≤0.05。具体而言，对于两组样本均值的比较，本书使用 t 检验的统计方法；对于三组或三组以上样本均值的比较，本书使用方差分析的统计方法。在上述比较中，涉及四组样本的比较，故此处使用了方差分析的统计方法。根据方差分析的检验结果，这四组违法主体财产罚强度指数的均值两两比较时，P 值均小于 0.05。因此，其均值之间的差异在统计上具有显著性。

本数合计 658，占第 193 条违法主体样本总数的 80.54%。据此，我们可认为，对"董事、监事、高级管理人员"和"独立董事"处罚过低，是导致第 193 条财产罚强度明显偏弱的最主要原因。就市场禁入而言，"董事、监事、高级管理人员"执法强度指数的均值仅为 4，亦非常之低；[①] "独立董事"执法强度指数的均值为 0，说明没有独立董事受到过市场禁入措施的处罚。

由上可见，除声誉罚强度之外，证监会对"董事、监事、高级管理人员"和"独立董事"的财产罚、市场禁入强度均明显偏弱。那么，证监会对这两类违法主体的执法活动，是否能够对其职业声誉造成显著影响呢？为此，笔者统计了受处罚上市公司高管的离职率，并希望借此间接评价证监会监管处罚的实际效果。[②] 具体而言，笔者收集了 2001—2011 年受到证监会处罚的上市公司高管[③]样本，共计 996 个。其中，有 266 个样本在证监会行政处罚决定书公布之日前后 365 天内离职，离职率为 26.71%。在这 996 个样本中，有 892 个样本是"董事、监事、高级管理人员"，其在证监会行政处罚决定书公布之日前后 365 天内离职的有 232 人，离职率为 26.01%；有 104 个样本是"独立董事"，其在证监会行政处罚决定书公布之日前后 365 天内离职的有 34 人，离职率为 32.69%。Jonathan Karpoff 等曾就美国证券交易委员会和美国司法部针对财务虚假陈述案的执法活动进行实证研究，时间跨度为 1978—2006 年 9 月 30 日。在 778 个案件中，涉及 2206 名相关责任人。其中，有 93% 的受罚主体在监管执行期（regulatory enforcement period）之前失去工作，且大多数是被解雇的。[④] 与美国的数据相比，我国受处罚上市公司高管的离职率明显偏低。这说明，在证监会监管处罚不足的情形下，上市高管的职业声誉亦难以形成一种有效的约束机制。

---

① 在 539 个"董事、监事、高级管理人员"样本中，共有 46 个样本受到过市场禁入措施的处罚。其中，被采取 3 年、5 年证券市场禁入措施的各有 9 个样本，被采取 7 年、8 年证券市场禁入措施的各有 1 个样本，被采取 10 年证券市场禁入措施的有 15 个样本，被采取终身证券市场禁入措施的有 11 个样本。

② 数据来源：国泰安数据库（http://www.gtarsc.com）。

③ 该"上市公司高管"包括本书所谓的"董事、监事、高级管理人员"和"独立董事"。

④ Jonathan M. Karpoff, D. Scott Lee, Gerald S. Martin, "The Consequences to Managers for Financial Misrepresentation", 2007, http://papers.ssrn.com/sol3/papers.cfm? abstract _ id = 1012730.

（二）证监会对内幕交易的执法强度

就第 202 条而言，《证券法》规定了声誉罚、财产罚、市场禁入三种执法措施。从表 3-4 可见，声誉罚强度指数仍然较高，其均值达到了 84；但财产罚、市场禁入强度指数的均值仍然处于一个较低的水平，分别为 25、14。在 212 个样本中，适用声誉罚的样本仅有 23 个，适用市场进入措施的样本仅有 20 个，故对于内幕交易的处罚而言，证监会使用的执法措施仍主要是财产罚。鉴于此，以下讨论的重点将集中在证监会的财产罚强度。

1. 证监会对内幕交易的执法强度在加大吗

内幕交易一直是证券市场的顽疾，几乎每一届证监会主席上任之后，都会特别强调加大打击力度的重要意义。事实上，从 2009 年开始，证监会对内幕交易的行政处罚数量确实明显增加。[①] 然而，在执法数量大幅增加的同时，证监会对内幕交易的执法强度是否也随之得到了大幅增加呢？为了检验这个问题，笔者对表 3-4 中适用 202 条的样本进行了年度均值的检验。由于 2009 年之前适用 202 条的样本过少，故本书的统计是从 2009 年开始的。结果发现：2009 年的财产罚强度指数均值为 10，样本数为 11；2010 年的财产罚强度指数均值为 26，样本数为 18；2011 年的财产罚强度指数为 28，样本数为 19；2012 年的财产罚强度指数为 17，样本数为 25；2013 年的财产罚强度指数为 32，样本数为 73；2014 年的财产罚强度指数为 24，样本数为 62。根据以上数值，我们可以绘制出图 3-8。从图 3-8 中，我们可以发现，证监会对内幕交易的财产罚强度并没有明显增大。

2. 证监会针对不同内幕交易主体的执法强度存在差别吗

从第 202 条的规定来看，我们至少可以将内幕交易的主体划分为个人、单位、以及单位直接责任人员。为此，笔者对这三类违法主体执法强度指数的均值作了进一步的测量（见表 3-7）。就财产罚而言，个人、单位、单位直接责任人员的执法强度指数的均值分别为 20、45、69。方差分析的结果表明，以上均值的差异在统计上具有显著性。这说明，证监会对个人的财产罚强度最弱，而对于单位直接责任人员的财产罚强度最强。

根据《证券法》第 74 条的规定，我们还可以将内幕交易的主体划分

[①] 2009—2014 年，证监会针对内幕交易作出的行政处罚决定书数量分别为：2009 年 6 件，2010 年有 11 件，2011 年 10 件，2012 年 15 件，2013 年 33 件，2014 年 35 件。

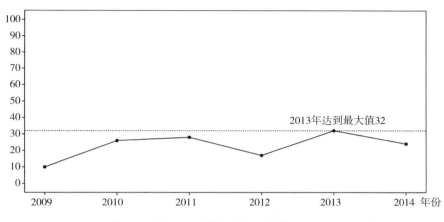

图 3-8 内幕交易财产罚强度指数的年均变化（2009—2104 年）

为"内幕交易知情人"与"非法获取内幕信息的人"。该划分的意义在于，证监会对于后者的执法将承担更为严格的证明责任。① 换言之，证监会对于"非法获取内幕信息的人"的查处难度更大。这是否会造成证监会在执法强度上的差别呢？就财产罚而言，证监会对"内幕交易知情人"与"非法获取内幕信息的人"的执法强度指数的均值分别为 28、20（见表 3-8）。T 检验的结果表明，以上均值的差异在统计上具有显著性。这说明，证监会对"内幕交易知情人"的财产罚强度略高于"非法获取内幕信息的人"，但二者均处于一个较低的处罚水平。

表 3-7　　　　　　　个人、单位、单位直接责任人员的比较

违法主体	样本数	声誉罚强度指数	财产罚强度指数	市场禁入强度指数
个人	186	—②	20	10

① 根据证监会发布的《证券市场内幕交易行为认定指引（试行）》第 12 条、第 13 条、第 14 条的规定，对于"内幕交易知情人"而言，只要"行为人在内幕信息的价格敏感期内买卖相关证券，或者建议他人买卖相关证券，或者泄露该信息"，即应认定构成内幕交易，除非其有足够证据证明自己并不知悉有关内幕信息；对于"非法获取内幕信息的人"而言，如有上述行为，应在根据相关证据综合判断其是否知悉内幕信息的基础上认定其是否构成内幕交易。从以上规定可见，证监会对于"内幕交易知情人"似采"知悉标准"（Possession Standard），对于"非法获取内幕信息的人"似采"利用标准"（Use Standard）。

② 就个人而言，第 202 条并没有规定声誉罚（即警告）。但在证监会的行政处罚决定书中，仍有 4 个样本适用了声誉罚。笔者在统计时，仍按照不存在声誉罚的适用情形处理。

续表

违法主体	样本数	声誉罚强度指数	财产罚强度指数	市场禁入强度指数
单位	7	—	45	
单位直接责任人员	19		69	43

表3-8　　"内幕交易知情人"与"非法获取内幕信息的人"的比较

违法主体	样本数	声誉罚强度指数	财产罚强度指数	市场禁入强度指数
内幕信息知情人	136	94	28	7
非法获取内幕信息的人	76	60	20	—

3. 证监会针对不同情形内幕交易的执法强度存在差别吗

内幕信息是内幕交易构成要件的重要组成部分。为此，本书按照内幕信息来源的不同，划分了并购重组、财务报告、重大经营决策或订立重要合同、分配股利或增资计划、其他情形，共计五类。在此基础上，笔者对其执法强度指数的均值作了进一步的测量（见表3-9），在这五种情形下，其财产罚强度指数的均值分别为：23、15、25、18、48。方差分析的结果表明，并购重组、财务报告、重大经营决策或订立重要合同、分配股利或增资计划的均值比较在统计上不具有显著性，但"其他情形"与该四种情形的均值比较在统计上具有显著性。这说明，证监会对"其他情形"的处罚力度最强。进一步分析"其他情形"所包括的25个样本，我们可以发现，有9个样本均来自"光大证券内幕交易案"，其财产罚强度指数都达到了最大值100。这是导致"其他情形"财产罚强度明显偏高的主要原因。

表3-9　　　　　　　　　不同内幕信息来源之间的比较

内幕信息来源	样本数	声誉罚强度指数	财产罚强度指数	市场禁入强度指数
并购重组	115	80	23	1
财务报告	14	—	15	0
重大经营决策或订立重要合同	39	75	25	1
分配股利或增资计划	19	—	18	0
其他情形	25	100	48	35

4. 罚款方式的不同、违法所得的多少对财产罚强度有影响吗

就罚款方式而言，202 条存在"倍率数距式罚款"与"数值数距式罚款"。详言之，违法所得在 3 万元以上的，适用倍率数距式罚款；没有违法所得或违法所得不足 3 万元的，适用数值数距式罚款。根据笔者的统计，倍率数距式罚款的财产罚强度指数均值为 34，样本数为 83；数值数距式罚款的财产罚强度指数均值为 27，样本数为 119[①]。（见表 3-10）T 检验的结果表明，二者均值的差异在统计上不具有显著性。那么，内幕交易违法所得的多少是否对财产罚强度有影响呢？为此，笔者就"违法所得"与"财产罚强度指数"两个变量进行了相关分析。二者的相关系数为 0.189，P 值为 0.07。当检验水平设定在 0.05 时，我们不能认为违法所得越多，内幕交易主体所受到的财产罚越重；当检验水平设定在 0.1 时，我们可认为违法所得与财产罚强度呈正相关，但二者的相关性仍然较弱。

表 3-10　　　　"倍率数距式罚款"与"数值数距式罚款"的比较

罚款方式	样本数	声誉罚强度指数	财产罚强度指数	市场禁入强度指数
倍率数距式罚款	83	——	34	0
数值数距式罚款	119	87	27	22

五　每万亿美元市值执法产出的国别比较

需要指出的是，以上关于证监会执法强度的评价，均系以我国《证券法》规定的法定处罚幅度的上限为尺度的测量。下面，本书将继续使用 Howell Jackson 教授在执法产出方面的两个测量指标，即"每万亿美元市值的执法数量"与"每十亿美元股票市值的罚款数额"，进一步观察我国证监会的执法强度。

在执法数量方面，笔者收集到相关数据的样本国家有美国与新加坡，时间跨度为 2007—2012 年[②]。2012 年，就每万亿美元市值执法数量而言，

[①]　二者合计共有 202 个样本，另有 10 个样本由于数据缺失而无法统计。

[②]　为了论述的方便，以下关于"每万亿美元市值执法数量"与"每万亿美元市值罚款数额"的国别比较，仍然仅选取 2012 年的数值。其他年份的具体数据，参见附录 11—13。

中国为 15 件，美国为 39 件，新加坡为 135 件（见图 3-9）。从以上数值可见，美国证券交易委员会的执法数量是中国证监会执法数量的 2.6 倍，新加坡金融监管局的执法数量是中国证监会执法数量的 9 倍。当然，我们也看到 2013 年、2014 年中国证监会的执法数量有了大幅度的增加，这两年较 2012 年分别增加了 38.60% 和 80.70%。如果将中国证监会 2014 年的执法数量折算计入 2012 年的数据中，我们可以看到，美国、新加坡的执法数量依然分别是中国的 1.4 倍和 5 倍。

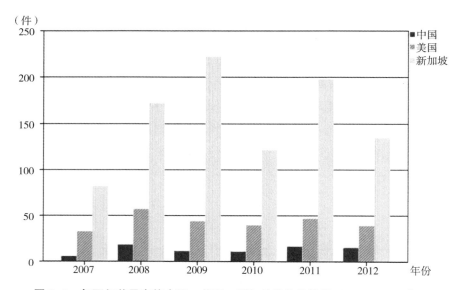

图 3-9　每万亿美元市值中国、美国、新加坡的执法数量（2007—2012 年）

在罚金数额方面，笔者收集到相关数据的样本国家有美国、澳大利亚、加拿大，时间跨度亦为 2007—2012 年。2012 年，就每十亿美元股票市值罚款数额而言，中国为 973.66 美元，美国为 54691.55 美元，澳大利亚为 544651.20 美元，加拿大为 18178.51 美元。从以上数值可见，美国证券交易委员会作出的罚金数额是中国证监会的 56 倍，澳大利亚证券监管机构作出的罚金数额是中国证监会的 559 倍，加拿大证券监管机构作出的罚金数额是中国证监会的 19 倍。

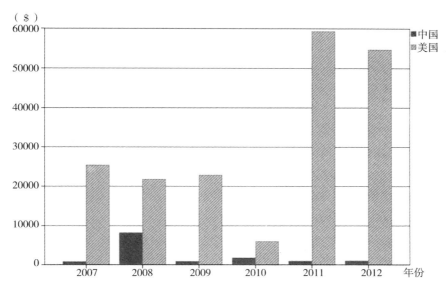

图 3-10　每十亿美元市值中国、美国的罚金数额（2007—2012 年）

第四节　证券交易所的执法

一　为什么将执法权分配给交易所

关于如何创造有效的执法体制存在着两种进路。一种进路将关注点完全放在监管机构与私人主体的执法活动上，而另一种进路则将目光投向了证券交易所的执法活动。John Coffee 曾指出，在 20 世纪 30 年代美国联邦证券法颁布之前，美国就已经享有了规模庞大且充满流动性的证券市场，这主要是因为纽约证券交易所为广大投资者提供了制度保护。[1] Paul Mahoney 认为，证券交易所不仅是最早的监管者，而且还是资本市场中最有效的监管者。因为，交易所有足够强大的动机和激励去保护它们的投资者。[2] 对于那些没有建立起有效监管体制的国家，Marcel Kahan 甚至建议，

---

[1]　John C. Coffee, "The Rise of Dispersed Ownership: The Roles of Law and the State in the Separation of Ownership and Control", *The Yale Law Journal*, Vol. 111, No. 1, October 2001, pp. 1-82.

[2]　Paul G. Mahoney, "The Exchange as Regulator", *Virginia Law Review*, Vol. 83, No. 7, October 1997, pp. 1453, 1455.

"将大部分监管权力分配给证券交易所或许是个不错的选择"①。

我国的两大证券交易所，即上海证券交易所与深圳证券交易所，均就各自的纪律处罚和监管措施做了比较详细的规定。② 两大交易所最为常见的执法手段主要有两种，即通报批评和公开谴责。通报批评，即在一定范围内或在中国证监会指定媒体上公开对监管对象进行批评。公开谴责，即在中国证监会指定媒体上对监管对象进行谴责。相对于通报批评，公开谴责更为严厉。以下对于两大证券交易所执法活动的评价主要集中在公开谴责上。

二　证券交易所公开谴责的数据描述

根据国泰安数据库的数据，笔者就 2001—2011 年上交所与深交所作出的公开谴责进行了统计。在这 11 年间，两大交易所作出的公开谴责数量分别为 162 个和 205 个，合计 367 个，共有 1978 人次的上市公司高管受到公开谴责的惩罚。从表 3-11 中，我们可以看到，两大交易所在不同年份作出的公开谴责数量存在一定的波动性。有学者认为，这与交易所为提高上市公司质量而开展的运动式执法有关。③ 同时，2008 年之后，两大交易所作出公开谴责数量大幅下降，均下降到两位数以下。这可能与两个方面的原因相关：首先，在监管力度呈阶段性强化后，上市公司规范化程度不断提高，违规行为逐渐减少，公开谴责的数量也随之减少；其次，证监会在 2008 年之后亦大幅增加行政执法的数量，进而更多的违规行为被证监会直接给予行政处罚。另外，我们还发现，除了 2010 年之外，深交所作出的公开谴责数量均明显大于上交所。这可能是以下原因造成的：④其一，在上交所上市的公司普遍比在深交所上市的公司规模更大，其公司治理的水平或许更高，进而违规行为相对更少；其二，深交所的民营上市

---

① Marcel Kahan, "Some Problems with Stock Exchange-Based Securities Regulation", *Virginia Law Review*, Vol. 83, No. 7, October 1997, pp. 1509, 1518.

② 可分别参见《上海证券交易所纪律处罚和监管措施实施办法》《深圳证券交易所自律监管措施和纪律处分措施实施细则》。

③ 卢文道、王文心：《对上市公司的公开谴责有效吗？——基于上海市场 2006—2011 年监管案例的研究》，载黄红元、徐明主编《证券法苑》（第 7 卷），法律出版社 2012 年版，第 176—195 页。

④ 以下分析，主要参考 Benjamin L. Liebman, Curtis J. Milhaupt, "Reputational Sanctions in China's Securities Market", *Columbia Law Review*, Vol. 108, Issue 4, May 2008, pp. 954-959。

公司数量更多，政治关联性对执法的影响相对更弱；其三，深交所在监管上更加积极，也许还因为监管竞争的压力，从而尽量减少其与香港证券交易所、新加坡证券交易所之间的差距相关。

表 3-11　　　两大交易所作出的公开谴责公告数（2001—2011 年）

年份	上交所	深交所
2001	20	35
2002	19	23
2003	24	17
2004	22	17
2005	19	34
2006	19	32
2007	12	16
2008	6	9
2009	8	8
2010	8	7
2011	5	7
合计	162	205

从被公开谴责的违规行为来看（见表 3-12），主要包括：虚假陈述、大股东占用上市公司资源、违规担保、擅自改变资金用途等。因虚假陈述而被公开谴责的数量最多，共计 419 次，占比 67.79%；因大股东占用上市公司资源而被公开谴责的居其次，共计 48 次，占比 7.78%；因违规担保而被公开谴责的排第三，共计 31 次，占比 5.02%。同时，通过对上述样本的观察笔者发现，大多数受到证券交易所公开谴责的样本，并不会导致证监会的处罚。这也说明，证券交易所的执法活动在很大程度上构成了证监会执法活动的补充。

表 3-12　　　　　　　被公开谴责的违规行为分布

违规行为	被公开谴责的次数	占比（%）
虚假陈述	419	67.79
大股东占用上市公司资源	48	7.78
违规担保	31	5.02
擅自改变资金用途	14	2.27

续表

违规行为	被公开谴责的次数	占比（%）
其他	198	32.09

三　公开谴责是有效的吗

作为一种声誉性惩罚，两大证券交易所作出的公开谴责的有效性长期受到质疑。事实上，公开谴责不仅会引起上市公司股价下跌，与再融资相绑定，而且还会对上市公司高管个人造成诸多不利影响。

首先，公开谴责的发布会造成上市公司股价的下跌。哥伦比亚大学法学院的 Benjamin Liebman 与 Curtis Milhaupt 使用事件研究法，对 2001—2006 年被上交所与深交所处以公开谴责的上市公司股票价格进行检验。结果发现，公开谴责的公布会造成上市公司股价的下跌，且在统计上具有显著性。[1]

其次，由于公开谴责与再融资相绑定，进而会在客观上增加上市公司的融资成本。比如，证监会颁布的《上市公司证券发行管理办法》第 11 条规定，上市公司最近 12 个月内受到过证券交易所公开谴责的，不得公开发行证券。再比如，交易所会将受到公开谴责的公司信息提供给中国人民银行，进而会影响到银行对该公司的贷款。同时，根据中国人民银行颁布的《短期融资券管理办法》第 10 条的规定，公开谴责可能会影响到被处罚公司申请发行融资券。[2]

最后，公开谴责还会对上市公司高管个人带来诸多经济性与非经济性的惩罚。比如，证监会颁布的《上市公司股权激励管理办法》第 8 条规定，最近 3 年内被证券交易所公开谴责的人员，不得成为股权激励的对象。又比如，深交所颁布的《中小企业板投资者权益保护指引》第 43 条规定，受到公开谴责的上市公司董事、监事、高级管理人员，将会被取消和收回事发当年应获得和已获得的奖励性薪酬。再比如，《上市公司证券

---

[1]　Benjamin L. Liebman, Curtis J. Milhaupt, "Reputational Sanctions in China's Securities Market", *Columbia Law Review*, Vol. 108, Issue 4, May 2008, pp. 961-967.

[2]　根据 Benjamin Liebman 与 Curtis Milhaupt 对交易所官员的访谈。参见 Benjamin L. Liebman, Curtis J. Milhaupt, "Reputational Sanctions in China's Securities Market", *Columbia Law Review*, Vol. 108, Issue 4, May 2008, pp. 970-971。

发行管理办法》第 6 条规定，上市公司公开发行证券，须满足现任董事、监事和高级人员在近 12 个月内未受到过证券交易所的公开谴责。类似于这样的绑定式规定将导致上市公司高管被迫离职。笔者收集了 2001—2011 年受到上海证券交易所和深圳证券交易所公开谴责的上市公司高管样本，共计 1129 个。在这些受到交易所公开谴责的上市高管样本中，有 555 个样本是在公开谴责公布之日前后 365 天内离职的，离职率达到 49.16%。

通过以上分析，我们可以看到交易所的公开谴责并非是一种无关痛痒的惩罚，它在很多方面都会使受罚主体付出较高的违法成本。那么，此种执法措施对证券市场违法者是否构成了有效的威慑呢？笔者对前述 2001—2011 年的样本进行统计后发现，被上交所公开谴责的上市公司再犯率高达 27.64%[1]，被深交所公开谴责的上市公司再犯率亦达到 22.73%[2]。与第二章第三节的分析相同，高再犯率现象的背后，实际上亦凸显出两大交易所执法概率不足的问题。

第五节　看门人执法

一　看门人执法的机理

按照 John Coffee 教授的定义，"看门人"是指向投资者提供信息验证或认证服务的声誉中介。[3] 易言之，它们以自己的职业声誉为担保，向投资者保证发行证券的品质，主要包括保荐人、承销商、律师、会计师、证券分析师、信用评级机构等。与普通投资者相比，证券中介机构具有明显的信息优势，它们能够根据自己的专业判断，对上市公司和金融产品进行分析，并向市场披露，从而阻止不当行为的发生。而这些机构之所以能够

---

[1]　其中，有 29 家上市公司受到 2 次公开谴责，有 5 家上市公司受到 3 次公开谴责。

[2]　其中，有 25 家上市公司受到 2 次公开谴责，有 7 家上市公司受到 3 次公开谴责，有 1 家上市公司受到 4 次公开谴责，有 1 家上市公司受到 5 次公开谴责，有 1 家上市公司受到 6 次公开谴责。

[3]　即 "a reputational intermediary who provides verification or certification services to investors"，参见 John C. Coffee, *Gatekeeper Failure and Reform：The Challenge of Fashioning Relevant Reforms*, March 2004, http：//ssrn. com/abstract=447940。

充当看门人的角色，是因为它们是市场的重复参与者，在长期的执业中形成了声誉资本（reputatioanl capital）。当这些机构在核实发行人的相关信息时，相当于将自己的声誉资本借给或者抵押给了发行人。所以，投资者能够据此信赖发行人的信息披露和证券品质。而一旦其信息披露不实，它们的声誉资本也将受到减损甚至完全毁灭。①

二　脆弱的市场声誉

然而，从我国证券市场的实际情况来看，脆弱的市场声誉似乎难以保证看门人机制的有效运行。长期以来，我国证券市场新股发行"三高"现象②、上市公司业绩变脸、大股东高价套现等屡见不鲜，作为看门人的证券中介机构甚至成为与大股东、上市公司捆绑在一个利益链条上的分工合作者。这在深交所创业板刚推出时的种种市场乱象中被演绎得淋漓尽致。

2009 年 10 月 30 日，创业板正式推出。从一开始，创业板新股发行的"三高"现象就备受诟病。2009 年 9 月，第一批创业板公司首发市盈率平均为 55.25 倍；2009 年 12 月，达到 81.24 倍；2010 年 11、12 月平均高达 90 倍。③ 而 IPO 之后，这些上市公司业绩迅速"变脸"成为常态。有公司在上市几个月甚至几天内就急剧变脸。根据同花顺数据库的统计，截至 2012 年 6 月 8 日，创业板中有 201 只股票处于破发状态，占比 62%；创业板破发公司平均跌幅为 34.7%，即投资者如果以开盘价买入，平均浮亏 34.7%。④ 以下是一个比较有代表性的案例：⑤

　　　2010 年 11 月上市的沃森生物，是一家疫苗生产和研发的企业。该公司在上市之初就受到众多机构的热捧。最终，其以 95 元的发行价、133.8 倍的首发市盈率创下当时股市的两项纪录，并且在上市当

---

① 黄辉：《看门人机制与公司治理——从安然丑闻到金融危机的监管反思》，载梁慧星主编《民商法论丛》（第 46 卷），法律出版社 2010 年版，第 248—268 页。

② 即高发行价、高市盈率、高超募发行。

③ 以 2010 年 12 月 31 日为参照时点，沪市主板市盈率为 21.61 倍，深市主板市盈率为 35.43 倍，中小板市盈率为 56.93 倍。

④ 参见《创业板高股价是如何炼成的》，http://tv.cntv.cn/video/C10329/14082546bc3541c0bf9915210a095c96。

⑤ 同上。

天就冲上了 158 元的最高价。

而沃森生物在上市仅仅半年后，就爆出其三项疫苗项目"流产"的消息，而这些消息都属于招股说明书中披露的重大合作合同。其中，与葛兰素史克公司合作的麻腮风疫苗项目的流产，是因为《中华人民共和国药典》（2010 年版）的颁布施行。由于含有抗生素，国家食品药品监督管理局未批准葛兰素史克公司的麻腮风疫苗在中国的进口和罐装。但该新药典自 2010 年 10 月 1 日起就已经执行，早于公司上市。换言之，该项目的流产在上市之前就已经可以预料，但在沃森生物的招股说明书中却只字未提，作为保荐人的平安证券亦未作出任何解释。①

到 2012 年 7 月，沃森生物股价已深跌 50%。不仅中小投资者损失惨重，当时中签的机构投资者也被牢牢套住。数据显示，沃森生物 1.48% 的网上中签率，远远低于之后发行的众多高价股。而沃森生物网上仅发行 2000 万股，冻结资金却达到 1283 亿元，超额认购倍数为 68 倍。沃森生物上市发行公告中显示，在参与询价的 6 类机构中，有 89 家基金公司、53 家证券公司报价，其中当然也不乏价低者，但为什么仍有很多机构不惜高价购进这些股票呢？

有券商坦言，从价值而言，100 多倍的市盈率已经高估，但在"券商+直投"② 的机制下，由于券商手中持有原始股，新股发行价越高，盈利则越多。因此，券商间相互托价，已经成为行业内的潜规则。简

---

① 除了沃森生物，朗科科技是平安证券保荐的另一家公司。这家公司主要专注于闪存盘及闪存应用领域相关产品的研发。根据公司的招股说明书介绍，该公司在全球范围内拥有闪存盘相关领域的一系列原创性基础发明专利、闪存应用及移动存储领域其他核心技术及其专利；截至招股说明书发布期间，公司已获得授权专利共计 116 项，其中发明专利 79 项，另有 220 项发明专利尚在申请过程中。头顶行业核心、上百项专利等光环，朗科科技在上市之初的市盈率达到 76.47 倍，发行价 39 元/股。2010 年公司年报显示，上市第一年实现总营收 2.23 亿元，同比下降 18.07%；净利润 2021.23 万元，同比下降 49.07%；每股收益从上市前的 0.79 元/股，滑落至 0.30 元/股。业绩大幅缩水，朗科科技上市之初的高市盈率也遭到了广泛质疑。据媒体披露，朗科科技并不掌握闪存盘领域的核心专利，招股说明书中明显夸大了公司专利的价值。

② 清科数据库的资料显示，券商直投模式自 2009 年年底创业板开闸起就进入了收获期。截至 2011 年 7 月 8 日，被证监会叫停之前，共有 36 个券商直投项目获得 IPO 退出。其中，"保荐+直投"项目共有 31 个，占比 86.1%；涉及 8 家券商直投公司，账面投资回报为 42.54 亿元人民币，平均每个"保荐+直投"项目的账面投资回报 1.25 亿元，平均账面回报率为 4.90 倍。业内人士指出，虽然"保荐+直投"模式已经被叫停，但其仍会换一个马甲，以改头换面的形式重来。

言之，保荐机构和询价机构都有抬高股价的冲动，使得这样的利益交换不断上演。①

上述案例中，作为保荐机构的平安证券，其在保荐上市公司数量上遥遥领先。截至 2012 年 5 月 21 日，创业板上市的 316 家公司中，平安证券保荐了 39 家，占比 12.34%，比排名第二的国信证券多出了 9 家；比中信证券、中信建投、兴业证券、国泰君安四家大型券商的总和还多。而根据 2011 年年报的数据，在创业板上市的 316 家公司，净利润总额为 244.62 亿元，增幅 16.84%；而由平安证券保荐的 39 家公司，净利润总额为 24.26 亿元，增幅为 3.4%，大幅度低于平均水平。但在这个过程中，并没有看到监管机构作出的任何处罚。

看门人与上市企业之间的攻守同盟，不仅让自己赚得盆满钵满，也开启了一场场的"造富运动"。其中，最引人关注的就是上市公司高管的减持。统计数据显示，从 2010 年 11 月 1 日第一批创业板公司解禁开始，前三个月内 57.4% 符合减持条件的公司进行了减持；截至 2011 年 9 月 30 日，创业板离职高管共计 495 人，其中有 62 人减持股份，占离职高管总数的 12.52%。②

华谊兄弟高管减持是其中备受瞩目的一个案例。③ 2009 年 10 月 30 日，华谊兄弟成为首批登录创业板的公司。仅仅在限售股解禁的

---

① 当然，沃森生物并不是个案，就在沃森生物所创下的市盈率纪录不到一个月之后，便被星河生物所打破。这家做食用菌的公司，于 2010 年 12 月上市，首发市盈率达到 138.4 倍。而到了 2011 年，该上市公司股票价格跌幅领跑 A 股市场，股价缩水 74.61%。2011 年 1 月，也就是星河生物上市后不到一个月，新研股份登陆资本市场。其发行价确定为 69.98 元/股，市盈率高达 150.82 倍，再创新高。而参与询价的 60 只基金，大部分给出了 80 元/股的报价。上市首日，股价更是以 106.62 元报收。但之后，新研股份股价一路下跌。到 2012 年 7 月，跌幅已接近 50%。同样在 2011 年 1 月，登录创业板的雷曼光电，其主承销商中航证券给出的价格区间为每股 29.4—32.8 元；130 家询价机构给出的报价区间为每股 24—51 元，均值达到 37.89 元/股。发行时，雷曼光电每股最终为 38 元，市盈率高达 131.49 倍。然而，一个月后其股价为 13.75 元，直接腰斩。

② 参见《创业板减持"减掉"了什么》，http://tv.cntv.cn/video/C10329/093c2280354f4af795e2bc210c90ee2a。

③ 参见《华谊兄弟频遭高管大笔减持 3 年套现 15 亿》，http://finance.people.com.cn/n/2013/0907/c1004-22839135.html。

首月，华谊兄弟高层及其亲属就减持 1340.5 万股，套现金额高达 3.99 亿元。2011 年 11 月 1 日，也就是在解禁首日，时任公司监事会主席谭智之妻孙晓璐就减持 70 万股，套现 2162.8 万元；董事虞锋的母亲王育莲减持 5.01 万股，套现近 160 万元。随后，公司监事赵莹于 11 月 3 日、5 日、8 日分三次共减持 1.3 万股。时任阿里巴巴董事长、华谊兄弟副董事长的马云，也于 11 月 26 日出售 300 万股股票，套现 9012 万元。① 同时，公司董事会秘书胡明、财务总监徐佳、监事薛桂枝之子张大军，以及董事刘晓梅的亲属刘晓宏都相继对所持公司股票进行了减持。此外，从著名导演冯小刚、张纪中，分众传媒总裁江南春等，再到华谊兄弟旗下签约艺人，在限售股解禁后无一例外地选择大比例减持。随着公司实际控制人王中军、王中磊所持部分股份于 2013 年 5 月 9 日上市流通，华谊兄弟的减持大戏再次掀起高潮。王中磊于 2013 年 5 月 24 日、27 日通过竞价交易分别抛售公司股票 457 万股、117.56 万股，累计套现 1.77 亿元。王中军随后于 8 月 16 日、20 日合计减持 1100 万股，套现 4 亿元。就在公司限售股解禁后的不到三年时间里，华谊兄弟高层及其亲属累计减持股份数量达到 5766.81 万股，套现金额更是高达 15.39 亿元。

事实上，华谊兄弟的高管减持只是一个缩影。根据媒体披露，截至 2012 年 5 月上旬，创业板上市公司中仅仅高管减持就达到了 41 亿元，接近 2011 年全部创业板公司当年利润的 1/4。② 值得注意的是，这 41 亿元的减持是建立在创业板高发行价、高市盈率、高超募发行的基础之上。以华谊兄弟为例，我国 2009 年全年的票房收入为 62 亿元。而华谊兄弟上市后的总市值就达到了 100 多个亿，股价明显被高估。此时，公司高管们自

---

①　作为华谊兄弟 18 名发起人之一，马云是除实际控制人王中军、王中磊兄弟之外，持股份额最多的股东。在 2010 年 11 月 26 日减持 300 万股股票后，马云于 2011 年 5 月 6 日再次减持 1109.16 万股，套现 1.77 亿元。两次合计套现 2.67 亿元。按照 2010 年 11 月 26 日华谊兄弟 30.04 元/股的交易价格计算，马云 300 万股的套现金额相较于其不足 1000 万元的入股成本，盈利已经 10 倍；若算上剩余 2464.8 万股零成本持股市值，浮盈超过 100 倍。参见《创业板减持"减掉"了什么》，http://tv.cntv.cn/video/C10329/093c2280354f4af795e2bc210c90ee2a。

②　当然，该数值的统计口径仅仅为高管减持，并不包括机构和高管家属等。

然会在第一时间选择减持套现。①

三 监管的处罚力度

从上面的案例中，我们可以看到，比起上市发行过程中所获得的中介费，以及超募资金和直投中更为丰厚的回报，声誉资本或许很难约束看门人的执业行为。那么，此时证券法能否对其有效归责呢？《证券法》第192条规定了保荐人及其直接责任人的法律责任，第223条规定了会计师事务所、律师事务所等证券中介机构及其直接责任人的法律责任。表3-4呈现了第192条、第223条四种执法措施的强度指数。具体到每一类证券中介机构及其直接责任人员，其执法强度指数如何？笔者对不同违法主体执法强度指数的均值做了进一步的测量（见表3-13）。以下讨论，主要集中在三类证券中介机构（即保荐人、会计师事务所、律师事务所），以及其分别对应的三类直接责任人员（即保荐代表人、注册会计师、律师）。②

表 3-13 《证券法》第 192 条、第 223 条不同违法主体执法强度指数的均值

违法主体	样本数	声誉罚强度指数	财产罚强度指数	资格罚强度指数	市场禁入强度指数
保荐人	5	80	28	20	—
保荐代表人	10	80	60	20	90
保荐人的其他直接责任人	4	100	83	100	0
会计师事务所	13	—	21	15	—
注册会计师	33	88	69	0	24
律师事务所	4	—	35	0	—
律师	12	83	65	0	35
其他	7	33	11	0	8

首先，本书比较了证监会对保荐人、会计师事务所、律师事务所的执法强度。就声誉罚而言，保荐人执法强度指数的均值为80，而会计师事务所、律师事务所都不适用于此种执法措施。就财产罚而言，保荐人、会

---

① 参见《创业板减持"减掉"了什么》，http://tv.cntv.cn/video/C10329/093c2280354f4af795e2bc210c90ee2a，2014年12月10日。

② 表3-13中的"其他"包括：1家资产评估机构、2个注册资产评估师、4个证券投资咨询从业人员。

计师事务所、律师事务所执法强度指数的均值分别为 28、21、35。根据第 192 条、第 223 条的规定，证监会对这三类证券中介机构的罚款幅度在"业务收入一倍以上五倍以下"。以上数值表明，证监会对该三类证券中介机构的实际罚款数额均值在业务收入的一倍至两倍之间，处于一个较低的水平。同时，方差分析的结果表明，保荐人、会计师事务所、律师事务所财产罚强度指数均值的差异，在统计上不具有显著性。就资格罚而言，保荐人、会计师事务所、律师事务所的资格罚强度指数分别为 20、15、0。详言之，5 家被处罚的保荐人样本中有 1 家受到了资格罚，13 家被处罚的会计师事务所样本中有 2 家受到了资格罚，4 家被处罚的律师事务所样本均未受到资格罚。[1]

其次，笔者比较了证监会对保荐代表人、注册会计师、律师的执法强度。就声誉罚而言，保荐代表人、注册会计师、律师执法强度指数的均值分别为 80、88、83。就财产罚而言，保荐代表人、注册会计师、律师执法强度指数的均值分别为 60、69、65。方差分析的结果表明，保荐代表人、注册会计师、律师的声誉罚、财产罚强度指数均值的差异，在统计上不具有显著性。就资格罚而言，仅保荐代表人受到了资格罚，其执法强度指数均值为 20；注册会计师、律师无一人受到资格罚的处罚。这与 2002 年之后，注册会计师、律师证券从业资格制度被取消有关。[2] 因此，虽然第 223 条规定了"撤销证券从业资格"的资格罚措施，但其对注册会计师、律师实际上并不起作用。就市场禁入措施而言，保荐代表人、注册会计师、律师执法强度指数的均值分别为 90、24、35。方差分析的结果表明，这样的差异在统计上具有显著性。换言之，保荐人受到了市场禁入强度仍然是最强的；而在资格罚缺失的情形下，注册会计师、律师受到的市场禁入强度仍明显偏轻。

此外，从表 3-13 中还可以发现，保荐代表人、注册会计师、律师的

---

[1] 2002 年 12 月 23 日，证监会、司法部发布《关于取消律师及律师事务所从事证券法律业务资格审批的通告》。自此，律师、律师事务所从事证券法律业务并不需要特别的资格。这是律师无"撤销证券从业资格"处罚样本、律师事务所无"暂停或撤销证券服务业务许可"处罚样本的原因。

[2] 根据财政部、证监会《关于会计师事务所从事证券期货相关业务有关问题的通知》(2012 年 1 月 21 日修订)，会计师事务所从事证券业务需要申请证券资格，但对注册会计师没有特别的资格要求。之前，注册会计师证券、期货相关业务资格考试已于 2002 年暂停。

财产罚强度指数均值分别大于保荐人、会计师事务所、律师事务所。同时，T 检验的结果表明，上述财产罚强度指数均值的差异，在统计上均具有显著性。这说明，相较于机构而言，证监会对直接责任人员的财产罚更接近法定处罚幅度的上限。

　　基于以上分析，我们可以发现：证监会对保荐人、会计师事务所、律师事务所的财产罚、资格罚强度偏轻；对保荐代表人、注册会计师、律师的财产罚强度偏强；对保荐代表人市场禁入强度特别强，但对注册会计师、律师市场禁入强度却明显偏弱。应指出的是，虽然保荐代表人受到的声誉罚、财产罚、市场禁入措施均处于较强的水平，但证监会对其执法频率却非常低。根据笔者统计，截至 2015 年 1 月 1 日，被证监会适用《证券法》进行行政处罚的保荐人仅 6 家、保荐代表人仅 12 人。[①] 同时，虽然注册会计师、律师的财产罚强度指数均值都在 60 以上，但第 223 条的法定最大罚款金额仅为 10 万元，这对于收入水平较高的注册会计师、律师来说，威慑作用有限。

---

　　① 　表3-13 中，保荐人有 5 个样本、保荐代表人有 10 个样本，这是从 1298 个适用单一法律责任条款样本中提取的适用第 192 条的样本。除此之外，在我们的 1450 个总样本中，还有 1 个保荐人样本、2 个保荐代表人样本，其全部来自证监会（2014）第 103 号行政处罚决定书，且同时适用了第 191 条、第 192 条。

第四章

证券法的政治经济维度

通过第二章、第三章的论述我们看到，证券民事诉讼供给不足，无法对上市公司的违法行为产生有效的威慑作用，且赔偿难以覆盖证券投资者所遭受的损失；同时，不论是司法机关对证券犯罪的打击力度，还是证监会的行政处罚力度，亦表现出公共执法的孱弱。当然，我们也看到，作为非正式执法的声誉惩罚机制发挥着独特的作用，构成正式执法的一种有效补充。但从总体上看，纸面上的证券法与执行中的证券法的确在很大程度上呈现出分裂的景象。

在本章中，我们将导入一个新的分析工具，即 Milhaupt-Pistor 法律矩阵，揭开证券法律执行背后的政治经济"幕布"，并借助法律供给与需求的分析范畴，进一步理解我国公司、证券法律制度变迁的内在逻辑。

第一节　寻找"分裂"的解释

一　"最佳实践"是中国证券法的未来吗

为什么一些国家享有充满活力的市场与稳定的增长，而另一些国家的发展则停滞不前？虽然，对于这样的问题有很多种解释，但是在过去的一个世纪里，占主导地位的观点之一便是法律制度的作用。[①] 有学者甚至将此种观点调侃地概括为这样一个公式，即"良法+好的执行=好的

---

① David A. Skeel, "Governance in the ruins", *Harvard Law Review*, Vol. 122, No. 2, December 2008, p. 696.

经济绩效"。① 如果把此种观点再往前推进一小步，我们似乎可以得出这样的结论：在那些成功的经济体中，法律制度应具有相同的特征，即存在着所谓的"最佳实践"（best practices）。在这样的思维方式之下，法律往往被看作一个"政治中立"的外生变量。②

本书开篇就提到的 LLSV 四位学者将这样的观点带入到了他们的学术研究之中。他们通过定量研究检验了上述观点，并提出了一项著名的论断，即：对投资者的法律保护水平决定了证券市场的发达程度，而该法律保护水平又是由各国所属的法系渊源所决定的。具体而言，由于普通法国家的法律体系为投资者提供了更好的法律保护，故普通法国家比大陆法国家的证券市场更为发达。据此，Rafael Porta 等向政策制定者们提出了这样的建议：为建构强大的证券市场进而推动经济的快速发展，大陆法国家应当立即推行普通法模式的法律改革。③

LLSV 的此项研究不仅在学术界引发了大量的讨论，并且对许多国家的法律改革产生了重要的影响。在过去的十多年里，尤其是转型经济国家或发展中国家，其要么自主地，要么在世界银行等国际组织的指引下，转

---

① Curtis J. Milhaupt, Katharina Pistor, *Law & Capitalism*: *What Corporate Crises Reveal about Legal Systems and Economic Development around the World*, The University of Chicago Press, 2008, p. 5.

② Charles Sabel 教授就将法律比作高速公路或水坝，即经济起飞之前的一项固定投资，一旦其被放置到位，它就会决定经济发展的路径，并且其自身不会发生变动。转引自 Curtis J. Milhaupt, Katharina Pistor, *Law & Capitalism*: *What Corporate Crises Reveal about Legal Systems and Economic Development around the World*, The University of Chicago Press, 2008, pp. 17–18。

③ 这些论文主要包括：Rafael La Porta, Florencio Lopez-de-Silanes, Andrei Shleifer & Robert Vishny, "Legal Determinants of External Finance", *Journal of Finance*, Vol. 52, No. 3, July 1997, pp. 1131–1150; La Porta, Florencio Lopez-de-Silanes, Andrei Shleifer & Robert Vishny, "Law and Finance", *Journal of Politics and Economy*, Vol. 106, No. 6, December 1998, pp. 1113–1155; La Porta, Florencio Lopez-de-Silanes & Shleifer, "Corporate Ownership Around the World", *Journal of Finance*, Vol. 54, No. 2, April 1999, pp. 471–517; Rafael La Porta, Florencio Lopez-de-Silanes, Andrei Shleifer, Robert Vishny, "Investor Protection and Corporate Valuation", *Journal of Finance*, Vol. 57, No. 3, June 2000, pp. 1147–1170; La Porta, Florencio Lopez-de-Silanes & Shleifer, "What Works in Securities Laws?" *Journal of Finance*, Vol. 61, No. 1, February 2006, pp. 1–32; Djankov, Rafael La Porta, Florencio Lopez-de-Silanes & Andrei Shleifer, "The Law and Economics of Self-dealing", *Journal of Finance and Economy*, Vol. 88, Issue 3, June 2008, pp. 430–465。

向了普通法模式的法律改革，特别是美国法模式的改革。① 同时，公司治理中的"趋同论"亦为转型经济国家或发展中国家移植美国式的公司法、证券法提供了理论基础。Henry Hansmann 与 Reinier Kraakman 就曾在《公司法历史的终结》一文中，大胆预言各国的公司治理将逐渐走向统一。② Stacey Kole 与 Kenneth Lehn 甚至认为，根据达尔文主义，公司治理将朝着最有效率的方向演进，而那些无效的治理模式最终将遭到淘汰。③ 的确，公司、证券法律的"趋同"似乎是一个发生在全球的普遍现象。

　　然而，令人困惑的是，尽管我们的证券法律已趋向于"最佳实践"，但为什么这些制度并没有得到"好"的执行呢？如果按照上述主流观点的见解，把法律制度看作一个"政治中立"的外生变量，我们便很有可能又回到纸面上的规则去寻找答案。对此，最容易想到的一个解释就是，虽然我们在证券投资者法律保护的各项指标上得分不低，但对于这些法律保护规则的具体执行仍旧比较粗糙，且缺乏有效的制度设计。在这种思维的引领之下，问题的解决之道便可以简单地表述为，继续借鉴发达经济体的证券法律制度（尤其是美国公司法、证券法），进一步完善、细化我国的执行制度。④

---

　　① 关于这些改革的相关文献，可参见世界银行官方网站（http：//www. worldbank. com）。受 LLSV 研究的影响，从 2003 年开始，世界银行每年都发布一册《商业环境调查报告》（Doing Business）。该报告对全球 175 个国家的商业法律与规则进行评估，并提出相关的政策建议。这些报告的具体编制使用了与 LLSV 一致的量化方法，其电子版可从世界银行 DOING BUSINESS 的网站中下载，其网址为：www. doingbusiness. org。

　　② Henry Hansmann & Reinier Kraakman, *The end of history for corporate law*, Discussion Paper No. 280 (3/2000), http：//papers. ssrn. com/sol3/papers. cfm? abstract_ id=204528.

　　③ Stacey Kole & Kenneth Lehn, "Deregulation, the Evolution of Corporate Governance Structure and Survival", *American Economic Review*, Vol. 87, No. 2, May, 1997, p. 421.

　　④ 中央财经大学的邢会强教授就曾设计过一个包括 4 项一级指标（即股东权利、公司治理、公共执行、私人执行）、37 项二级指标的指标体系，对包括中国在内的 12 个国家或地区的进行测评。结果发现，尽管我国在股东权利、公司治理方面的表现不差，但在公共执行与私人执行方面的制度设计却非常粗糙，明显低于其他国家或地区的平均水平。最后，邢会强教授给出的政策建议是：通过进一步加强立法，健全法律的公共执行和私人执行机制，使法律的规定更趋精密、细致、严谨，为当事人提供具体而明确的、具有可操作性的规范指引，以使"书面上的法"真正走到实践中去，落实在有关当事人的行动中。参见邢会强《证券市场投资者保护立法评价体系研究》，载张育军、徐明主编《证券法苑》（第 3 卷），法律出版社 2010 年版，第 253—279 页。

二　全球公司治理趋同视角下的实像与虚像

但问题真的是这么简单吗？很显然，法律制度不可能只是一套纸面的技术规则；更不可能像高速公路或水坝那样，是经济起飞之前的一项固定投资，一旦其本身被设置到位，就会自动促成经济的发展。事实上，相比于纸面上的规则，有效的执行制度显然更加难以建立，这在发展中国家尤为如此。① 正所谓"淮南为橘，淮北为枳"，如果只是简单地依照所谓"最佳实践"的逻辑移植美国公司法、证券法的法律规则，其实效果可想而知。因此，我们可以看到，在过去的 20 多年时间里，在世界银行、欧洲复兴开发银行等国际组织的大力推动之下，尽管各国公司治理法律制度越来越趋向于美国模式，即正在发生的所谓全球公司治理的"趋同"（Convergence），但移植效果却饱受质疑与诟病。

或许正是因为多个经济体一系列法律改革的失败，世界银行在 2006 年发布的一份报告中也进行了反思，并这样总结道："如果解决方案必须从一国的特定背景中去寻找，而不是照搬已有的蓝图，那么向发展中国家提供政策建议或资金支持的人就必须更为谦逊，在选择解决方案时更为开放，更多地站在该国的角度思考问题，在评估不同解决方案时更具探索精神。"②

（一）宏观视角：主动移植与被动移植的国家公司治理实验

1. 俄罗斯及其他东欧国家的私有化与法律改革

20 世纪 90 年代，俄罗斯及其他东欧国家的法律改革，便是一个典型的例证。俄罗斯总统叶利钦曾邀请美国法学教授为其起草新的公司法典。但在大规模私有化的过程中，这些法律制度并没有阻挡大型公司内部对少数股东的掠夺。最后的结果是，大规模的私有化引发大规模的自我交易（self-dealing），大型企业以低廉的价格被转让，既得利益者获得巨额财富后进一步腐蚀政府，并千方百计削弱可能阻碍他们的法律改革，导致公司治理改革的失败。③ 实际上，从莫斯科到华沙，其他东欧国家几乎都有着

---

① Erik Berglöf, Stijn Claessens, *Enforcement and Corporate Governance*, September 2004, http: //papers. ssrn. com/sol3/papers. cfm? abstract_ id=625286.

② 转引自 Curtis J. Milhaupt, Katharina Pistor, *Law & Capitalism: What Corporate Crises Reveal about Legal Systems and Economic Development around the World*, The University of Chicago Press, 2008, p. 222。

③ Bernard S. Black, Reinier Kraakman, Anna Tarassova, "Russian Privatization and Corporate Governance: What Went Wrong?" *Stanford Law Review*, Vol. 52, No. 6, July 2000, pp. 1731-1808.

相似的经历。

在苏联时期，尽管存在大量的法律法规，但公司从事计划经济之外的交易被极大地限制。直到20世纪80年代晚期，公司才被赋予一定的自治权，并被允许在国有部门之外设立新公司。苏联解体之后，俄罗斯开始大规模的私有化改造。①第一阶段的私有化，发生在1992年7月至1994年6月。在此阶段，企业的大部分股份以低价出售给职工和管理人员，小部分出售给企业以外的投资者，每个公民将得到可兑换成企业股票价值1万卢布的凭证。② 第二阶段的私有化，始于1995年。当时，俄罗斯政府推出了一项"贷款换股份"（Loans for Shares）的项目。③ 按照该项目的设计，由于政府极度缺乏资金，因此受到官方青睐的银行只要向政府提供贷款，就能够获得一部分国有企业的股份。④ 正是在这样的背景之下，《俄罗斯联邦股份公司法》于1996年开始施行。该部公司法的主要起草人是哥伦比亚大学法学院的 Bernard Black 教授和哈佛大学法学院的 Reiner

---

① 1991年7月3日，俄罗斯联邦最高苏维埃批准了《关于国有企业和地方企业私有化法》；1992年6月11日，《俄罗斯联邦国有和市有企业私有化国家纲要》出台，正式拉开了俄罗斯大规模私有化的序幕。

② 王均：《私有化、公司法和公司治理：评俄罗斯的私有化及其股份公司法》，《比较法研究》2003年第4期。

③ 在1996年俄罗斯总统大选前夕，经历"休克式疗法"的洗礼，叶利钦几乎失尽了公信力，而俄共领导人久加诺夫的呼声却日益高涨。在此背景下，叶利钦政府推出"贷款换股份"计划，旨在赢得未来寡头在政治和金钱上的支持，以应对其所面临的双重威胁。事实上，寡头们提供的18亿美元贷款，也的确很大程度上缓解了俄罗斯政府的短期财政紧缺。参见［美］戴维·霍夫曼《寡头：新俄罗斯的财富与权力》，冯乃祥、王维译，中国社会科学出版社2004年版，第323—361页。

④ 该项"贷款换股份"项目一直饱受诟病，其导致以石油、天然气为代表的俄罗斯最重要的资源企业以相当便宜的价格被出售给私人资本家。比如，寡头之一的梅纳捷普银行总裁霍多尔科夫斯基（Mikhail Khodorkovsky）当时以3.1亿美元掌控油企巨头尤科斯78%的股份，而这些股份的实际估值高达50亿美元；联合银行总裁别列佐夫斯基（Boris Berezovsky）也以1亿美元收购另一家石油巨头Sibnet，后者当时的估值约为30亿美元。在这波史无前例的私有化浪潮中，之前被苏联工业部门牢牢掌握的、对俄经济发展至关重要的战略资源性企业纷纷被私人银行家收入囊中。通过收购国有企业，这些私人银行家一夜暴富。其中，发家较早的大桥银行总裁古辛斯基（Vladimir Gusinsky）在20世纪90年代中期的个人资产达4亿美元；别列佐夫斯基凭借30亿美元的资产在1997年被《福布斯》杂志列为全球第九大富豪；2004年5月，《福布斯》杂志俄文版上已有36位身家超过10亿美元的寡头上榜。当年，霍多尔科夫斯基位列榜首，资产总额估计为80亿美元。参见《普京竞选连任在即，当年是如何收拾寡头的》，https://www.yicai.com/news/5405945.html。

Kraakman 教授。他们认为，对于刚走出计划经济的俄罗斯而言，其市场机制与执法机制都非常薄弱，因此仅仅依靠公司法的力量无法完成投资者保护的目标。进而，两位学者提出了"自我实施型公司法"（a self-enforcing model of corporate law）的理论框架。① 这样的理念被大量地植入到该部公司法的条文中。②

那么，1996 年《俄罗斯联邦股份公司法》的实施效果如何呢？正如 Bernard Black 和 Reiner Kraakman 在 2000 年的一篇文章所指出的那样③，公司法难以阻挡俄罗斯大规模私有化中的大规模自我交易，这使得俄罗斯最终成为一个"大盗控制的国家"（A Kleptocracy）。具体而言，少数私人资本家通过赤裸裸的自我交易，实现了一夜暴富，并最终控制了俄罗斯大多数主要企业；随着经济实力的壮大，这些被称为"大盗"（kelptocrats）的控制股东收购报纸、电视台等媒体。

2. 亚洲金融危机之后"受援助国"的公司治理改革

1997 年亚洲金融危机之后，在国际货币基金组织和世界银行的压力之下，遭受金融风暴重创的相关国家被迫进行公司治理的改革。诸如强化公司控制权市场的信息披露、规范上市公司的审计和会计准则，以及在上市公司中引入独立董事和审计委员会来建构公司内部治理等制度规范，被系统性地移植到这些国家。④ 但正如学者所指出的那样，这些亚洲国家法律移植的成效甚微，尤其是当这些示范规范被一种简单"接受"的方式移植时，很难发挥实际的作用。⑤ 在亚洲金融危机中，泰国与韩国是受挫最为严重的两个国家，在危机发生后都被迫进行了公司治理的法律改革，其法律移植的经验与教训颇具代表性。

1997 年 7 月，泰国宣布放弃固定汇率制，亚洲金融危机正式爆发。

---

① Bernard Black, Reinier Kraakman, "A Self-enforcing model of corporate law", Harvard Law Review, Vol. 109, No. 8, June 1996, pp. 1911-1982.

② Gregory Wolk, "Corporate Covernance Reform in Russia: The Effectiveness of the 1996 Russian Company law", Washington International Law Journal, Vol. 8, No. 1, 1999, pp. 227-228.

③ Bernard S. Black, Reinier Kraakman, Anna Tarassova, "Russian Privatization and Corporate Governance: What Went Wrong?" Stanford Law Review, Vol. 52, No. 6, July 2000, pp. 1731-1808.

④ 这些规范系统地确立在《关于标准和规范遵守情况的报告》（Reports on the Observance of Standards and Codes, ROSC）中。

⑤ ［日］金子由芳：《亚洲公司治理的理论与现实：从"移植"到本土最优》，唐勇译，载甘培忠、楼建波主编《公司治理专论》，北京大学出版社 2009 年版，第 71—86 页。

危机时刻，在掺杂政治干预、苛刻的贷款条件基础上，国际货币基金组织向泰国提供资金援助，并开出了改革的"药方"。泰国虽然迅速接受了相关的法律移植，但其改革方案仅限定于那些不得不受制约的部分，其改革模式也仅仅是限于引入相关行政规制，而没有对诸如 1992 年《公众公司法案》或 1932 年《民商法典》中的私营公司条款等进行修正。另外，虽然非上市公司被认为是导致金融危机的重要原因，但泰国的改革仅涉及上市公司，并不触及非上市公司的规制问题。① 这样的法律制度移植，明显缺乏必要的运行基础。

相较于泰国，韩国在亚洲金融危机之后的改革更加积极、主动，其覆盖面也更广，改革范围包括：明文规定董事的信义义务，以及控制股东的责任，强化内部人进行不当交易的查处措施；首次引入针对公司董事的股东代表诉讼制度、刺破公司面纱制度；规范反收购措施，强化敌意收购的外部监督机制；引入股东提案权、选举董事的累计投票制度，等等。同时，改革还涉及国内的非上市公司，主要包括：就外部监督而言，强制收购的信息披露规则不仅适用于上市公司，而且适用于大型的非上市公司；就内部治理而言，修订后的《公司法》将独立董事制度、审计委员会制度作为可选项，亦适用于大型的非上市公司。在法律改革的同时，关注公司治理和反腐败的非营利组织（Nonprofit Organizations）积极行动，它们购买那些财阀控制下，公司治理弊病丛生的上市公司股份，并践行中小投资者保护的最新法律制度，提起并赢得了韩国历史上的首批股东代表诉讼。② 然而，在 2003 年年初，随着韩国第三大财阀 SK 公司，其高管因财务欺诈、披露信息造假及违背信义义务而遭到起诉，人们不禁提出如下问

---

① 顺便提及的是，与泰国相似，印度尼西亚也表现出了相对消极的态度。在亚洲金融危机爆发前不久，印尼刚刚施行《1995 年公司法》，该法主要受到了世界银行和美国国际开发署（United States Agency for International Development，USAID）的援助。因此，印尼政府认为没有必要进行另外的改革。直到 2004 年之后，印尼政府才开始起草一项公司法的修正案，并最终于 2007 年 8 月施行。参见［日］金子由芳《亚洲公司治理的理论与现实：从"移植"到本土最优》，唐勇译，载甘培忠、楼建波主编《公司治理专论》，北京大学出版社 2009 年版，第 79 页。

② Curtis J. Milhaupt, "Nonprofit Organizations as Investor Protection Economic Theory, and Evidence from East Asia", *Yale Journal of International Law*, Vol. 29, Issue1, 2004, pp. 169-207.

题：韩国公司治理的法律改革，究竟在多大程度上得到了实际的改善？[1]OECD 在其研究报告中指出，"自亚洲金融危机以来，随着公司治理及审计制度法律框架的升级，韩国公司的财务状况得到明显改善。但正如 SK 环球公司丑闻所揭示的那样，新法律的执行状况并不理想、透明度也不高"[2]。

（二）微观视角：股东代表诉讼在多个国家的移植实践

以上从法律移植的宏观层面进行观察，接下来我们再把视角放到微观制度的层面。2012 年，英国学者 Mathias Siems 使用剑桥大学商业研究中心的数据库，对 25 个国家 1995—2005 年的股东派生诉讼制度进行了研究。从此项研究中，我们可以看到，尽管股东派生诉讼作为一种私人执行机制被不同文化背景的国家所引入，但其在不同国家、不同时期的适用情况却大相径庭（见表 4-1）。[3]

表 4-1　　　　　股东代表诉讼的有效性指数（1995—2005 年）[4]

	1995 年	1996 年	1997 年	1998 年	1999 年	2000 年	2001 年	2002 年	2003 年	2004 年	2005 年
加拿大	1	1	1	1	1	1	1	1	1	1	1

---

①　2005 年，韩国公平交易委员会（Korean Fair Trade Commission，KFTC）的一项研究表明，韩国资产超过 2 兆韩元的企业集团共 38 家，其控制股东平均持有 9.13% 的现金流权利，但却拥有 40.33% 的表决权；资产超过 5 兆韩元的企业集团 9 家，其控制股东平均持有 6.49% 的现金流权利，但却拥有 41.73% 的表决权。这样的所有权结构，为控制股东掏空公司创造了极大的可能性。学术界通常将财阀（chaebol）体制的存在，视为是韩国投资者法律保护羸弱无力的根本原因。尽管韩国的财阀体制问题丛生，但作为韩国经济崛起的制度基础，韩国的经济增长仍难以摆脱这样的发展模式。因此，当法律改革遭遇这样的政治经济架构时，其作用将呈现出无比复杂和戏剧性的状态。参见 Curtis J. Milhaupt, Katharina Pistor, *Law & Capitalism：What Corporate Crises Reveal about Legal Systems and Economic Development around the World*, The University of Chicago Press, 2008, p. 114。

②　Organization for Economic Cooperation and Organization for Economic Cooperation and Development, Economic reports：Korea, Paris：OECD, 2004. 转引自 Curtis J. Milhaupt, Katharina Pistor, *Law & Capitalism：What Corporate Crises Reveal about Legal Systems and Economic Development around the World*, The University of Chicago Press, 2008, p. 120。

③　Mathias M. Siems, *Private Enforcement of Directors' Duties：Derivative Actions as a Global Phenomenon*, 2010, http：//papers. ssrn. com/sol3/papers. cfm? abstract_ id = 1699353.

④　所谓"股东代表诉讼有效性指数"（availability of derivative actions），反映少数股东对于违反董事信义义务的行为提起股东代表诉讼的便利性程度。如果法律没有规定股东代表诉讼，则得分为 0；如果股东能够非常便利的提起代表诉讼，则得分为 1；如果存在一些限制，则得分在 0 到 1 之间。

续表

	1995 年	1996 年	1997 年	1998 年	1999 年	2000 年	2001 年	2002 年	2003 年	2004 年	2005 年
法国	1	1	1	1	1	1	1	1	1	1	1
马来西亚	1	1	1	1	1	1	1	1	1	1	1
南非	1	1	1	1	1	1	1	1	1	1	1
瑞士	1	1	1	1	1	1	1	1	1	1	1
日本	0.75	0.75	0.75	0.75	0.75	0.75	0.75	0.5	0.5	0.5	0.5
美国	0.5	0.5	0.5	0.5	0.5	0.5	0.5	0.5	0.75	0.75	0.75
阿根廷	0.5	0.5	0.5	0.5	0.5	0.5	0.5	0.5	0.5	0.5	0.5
巴西	0.5	0.5	0.5	0.5	0.5	0.5	0.5	0.5	0.5	0.5	0.5
印度	0.5	0.5	0.5	0.5	0.5	0.5	0.5	0.5	0.5	0.5	0.5
西班牙	0.5	0.5	0.5	0.5	0.5	0.5	0.5	0.5	0.5	0.5	0.5
英国	0.5	0.5	0.5	0.5	0.5	0.5	0.5	0.5	0.5	0.5	0.5
德国	0.5	0.5	0.5	0.5	0.5	0.5	0.5	0.5	0.5	0.5	0.75
中国	0.25	0.25	0.25	0.25	0.25	0.25	0.25	0.25	0.25	0.25	0.25
捷克	0.25	0.25	0.25	0.25	0.25	0.25	0.5	0.5	0.5	0.5	0.5
瑞典	0.25	0.25	0.25	0.25	0.25	0.25	0.25	0.25	0.25	0.25	0.25
土耳其	0.25	0.25	0.25	0.25	0.25	0.25	0.25	0.25	0.25	0.25	0.25
俄罗斯	0	0.75	0.75	0.75	0.75	0.75	0.75	0.75	0.75	0.75	0.75
意大利	0	0	0	0.5	0.5	0.5	0.5	0.5	0.5	0.5	0.5
智利	0	0	0	0	0	0.5	0.5	0.5	0.5	0.5	0.5
拉脱维亚	0	0	0	0	0	0	0.5	0.5	0.5	0.5	0.5
墨西哥	0	0	0	0	0	0	0.25	0.25	0.25	0.25	0.25
荷兰	0	0	0	0	0	0	0	0	0	0	0
巴基斯坦	0	0	0	0	0	0	0	0	0	0	0
斯诺文尼亚	0	0	0	0	0	0	0	0	0	0	0
均值	0.4	0.43	0.43	0.45	0.46	0.48	0.53	0.52	0.53	0.53	0.54
标准差	0.38	0.37	0.37	0.36	0.36	0.35	0.31	0.31	0.31	0.31	0.31

从表4-1中可以看到，在1995—2005年这11年间，"股东代表诉讼的有效性"这一指标的均值从0.4上升到了0.54，这主要是因为其间有五个国家引入了股东代表诉讼制度，四个国家完善了该制度以使得股东更

便于提起此类诉讼。[①] 同时，我们也看到，该指标的标准差从 0.38 下降至 0.31，这也表明 25 个国家股东代表诉讼制度一定程度上在逐渐趋同，股东保护水平在不断完善。但是，从表 4-1 中我们也看到，尽管大多数国家移植了股东代表诉讼，[②] 但股东代表诉讼在多大程度上起作用，各国仍存在较大程度的差异性。[③] 在这个议题上，亚洲地区对股东代表诉讼制

---

　　① 唯一的例外是日本，其分数从 0.75 下降到 0.5。这是由于为限制股东代表诉讼的滥用，日本公司法进行了部分修改。具体修改为《日本公司法》第 847 条、第 850 条。第 847 条规定，"①自六个月（章程规定短于此期间的，为该期间）前连续持有股份的股东（依第一百八十九条第二款的章程规定不得行使该权利的单元未满股东外），可对股份公司，以书面及其他法务省令规定的方法，提起请求追诉发起人、设立时董事、设立时监事、公司负责人等（指第四百二十三条第一款规定的公司负责人等。以下本条中间）或清算人责任的诉讼、第一百二十条三款谋求利益返还的诉讼或依第二百一十二条第一款或第二百八十五条第一款规定的要求支付的诉讼。但责任追究等之诉以谋求该股东或第三人的不正当利益或该股份公司造成损害为目的时，不在此限。②关于非公开公司的股份公司对前款规定的适用，同款中的"自六个月（章程规定短于此期间的，为该期间）前连续持有股份的股东"替换为"股东"。③股份公司自依第一款规定的请求之日起六十日内不提起责任追究等之诉时，提起该请求的股东可为股份公司提起责任追究等之诉。④股份公司在自依第一款规定的请求之日起六十日内部提起责任追究等之诉的情况下，在已接受提起该请求的股东或同款的发起人、设立时董事、设立时监事、公司负责人等或清算人提起的请求时，必须不迟延地将不提起责任追究等之诉的理由以书面及其他法务省令规定的方法通知提起该请求者。⑤虽有第一款及第三款的规定，但在因同款期间经过股份公司有发生不可恢复损害之虞的情况下，第一款的股东可立即为股份公司提起责任追究等之诉。但同款但书所规定情形，不在此限。⑥第三款或前款的责任追究等之诉，关于诉讼标的价额的计算，视为非财产权上请求的相关请求诉讼。⑦股东提起责任追究等之诉时，法院根据被告的申请可对该股东命令设定相当的担保。⑧被告进行前款的申请，必须证明责任追究等之诉的提起是处于恶意的"。第 850 条规定，"①民事诉讼法第二百六十七条的规定，在股份公司不是责任追究等之诉的相关诉讼和解当事人的情况下，对该诉讼的诉讼标的，不适用。但有该股份公司承认的情形，不在此限。②在前款规定的情况下，法院必须对股份公司通知和解内容，并催告在对该和解有异议时应当在两周内提出异议。③股份公司未在前款期间内以书面提出异议时，视为股东承认了以同款规定的通知内容进行和解。④第五十五条、第一百二十条第五款、第四百二十四条（含第四百八十六条第四款中准用的情形）、第四百六十二条第三款（限同款但书规定的对不超过可分配额部分承担义务的相关部分）、第四百六十四条第二款及四百六十五条第二款的规定，对责任追究等之诉的相关诉讼进行和解的情形，不适用"。参见于敏、杨东译《最新日本公司法（2006 最新版）》，法律出版社 2006 年版，第 456—458 页。

　　② 仍有三个国家得分为零分，即荷兰、巴基斯坦、斯洛文尼亚。

　　③ 对股东代表诉讼的法律移植持怀疑论者的相关观点，亦可参见 Paolo Giudici，"Representative Litigation in Italian Capital Markets：Italian Derivative Suits and（if ever）Securities Class Actions"，*European Company and Financial Law Review*，Vol. 6，Issue 2-3，2009，pp. 246-269。

度的移植，常常被用来理解这样的差异性。有学者指出，在过去的几十年中，虽然股东代表诉讼在亚洲主要经济体中得到普遍的移植，但在仔细观察后可以看到，趋同不过是表面现象，每个亚洲主要经济体均存在特定的监管方式、经济环境及政治体系，这些根本性的差异导致了股东代表诉讼在实践中运行方式的不同，因此简单地用"非诉讼文化"来解释显然具有误导性。①

在日本，股东代表诉讼是在 1950 年商法修改时引进的制度。当时，对立法产生重要影响的联合国军最高司令官总司令部（GHQ）认为，战后日本财阀的解体，将使得大量股份释放出来，中小股民的数量会增加；同时，如果不给予少数投资者像美国法一样的保护，将可能阻碍来自美国的投资。因此，日本商法修改的方针就是强化对少数投资者的保护，进而将股东代表诉讼视为中小股东的防卫手段。但对此，日本学术界是持否定态度的。因为，按照传统的日本公司法观念，重视的是"资本多数决"，法院原则上不介入公司的经营活动。所以，日本各界并不希望股东代表诉讼制度得到充分的利用。1974 年，以日本公司法根本修改计划为开端，大企业对日本经济成长的负面影响逐渐凸显，管控大企业的不法行为开始成为一个重要的课题。1993 年，日本商法的修改，才为股东代表诉讼制度带来转机。但与英美公司法相比，日本的股东代表诉讼对少数股东的救济作用并不凸显，其更多地被视为是促使上市公司健全、合法经营的"威胁"手段。②

韩国也存在类似的情形。如前所述，财阀企业的极端膨胀是韩国政经体制的固有顽疾。在该体制下，虽然法律不断修订以强化公司治理，但公司内部的相关监督机制基本上难以发挥作用，各种商业丑闻不断见诸媒体。因此，股东代表诉讼制度就成为保障企业少数股东利益的最后手段。1962 年，韩国效仿日本商法，导入董事会制度，缩小股东大会的权限。直到 20 世纪 80 年代之前，在韩国的大型企业中，几乎没有少数股东提起的诉讼。亚洲金融危机之后，韩国加强了对少数股东保护的立法措施。在此背景下，虽然韩国的股东代表诉讼逐渐增加，但仍难以被积极运用。从

---

① ［新］丹·W. 普尼亚克：《亚洲地区的股东代表诉讼：一个复杂的现实》，王瑞、唐博超译，载王保树主编《商事法论集》（第 22 卷），法律出版社 2012 年版，第 139—160 页。

② ［日］山田泰弘：《日本法围绕股东代表诉讼之原告适格的发展》，刘姝译，载顾功耘主编《公司法评论》（2008 年卷），上海人民出版社 2009 年版，第 127—139 页。

制度的运行情况看，目前与财阀企业有关的诉讼，无一例外都是市民运动团体为主体提起的，但这样的团体活动仍受到诸多的限制。主要问题有：第一，财阀企业的总股份数目巨大，要达到万分之一的起诉标准并非易事；第二，原告股东即使胜诉也无法获得直接的经济回报，并且已实际支出的诉讼费难以收回；第三，针对财阀企业的控制公司架构，二重代表诉讼能否得到支持，韩国法院并没有明确的态度，存在较大的争议。①

三　寻找新分析工具的必要性

通过以上论述可以看到，一个放之四海而皆准的"最佳实践"是根本不存在的。因为，此种思维方式彻底忽略了法律制度本身的内在属性，以及其与特定市场环境、政治经济架构的交叉互动关系。进而，如果我们在研究思路上过分依赖"最佳实践"标准，并把所有的注意力都放到纸面规则的设计上，将会对政策制定造成很大程度的误导。有鉴于此，我们有必要引入新的分析工具来重新审视和理解我国公司、证券法律制度的运行，并揭示其内在的规律性。②

第二节　新的分析工具：Milhaupt-Pistor 法律矩阵

一　开创性的洞见

2008 年，哥伦比亚大学法学院的 Curtis Milhaupt 与 Katharina Pistor 联袂出版《法律与资本主义：全球公司危机揭示的法律制度与经济发展的

---

① ［韩］王舜模：《韩国股东代表诉讼制度及其运用》，金晓帆译，载顾功耘主编《公司法评论》（2008 年卷），上海人民出版社 2009 年版，第 140—146 页。

② 正如维特根斯坦所言，"洞见或透识隐藏于深处的棘手问题是艰难的，因为如果只是把握这一棘手问题的表层，它就会维持原状，仍然得不到解决。因此，必须把它'连根拔起'，使它彻底地暴露出来；这就要求我们开始以一种新的方式来思考……难以确立的正是这种新的思维方式。一旦新的思维方式得到确立，旧的问题就会消失……因为，这些问题是与我们的表达方式相伴随的，一旦我们用一种新的形式来表达自己的观点，旧的问题就会连同旧的语言外套一起被抛弃"。转引自邓正来《市民社会理论研究》，中国政法大学出版社 2002 年版，第 Ⅰ 页。

关系》（以下简称《法律与资本主义》）一书。① 在该书中，Milhaupt 与 Pistor 通过一个二维的法律矩阵，对包括中国在内的 7 个国家②、6 起公司治理事件进行剖析，并深入到法律规则背后的政治经济环境，极具洞见性地揭示了利益集团之间的互动与紧张关系，以及这样的博弈是如何影响到各国法律的制定与执行的。本书将该矩阵称为"Milhaupt-Pistor 法律矩阵"。笔者认为，法律矩阵的剖析为我们重新审视和理解我国证券法律制度的执行提供了有力的分析框架。如图 4-1 所示，该法律矩阵由一条纵轴与一条横轴构成，其分别代表了两条光谱（spectrum）：纵轴代表"集权—分权"，横轴代表"协调—保护"。

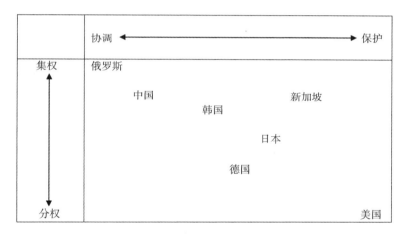

图 4-1　Milhauput-Pistor 法律矩阵

---

① 该书的英文名为：*Law & Capitalism：What Corporate Crises Reveal about Legal Systems and Economic Development around the World.* 该书由芝加哥大学出版社出版（中文译本可参见 ［美］ 柯提斯·J. 米尔霍普、卡塔琳娜·皮斯托《法律与资本主义：全球公司危机揭示的法律制度与经济发展的关系》，罗培新译，北京大学出版社 2010 年版）。这本红黑白三色封面的著作很快便得到了芝加哥大学《法律经济学杂志》的力推。与此同时，来自牛津大学、剑桥大学、加州伯克利大学等世界一流院校的学者，亦纷纷投来称颂之词。宾夕法尼亚大学法学院的 David A. Skeel 教授还在《哈佛大学法律评论》上为该书撰写长篇书评。在评价该书所使用的分析方法时，Skeel 教授使用了"完全创新性"（radically innovative）一词来表达其赞誉之情。参见 David A. Skeel，"Governance in the ruins"，*Harvard Law Review*，Vol. 122，No. 2，December 2008，pp. 696-743。
② 这七个国家包括：美国、德国、日本、韩国、中国、新加坡、俄罗斯。

二　法律矩阵的基本架构

（一）纵轴：集权—分权

在矩阵中，Milhaupt 与 Pistor 用纵轴这条光谱来分析不同国家法律制度的组织形式。具体来讲，集权（Centralized）① 一端代表了只有极少数主体能够参与到立法和执法的过程，分权（Decentralized）一端则代表了大量的主体都能够参与到立法和执法的过程。一国在纵轴上的位置，反映了其究竟是偏向集权式的法律制度，还是偏向分权式的法律制度。在集权式法律体制中，法律执行更多的是通过政府来实施的，私人执行常常遭到限制；与之相反，在分权式的法律制度中，法律执行被分配给不同的主体，私人执行被大量地使用。②

按照这样的定义，纵轴将政治决定因素放入到对法律的分析中去，从而使法律不再是一个"政治中立"的外生变量，而是一个与某国特定政治经济架构相关联的内生变量。那么，政治经济上的哪些表征决定了一国在"集权—分权"这条光谱上的位置呢？《法律与资本主义》一书中，两位作者并未就此展开详细的论述。在 Milhaupt 较早前发表的《公司中的财产权》③ 一文中，他将财产权制度的政治经济表征细化为六项经验性指标，即"经济自由度指数""清廉指数""交易成本指数""法治指数""政治风险指数""股东派生诉讼使用频度"。④ 在此基础上，Milhaupt 对

---

① 按照字面翻译，"Centralized"一词应翻译为"集中"。在《法律与资本主义》一书的中译本中，罗培新教授将其翻译为"集权"。笔者认为，这样的翻译是合适的。因为，书中 Centralized 所要表达的意思是在立法权与执法权分配上的集中。"集权"，即集中权力，比较好地表达了这层意思，故本书处采纳这种翻译。另外需要指出的是，这里的"集权"（Centralized）不可与政治学上"极权"（totalitarian）相混淆。同样的道理，"decentralized"直译为"分散"，本书将其翻译为"分权"。

② Curtis J. Milhaupt, Katharina Pistor, *Law & Capitalism：What Corporate Crises Reveal about Legal Systems and Economic Development around the World*, The University of Chicago Press, 2008, pp. 29–31.

③ Curtis J. Milhaupt, "Property Rights in Firms", *Virginia Law Review*, Vol. 84, No. 6, Sep., 1998, pp. 1145–1194.

④ 对于前五个指标，Curtis Milhaupt 参考了相关组织的年度评级，以及相关学术研究的指标测评。详言之，经济自由度指数（Index of Economic Freedom）可参见由华尔街日报（The Wall Street Journal）和美国传统基金会（Heritage Foundation）发布的年度报告。就该"经济自由度指数"而言，分值越高意味着经济自由程度越高。清廉指数（Corruption Perceptions Index）可参见

美国、日本、韩国三个国家作了比较（见表4-2）。这六个指标在一定程度上表明，相较于日本、韩国，美国在对公司控制权的政治影响方面更弱，以及拥有更为广泛的私人执行。因此，美国的法律制度更靠近"分权"一端；韩国的法律制度更靠近"集权"一端；日本则居于美国与韩国之间，且更加接近于韩国，而非美国。由此可得到三个国家在"集权—分权"这条光谱上的大致排列（见图4-2）。在 Milhaupt-Pistor 法律矩阵中，七个国家在纵轴上的排列，或许正是依据了这六个指标的取值。

表 4-2 　　　　　　　　　　　美、日、韩财产权体制的对比

	经济自由度指数	清廉指数	交易成本指数	法治指数	政治风险指数	股东派生诉讼使用频率
美国	7.7	7.79	7.02	10	95	较多
日本	6.9	6.72	8.36	8.98	92	较少
韩国	6.7	4.29	13.14	5.35	63	较少

分权 ◄———◎——————————————◎——◎————► 集权
　　　　　美国　　　　　　　　　　　日本　韩国

图 4-2　美、日、韩公司治理与执行在"集权—分权"光谱上的排列

（二）横轴：协调—保护

Milhaupt 与 Pistor 用横轴来分析不同国家法律制度的功能定位。按照传统观点，法律对经济的唯一的功能是产权保护，其体现在两个方面：一方面使其免受来自市场主体的侵害，另一方面使其免受来自国家权力的侵害。然而，在 Milhaupt 和 Pistor 看来，这样的理解过于狭隘。实际上，除了具有

由"透明国际"（Transparency International）发布的年度报告。就该"清廉指数"而言，其取值在0到10之间，0意味着高度腐败，10分意味着清廉。交易成本指数（Transaction Costs Index）可参考 Sung Hee Jwa, *Property Rights and Economic Behaviors: Lessons for Korea's Economic Reform*（该文完成于1997年6月，未公开发表）。就该"交易成本指数"而言，得分越高意味着交易成本越高。法治指数（Rule of Law Index）可参考 Rafael La Porta, Florencio Lopez-de-Silanes, Andrei Shleifer & Robert Vishny, "Legal Determinants of External Finance", *The Journal of Finance*, Vol. 52, No. 3, July 1997, pp. 1131-1150。就该"法治指数"而言，得分越高意味着法治水平越高。政治风险指数（Political Risk Index）可参考 Claude B. Erb, Campbell R. Harvey, Tadas E. Viskanta, "Political Risk, Economic Risk, and Financial Risk", *Financial Analysts Journal*, Vol. 52, No. 6, Nov.-Dec., 1996, pp. 29-46。就该"政治风险指数"而言，其采用百分制，分数越低意味着风险越大。

保护功能（Protection）之外①，法律尚具有协调功能（Coordination）、信号传递功能（Signaling）及信用加强功能（Credibility Enhancement）。

　　所谓"协调功能"，即法律被用来协调各市场参与者之间的关系，从而使市场能够妥善地运行。这样的协调可以发生在国家与商业团体之间，也可以发生在商业团体与商业团体之间。比如，法律可以安排哪些主体有权回应市场变迁。② 再比如，法律可以通过确保关键主体分享决策权，从而有意识地构造他们之间的协作关系。③ 所谓"信号传递功能"，是指法律除了产生直接的效果外，还会向外界发出国家或政府未来政策方向的信号。通常情况下，此种信号传递功能比法律条文本身更为直接。④ 除了信号传递功能，信用加强是法律的另一项间接功能。所谓"信用加强功能"，是指国家或政府通过法律的颁布来增强政策措施的可信度，从而降低

---

　　① Milhaupt 和 Pistor 指出，保护型法律体系并不一定比协调型法律体系提供更多的实体保护，而是指将所渴求的实体权利或结果具体化，并将剩余的执行权利分配给私人主体。参见 Curtis J. Milhaupt, Katharina Pistor, *Law & Capitalism：What Corporate Crises Reveal about Legal Systems and Economic Development around the World*, The University of Chicago Press, 2008, p. 228。

　　② 对此，可以举到各国对于敌意收购的规定。在美国特拉华州，并购守则是是否接受并购的最终权力，配置给了目标公司的董事会。在英国，并购守则将这一权力配置给了目标公司的董事会。日本颁布的并购指引，糅合了上述两种方法，同时与特拉华州公司法的规定类似。此即"协调"并购者与被并购者利益的结果。参见 Curtis J. Milhaupt, Katharina Pistor, *Law & Capitalism：What Corporate Crises Reveal about Legal Systems and Economic Development around the World*, The University of Chicago Press, 2008, pp. 32-33。

　　③ 对此，可以举到德国公司法中"共决制"的例子。德国公司法要求监事会中必须有雇员代表，同时由监事会选任管理层。这样一来，就迫使股东和管理层必须就公司战略与雇员磋商，而不是仅仅就可能影响雇员工作条件的一些具体措施与雇员协商。此即法律通过制度设计，有意识地构造关键主体之间的协作关系。参见 Curtis J. Milhaupt, Katharina Pistor, *Law & Capitalism：What Corporate Crises Reveal about Legal Systems and Economic Development around the World*, The University of Chicago Press, 2008, pp. 33-34。

　　④ 比如，安然事件之后，美国国会出台了《萨班斯—奥克斯利法案》（*Sarbanes - Oxley Act*）。实际上，该法案的实质性规范内容早已存在，并未作任何改进。然而，法案本身传递出来的信号功能或许更为重要，它表明美国政府将更加积极地介入金融犯罪和公司治理领域。再比如，我国自 20 世纪 80 年代以来进行的许多法律变革，也可作为阐释信号功能的例子。详言之，尽管很多法律在保护功能上的作用不大，但它们却给市场传递出了政府未来政策走向的信号，而这些信号对于市场的意义显然不可小觑。参见 Curtis J. Milhaupt, Katharina Pistor, *Law & Capitalism：What Corporate Crises Reveal about Legal Systems and Economic Development around the World*, The University of Chicago Press, 2008, p. 34。

不确定性风险。如果某项政策措施缺乏可信度，政府或私人部门随时都可以改变自己的行为，那么这将极大地削弱其实际效果。同时，法律恰恰是行为期望的权威表达，它比其他政府文件更难以改变。所以，通过法律的宣示与表达，可以在最大程度上增强政策的可信度，从而确保其实效性。①

应指出的是，尽管法律制度在支撑经济活动方面具有上述四种功能，但 Milhaupt 与 Pistor 认为，"保护功能" 与 "协调功能" 构成了区分不同法律制度的主要特征。因此，"保护" 与 "协调" 分别占据了横轴光谱的两端。进而，一国在横轴上的位置，反映了其法律制度究竟是更具保护型的特征，还是更具协调型的特征。那么，是什么决定了一国的法律制度在矩阵中是偏向 "保护" 一端，还是 "协调" 一端呢？Milhaupt 和 Pistor 进一步指出，集权型法律制度通常会具备更多的协调功能，② 而分权型法律制度则通常会具备更多的保护功能。

三　法律矩阵的剖析是如何展开的

上述纵轴与横轴的结合，构成了 Milhaupt-Pistor 法律矩阵的分析框架。在《法律与资本主义》一书中，二位作者运用该分析框架，对七个国家的六起公司治理事件进行剖析，进而把我们从大陆法系与英美法系这一简单的制度分野中抽离出来，并呈现出各国法律制度在现实世界中的多样形态。③ 通过这样的剖析，也让我们看到，并没有一种必然的法律制度是与经济成功联系在一起的。即使是在那些法治水平较高的发达经济体中，法律的制定与执行也迥然不同。④

---

① 正如 Maxfield 和 Schneider 所言，"在此语境下，信用（credibility）意味着资本家相信政府所说的，并据此行为"。转引自 Curtis J. Milhaupt, Katharina Pistor, *Law & Capitalism: What Corporate Crises Reveal about Legal Systems and Economic Development around the World*, The University of Chicago Press, 2008, p.35。

② 应指出的是，新加坡是一个例外。虽然新加坡在纵轴上更靠近 "集权" 一端，但其在横轴上却更偏向 "协调" 一端。对此，本书将在第五章第一节中进一步论及。

③ 该多样性最直观的反映就是各国在法律矩阵中的不同位置。

④ 比如，美国、德国、日本虽同属发达国家，经济大体处于同一水平，但不论是立法还是执法，三个国家都存在着显著差别。同时，这三个国家的法律职业及其在法律制度中的作用，亦存在着很大的不同。参见 Curtis J. Milhaupt, Katharina Pistor, *Law & Capitalism: What Corporate Crises Reveal about Legal Systems and Economic Development around the World*, The University of Chicago Press, 2008, p.220。

那么，法律矩阵的剖析具体是如何展开的呢？根据对《法律与资本主义》一书的理解，笔者绘制了图4-3。从图4-3中，我们可以清晰地看到，Milhaupt-Pistor 法律矩阵的基本逻辑为：利益集团的政治博弈决定了公司、证券法律立法权与执法权的分配；该权力分配上的差异将"集权式法律制度"与"分权式法律制度"区分开来；集权式法律制度更倾向于发挥协调功能，进而对法律的需求相对较低，并对替代性机制的需求相对较高；分权式法律制度更倾向于发挥保护功能，进而对法律的需求相对较高，并对替代性机制的需求相对较低。

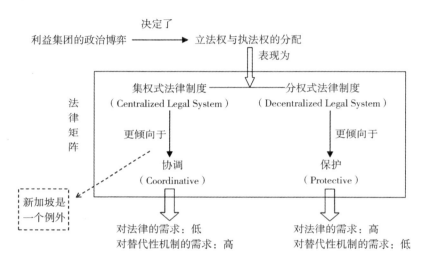

图4-3　法律矩阵的剖析是如何展开的

从图4-3中，我们可以看出，利益集团的政治博弈是整个法律矩阵分析的逻辑起点。如果按照 Kahn-Freund 的定义，即将"政治"指代"政府的宪政结构和利益集团的动态关系"[1]，那么我们可以将《法律与资本主义》一书的剖析思路归为从政治经济学（political economy）维度的解读。[2] 值得特别指出的是，到目前为止，国内学术界对于公司法、证券

---

① 其英文原文为：constitutional structure of government and interest group dynamics。参见 Otto Kahn-Freund，"On Uses and Misuses of Comparative Law"，*Modern Law Review*，Vol. 37，No. 1，January 1974，pp. 1-27。

② 从政治经济学维度解读公司、证券法律制度，最著名的学者为哈佛大学法学院的 Mark J. Roe 教授，其相关著作可参见 *Strong Managers，Weak Owners：The Political Roots of American Corporate Finance*，Princeton University Press，1994；*Political Determinants of Corporate Governance：*

法的理解，还主要是一种经济性与法律性的思维，从政治维度的解读却常常遭到忽略。① 因此，借鉴 Milhauput-Pistor 法律矩阵的分析视角来剖析中国公司法、证券法的问题，也就更加具有价值。

第三节 证券法运行背后的权力架构

从图 4-1 的法律矩阵中，我们可以直观地看到，我国的法律制度在纵轴上更靠近"集权"一端。这表明，我国的公司、证券法律倾向于将执法权分配给国家或政府去实施，私人主体的执行通常受到很大程度的限制。同时，基于法律制度的集权特征，使得我国公司、证券法律在功能上更具协调性质，从而在横轴上更靠近"协调"一端。在本节中，笔者将运用 Milhauput-Pistor 法律矩阵的分析框架，进一步剖析我国公司、证券法律运行背后的内在规律性。具体而言，本书将从"财政联邦""网状层级""金融抑制"三个维度展开观察。

一 财政联邦

在讨论我国证券法的执行时，不应忽略掉中央政府与地方政府之间的博弈。正如彭冰教授所指出的那样，受多元利益诉求的影响，政府持股会使上市公司偏离利润最大化的经营目标，并导致侵占行为的发生，但在此问题上，中央政府与地方政府的态度应得到区分。②

就中央政府而言，建构和发展强大的证券市场是其希望实现的目标。

Political Context, Corporate Impact, Oxford University Press, 2002; "Legal Origins and Modern Stock Markets", Harvard Law Review, Vol. 120, 2006, pp. 462–518; Corporate Law Limits, The Journal of Legal Studies, Vol. 31, No. 2, June 2002, pp. 33–271; "Political Preconditions To Separating Ownership from Corporate Control", Stanford Law Review, Vol. 53, No. 3, December 2000, pp. 539–606; 等等。

① 正如蒋大兴教授所指出的那样："公司法作为法律产品家族的一员，也潜涵着相应的政治、经济和社会前提。无论是公司法的构造、演进，还是执行，都只能在这样的背景幕布上'涂画'。"参见蒋大兴《公司法的政治约束——一种政治解释的路径》，《吉林大学社会科学学报》2009 年第 5 期。

② 彭冰：《中央和地方关系中的上市公司治理》，《北京大学学报》（哲学社会科学版）2008 年第 6 期。本书以下的论述，主要参考了彭冰教授的此篇文章。

为此，中央政府必须提高上市公司的质量，加强证券投资者的保护，并尽量控制与约束自己侵占上市公司利益的行为。但就地方政府而言，情况却并非如此。由于地方政府并不对证券市场的整体负责，进而有更多的动机去侵占上市公司的利益。这样的动机在很大程度上源自"中央与地方的分权体制"。具体而言，在我国自 20 世纪 90 年代采取财政分权改革之后，地方政府面临预算的硬约束和过高的支出压力，其在财权上受到严格限制。与此同时，地方政府又面临巨大的责任，省级以下政府负责提供所有重要的社会支持和几乎所有的公共服务。因此，地方政府的事权和财权并不对称，导致地方政府高度依赖预算外的收入来源，进而证券市场成为地方政府资源争夺的重要阵地。①

以上不同的利益诉求，导致了中央政府与地方政府之间的博弈。从总体上讲，中央政府在这样的博弈中处于优势地位。因为，中央政府是制度的供给者，拥有制定游戏规则的权力。同时，中央政府可以运用一系列行政手段来限制地方政府的侵占行为。但在这场博弈中，地方政府并非始终处于被动地位。首先，证监会派出机构在地方的执法活动会在相当大程度上受到来自地方政府的压力。其次，当地法院不可避免地受到地方政府的影响，② 进而当投资者提起证券诉讼时，司法的独立性常常受到挑战。③ 在这样的制度框架之下，不论是证券法律的公共执行还是私人执行，均难以摆脱地方政府的强大影响。

二　网状层级

对我国公司法、证券法的论述，国内学者通常将单个上市公司作为分析单位，并将焦点完全放在"代理问题"上，但整个治理机制背后的组织网络却少有文献展开更深入研究。这也在很大程度上造成我们在理解上

---

① 参见彭冰《中央和地方关系中的上市公司治理》，《北京大学学报》（哲学社会科学版）2008 年第 6 期。

② 根据《宪法》第 101 条、第 104 条之规定，县级以上地方各级法院的院长由地方选举产生，并且地方法院受到地方的监督，对其负责。

③ 比如，著名的"杭萧钢构案"就是这样的一个典型案例。34 名中小投资者向杭州市中级人民法院提起诉讼，但到了该案在起诉后的 5 个月才在舆论压力下立案，而该案首次开庭审理则是在 14 个月之后。代理该案的薛洪增律师在其博客中记录当时的一些细节。见 http：//blog. sina. com. cn/s/blog_ 4b42b32801000bd2. html。

的短视与局限。

Li-Wen lin 与 Curtis Milhaupt 的研究或许是弥补该领域的一篇开创性文章。[1] 他们把目光投向了中国大型国有上市公司背后的关联结构。根据 Lin 与 Milhaupt 的归纳与抽象，我国的大型国有上市公司通常被嵌套在一个"垂直一体化的企业集团"（vertically integrated groups）之中。该体制的核心特征便是：它是一个"网状层级"（networked hierarchy）的组织结构；并且，在这些密集的网状结构中充满了"制度性的桥梁"（institutional bridges），从而把政府、国家机构、党的组织连接在一起。应指出的是，尽管 Lin 与 Milhaupt 的研究未涵盖所有的上市公司类型，[2] 但在我国大型国有上市公司占主导地位的情形下，[3] 该观察模型仍为我们深入理解证券法律执行背后的制度逻辑提供了有力的分析框架。

从图 4-4 中我们可以看到，在一个大型国有企业集团内部，其主要包含了核心公司（Core Company）、上市公司（Listed Company）、财务公司（Finance Company）、研究机构（Research Institutes）四大基本元素。核心公司以控股公司的形式存在，其通常是由以前主管某个特定行业的部门进行"公司化"改造而来。[4] 就整个企业集团而言，最引人关注的并不是这些核心公司，而是其控股的上市子公司。[5] 目前，学者们关注最多的就是这些上市子公司。除了核心公司和上市公司，财务公司与研究机构也是一个企业集团的重要组成部分。我国的财务公司类似于日本的主银行（main bank），但却又有很多不同之处。概言之，不同于日本交叉持股的

---

[1]　参见 Li-Wen Lin, Curtis J. Milhaupt, "We are the（National）Champions：Understanding the Mechanisms of State Capitalism in China", *Stanford Law Review*, Vol. 65 Issue 4, April 2013, pp. 697-759。近年来，随着中国经济在全球范围内的迅速崛起，"中国模式"（China Model）这一概念也时常出现在海外财经媒体及学术期刊的版面上。围绕此种发展模式，引发了诸多讨论。

[2]　Li-Wen lin 与 Curtis Milhaupt 所谓的"国家冠军"（National Champions），是指由我国中央政府直接监督与管理的大型国有企业。因此，其并不包括地方政府控股的上市公司与民营控股的上市公司。但实际上，地方政府控股的上市公司在组织结构上仍存在相同的"网状层级"结构，只不过其由地方国资委直接监督与管理。所以，笔者认为，Lin 与 Milhaupt 的观察模型同样可适用于地方政府控股的上市公司。

[3]　根据国资委的披露，截至 2012 年年底，国有控股上市公司共 953 家，占我国 A 股上市公司数量的 38.5%，市值合计 13.71 万亿元，占 A 股上市公司总市值的 51.4%。

[4]　比如，"中国石油天然气集团公司"就是由原来的石油部改组而来。

[5]　比如，"中国石油天然气股份有限公司"是"中国石油天然气集团公司"控股的上市子公司，其股份在上海证券交易所与纽约证券交易所上市，其构成整个集团公司的外表。

联结模式，我国的财务公司并不持有其他成员公司的股份，并且除了核心公司之外，没有其他公司持有财务公司的股份。① 研究机构一般为接受核心公司资金的非营利机构。相关知识产权通常归属于核心公司，或者根据联合研究项目合同确定归属，而研究成果则应用到与该集团产品生产相关的领域。

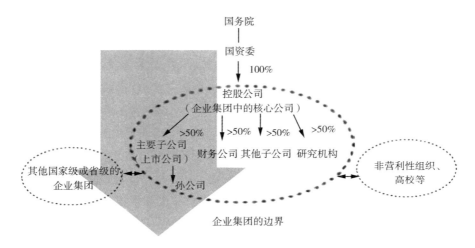

图 4-4　"网状层级"的基本构造②

根据 Lin 与 Milhaupt 的概括，以上四大基本元素构成了一个"垂直一体化的企业集团"。在集团内部，核心公司处于控股地位，并且控股关系是自上而下的，很少出现交叉持股的情形。同时，国资委系核心公司的最大股东，核心公司在国资委与具体从事生产经营活动的下属子公司之间充当中间人的角色。详言之，核心公司在集团内部协调关系和分配资源，并将国家的政策和指令向下传输到集团成员，将集团成员的信息和建议向上汇集给国家决策者。在集团外部，各企业集团之间、企业集团与其他非营

---

① 实际上，注册成为企业集团最大的好处之一，就是能够获批建立财务公司。财务公司由银监会批准设立，向企业集团内部成员提的服务包括：接受成员公司的存款，向成员公司发放贷款，向成员公司提供支付、保险、外汇等服务，以及承销成员公司的证券。除此，财务公司还参与与成员公司产品有关的消费金融，以及投资金融机构发行的证券。财务公司的资金主要来源是成员公司的存款。

② Li-Wen Lin, Curtis J. Milhaupt, "We are the (National) Champions: Understanding the Mechanisms of State Capitalism in China", *Stanford Law Review*, Vol. 65, Issue 4, April 2013, p. 710.

利性组织之间通过合资、联盟、入股的方式亦存在着广泛的联系。

由于上述网状层级结构的规模足够的大，因此按照 Mancur Olson 的理论，其实际上创造了一个共容性联盟（encompassing coalition）①，这有利于实现信息共享，减少机会主义和运营摩擦，从而提高联盟整体的生产效率。但与此同时，该网状层级结构亦促成了政治精英与商业精英的广泛结合。这样的结合将不可避免地导致法律表达与执行受到政治关联的深度影响，并在很大程度上排除私人主体的执法活动。有学者曾以 2000—2010 年我国受到监管部门处罚的上市公司为样本，检验政治关联对执法效率的影响。结果发现，监管部门对政治关联公司的违规查处存在时滞效应，其处罚周期显著长于无政治关联公司；同时，政治关联公司高管的被迫离职率亦显著低于无政治关联公司。这表明，政治关联会削弱证券法律执行的有效性，从而降低对中小投资者利益的保护功能。②

三　金融抑制

除了以上两个维度，"金融抑制"（financial repression）构成了本书的第三个分析视角。20 世纪 70 年代，美国经济学家 Edward Shaw 与 Ronald McKinnon 提出了"金融抑制"的概念。③ 金融抑制是许多发展中国家都经历过的一个阶段，④ 其主要特征表现为：国家对存款和贷款利率进行管制，以保证银行的盈利，并降低企业的资金成本；国家可以对银行实施控制，并指令其将资金贷给特定的行业和企业；由于国家对有限资金

---

① 所谓"共容性联盟"，就是指各成员的利益与整个团体的利益具有较大重合性的组织。与其相对的概念为"分利性联盟"（distributional coalitions）。Mancur Olson 相关论述的中译本可参见 [美] 曼瑟·奥尔森《集体行动的逻辑》，陈郁、郭宇峰、李崇新译，格致出版社 1995 年版；[美] 曼瑟·奥尔森《国家的兴衰》，李增刚译，上海人民出版社 2007 年版。

② 许年行、江轩宇、伊志宏、袁清波：《政治关联影响投资者法律保护的执法效率吗?》，《经济学》2013 年第 12 期。

③ 两位作者的著述可参见 Ronald I. McKinnon, *Money and Capital in Economic Development*, The Brooking Institution, 1973；Edwards S. Shaw, *Financial deepening Economic Development*, Oxford University Press, 1973。

④ 在 20 世纪 50 年代，在发展经济学的影响下，进口替代成为多数发展中国家的标准政策。但是，实施进口替代必须面对一对矛盾，即一方面，进口替代需要大量的投资，如果资本太贵，则进口替代政策就会因成本过高而无法执行；另一方面，发展中国家早期资本是最稀缺的要素，市场成本很高。在这种情况下，金融抑制就成为一个自然的选择。参见姚洋《发展经济学》，北京大学出版社 2013 年版，第 258 页。

实行配给，因此那些和政府关系密切的企业更容易得到资金。长期以来，金融抑制一直是我国金融体系的主要特征，其对证券法的执行影响深远。因为，资本的稀缺性决定了法律对投资者的强行性保护为什么如此重要，然而，处于共容性联盟中的企业可以相对容易地从银行获得资金支持，所以，资本稀缺性的前提并不充分，进而市场对于正式执法的需求被降低。

第四节　运用法律矩阵的剖析

一　为什么在经典文献中迷失

在比较公司治理的研究文献中，各国上市公司的股权结构通常被划分为"股权分散型"（widely-held shareholder taxonomy）与"股权集中型"（controlling shareholder taxonomy）两大类型。[1] 在股权分散结构下，公司治理的核心议题是解决"代理问题"[2]；而在股权集中结构下，公司治理的核心议题则是如何有效防控"控制者私利"[3]。针对不同的股权结构，各国在进行制度设计时会产生不同的规制策略。因此，这样的划分构成了

---

[1]　相关文献可参考张舫《股权结构与上市公司治理》，载顾功耘主编《公司法律评论》（2002 年卷），上海人民出版社 2002 年版，第 27—33 页；王文宇：《公司与企业法制》（二），元照出版社 2007 年版，第 1—38 页；Ronald J. Gilson，"Controlling Shareholders and Corporate Governance：Complicating the Comparative Taxonomy"，*Harvard Law Review*，Vol. 119，2006，pp. 1641-1679；Lucian Bebchuk，Reinier Kraakman，George Triantis，*Stock Pyramids*，*Cross-Ownership and Dual Class Equity*：*The Mechanisms and Agency Costs of Separating Control from Cash-Flow Rights*，January 2000，http：//www. law. harvard. edu/faculty/bebchuk/pdfs/triantis - kraakman - bebchuk. nber6951. pdf.

[2]　在股权分散结构中，上市公司股东因专业、时间等限制而无法全力投入到经营中去，故公司的日常运作由专业经理人代为管理。但公司经营者亦为理性经济人，在追求自己效用或利益最大化的目标下行动，当其利益与股东或公司利益产生冲突时，他们很可能会为自身利益而损害公司和股东的利益。这样一来，便产生了"代理问题"（agency problem）。

[3]　在股权集中结构中，由于所有权与经营权结合，控制股东往往掌握着公司的经营大权。从这个意义上讲，股权集中结构比股权分散结构或许更能降低因"所有"与"经营"分离而产生的代理成本问题。然而，控制股东在削弱上述代理问题的同时，却也衍生出另外一种治理问题，即控制股东可能会因为其特有的控制地位，掠夺中小股东的利益，以达到谋取"控制者私利"（private benefits of control）的目的。并且，这种现象在"少数控制股东结构"（controlling-minority structure）中尤为突出。

公司治理法制的基本分析架构。但应指出的是，仅仅简单地套用该分析框架，将使我们在制度设计上迷失。

如前所述，我国上市公司在股权结构上表现为股权高度集中。从表面上看，我国上市公司治理的核心问题亦表现为大股东侵占上市公司利益。① 对此，我国学界按照股权集中结构下的法律规制策略提出了各种解决方案。2005 年《公司法》《证券法》的修改，也部分采纳了相关立法建议。比如，在以前的《公司法》中，并没有对于关联交易的直接规定。在 2005 年《公司法》修订后，其第 21 条、第 125 条、第 217 条均对关联交易有了直接规定。同时，法律还引入了极具美国法特色的独立董事制度，进一步增加法律对中小股东权益的保护内容。这些法律规范都是为了解决大股东通过关联交易侵占上市公司利益而设。那么，这些制度在实际运行中的效果如何呢？在资产负债表中，"应收账款"与"其他应收款"两项财务数据反映了大股东及关联方占用上市公司资金的情况。② 从 2012 年上市公司公布的财报来看，所有上市公司对于大股东的应收账款为 286.62 亿元，其他应收款 108.22 亿元，两者合计高达 394.84 亿元。③ 以上数据表明，我国《公司法》中有关关联交易的制度设计收效甚微，其难以有效遏制大股东的占款行为。

为什么经典分析框架中的规制策略难以在我国证券市场中有效运作呢？通过前述法律矩阵的剖析，我们可以认为，这在很大程度上是由于我们仅仅将目光放到了法律的技术层面，而彻底忽视了我国上市公司治理的特殊性。正如王文宇教授所言，"股权结构与公司治理的分析架构并未涵盖各国大型企业之所有类型，例如，中国大陆之国有企业即属一例。毕竟当企业之'控制股东'为国家或政府时，会产生许多复杂而有趣的特殊问题。因此，我们需要更多的实证资料、更新的分析架构与理论，对此议

---

① 证监会曾在《关于提高上市公司质量的意见》中提到，影响我国上市公司质量的突出问题主要表现为以下六个方面：（1）上市公司缺乏独立性；（2）募集资金使用不规范；（3）侵占上市公司资金；（4）违规对外担保；（5）关联交易；（6）编报虚假的财务会计信息。参见《国务院批转证监会关于提高上市公司质量意见的通知》。

② 详言之，"应收账款"反映经营性资金占用，往往与关联交易共生；"其他应收款"则主要说明非经营性资金占用情况，它往往被视为大股东不该侵占的资金。

③ 参见刘子安《总额近 400 亿元，大股东占款卷土重来》，http://stock.eastmoney.com/news/1344，20130501288896248.html。

题方能有更深刻的理解"①。

二　中国证券法的角色与功能

按照新制度经济学的观点，法律制度对产权和契约的保障是经济增长的必要前提。但如第一章开篇所言，很多学者均认为，中国经济的高速增长是在缺少正式法律作为支撑的情况下发生的。② 这被很多西方学者称为"中国之谜"。通过 Milhaupt-Pistor 法律矩阵的视角去思考所谓"中国之谜"的问题，③ 可以加深我们对公司法、证券法角色与功能的认识。

实际上，正如本章第二节所述，法律除了具有保护功能之外，尚具有协调功能，即协调各市场参与主体之间的关系，保障市场的妥善运行。从 Milhaupt-Pistor 法律矩阵中我们可以看到，我国在"协调—保护"这条光谱上更靠近"协调"一端。这表明，我国证券法律更多的是在发挥着市场协调的功能，而对投资者的保护功能则相对较弱。为了能够进一步理解此种协调功能，下面本书将以股权分置改革中"类别股东表决制度"的出台过程为例予以具体阐释。④

2005 年启动的股权分置改革，其目的在于消除流通股与非流通股的差异，进而实现全流通。但根据供求定律，在其他条件不变的情况下，如果允许非流通股上市流通，将会使流通股的价格大幅缩水，而非流通股股东却能从出售价格中获利，这将导致流通股股东与非流通股股东之间的利

---

① 王文宇：《公司与企业法制》（二），元照出版社 2007 年版，第 38 页。

② 正如 Donald Clark 等所言，中国的改革经验似乎已经驳倒了上述命题。参见 Donald C. Clarke，Peter Murrell，and Susan H. Whiting，*The Role of Law in China's Economic Development*，December 2，2007，http：//papers. ssrn. com/sol3/papers. cfm? abstract id=878672。

③ 对此问题，经济学家站在经济学的角度有过许多的阐释。比如，许成钢教授指出，所谓"中国之谜"的问题只是一个幻觉（illusion）。因为，"最佳实践"的研究方法忽略了制度研究中最核心的问题，即激励机制和协调机制。中国的经济成功来自中国是一个政治上高度集权、经济上高度分权的制度体制。这种制度体制有效地激励了地方政府，使它们像体育锦标赛一样地进行地方竞争（Regional competition），从而有效地推动了经济的改革和增长。参见 Chenggang Xu，"The Fundamental Institutions of China's Reforms and Development"，*Journal of Economic Literature*，Vol. 49，NO. 4，December 2011，pp. 1076-1151。

④ 以下论述主要参考了王文宇、章友馨《转轨经济下法律的角色与功能——以股权分置改革为中心》，载王保树、王文宇主编《公司法理论与实践：两岸三地观点》，法律出版社 2010 年版，第 222—239 页。

益失衡。① 若要稳定流通股股东其权利"不受侵害"的预期，② 从而避免股市的崩盘，必须对流通股股东进行补偿。我国的具体做法是，通过非流通股股东与流通股股东协商谈判，来重新划分两类股东的财产权。只要非流通股股东与流通股股东就股改方案协商同意，并经股东大会表决通过，即授予非流通股股东以流通权。然而，在股权分置改革的初期，改革的推进却并非一帆风顺。③ 与此同时，证监会一直在寻找与市场进行"协商"的方式。在这个过程中，先前"类别股东表决制度"的尝试，④ 逐渐成为证监会推进改革的合适做法。证监会通过第一批试点，即三一重工与清华同方在"分类表决"上产生的"一家通过，一家否决"的结果，⑤ 向市场释放出类别股东表决制度具有保障两类股东利益公平的信号，以期望消除市场主体关于股改方案可能向非流通股股东倾斜的疑虑。随后，证监会于 2005 年 8 月颁布《关于上市公司股权分置改革的指导意见》，并于 9 月通过《上市公司股权分置改革管理办法》，直接规定相关股东应对股改方案进行分类表决。自此，类别股东表决制度成为股权分置改革的正式规范。从实际运行来看，该项制度的推出取得了成功。在第二轮、第三轮试

---

① 参见 William I. Friedman，"One Country，Two Systems：The Inherent Conflict Between China's Communist Politics and Capitalist Securities Markets"，*Brooklyn Journal of International Law*，Vol. 27，Issue2，2002，p. 497。

② 在股权分置时期，政府曾承诺，非流通股股东的股份"暂不流通"。当时的招股说明书上无一例外地都有这样一段文字，即"根据国家现有法律、法规规定，本公司发起人股暂不上市流通"。而按照 Charles Reich 的观点，凡是政府向民众承诺的利益，都可视为是新形式的财产权。参见 Charles A. Reich，"The New Property"，*Yale L. J.*，Vol. 73，No. 5，April 1964，pp. 778–779。

③ 2005 年 4 月 29 日，证监会发布《关于上市公司股权分置改革试点有关问题的通知》，这标志这股权分置改革的正式启动。5 月 8 日首批 4 家试点公司名单出炉，但仅过一天，该四家公司即停牌，上证指数创六年新低，第二天、第三天，股价持续探底。这反映了市场对股改方案仍旧缺乏信心。

④ 在股权分置改革之前，证监会于 2004 年 12 月颁布过《关于加强社会公众股东权益保护之若干规定》，对"类别股东表决制度"进行尝试，目的是同步寻找股改方案的合适做法。在该规定中，证监会采用"公众股东表决"等字眼，回避使用"流通股""类别表决"等敏感概念，以免引起市场恐慌。实际上，该规定中所谓的"试行公司重大事项社会公众股东表决制度"即为"类别股东表决制度"。参见王文宇、章友馨《转轨经济下法律的角色与功能——以股权分置改革为中心》，载王保树、王文宇主编《公司法理论与实践：两岸三地观点》，法律出版社2010 年版，第 228 页。

⑤ 2005 年 6 月，三一重工股权分置方案获得非流通股股东和流通股股东通过。同时，清华同方提出的股改方案却遭流通股股东否决。

点中，分类表决及补偿方案得到了市场各方的广泛支持。

从以上过程我们可以发现，政府在选择股权分置改革法律制度时，更重视的是通过试点与市场相关主体的协调，至于"财产权重新划分""降低次级市场冲击"等保护功能却并非首要。类别股东表决制得以胜出的原因，并非在于其具有优越之保护功能，而在于其独特的协调功能。如果采取另外两种表决方式，即"绝对多数决"和"利益股东回避表决"，同样可以达到重新划分财产权的目的。但是，"绝对多数决"会因门槛过高而不利于流通股股东保障其利益，而"利益股东回避表决"亦难以被非流通股股东接受。因此，类别股东表决制是能够提供政府与两类股东寻找出最佳补偿方案的协调做法。可见，类别股东表决制作为股权分置改革中的制度选择，其主要功能是协调，而非保护。[①]

如果我们仅仅是从法律的保护功能出发，来理解我国公司法、证券法的角色与功能，便很有可能忽略法律制度其他面向的功能，进而得出法律不那么重要的结论。这将大大地低估法律对我国经济发展的作用。[②] 从以上分析中，我们可以看到，我国公司法、证券法在进行制度选择时，首要考虑的也许并不是投资者保护是否足够，而是其协调功能是否得到了充分的发挥。正如王文宇、章友馨所言，在转轨经济中，唯有"协调"各方利益，并"宣示"基本方向不变之后，法律制度所欲体现之"保护"功能，才能真正得以凸显。[③]

三　中国证券法的替代性机制

按照《法律与资本主义》一书的阐释，"若法律主要被用于去协调内部人之间的关系时，市场主体可能会更多地诉诸那些非法律的治理机制以保护他们的利益"[④]。那么，我国证券法律存在这样的替代性机制吗？目前，许成钢等提出的"行政治理"（administrative governance）或许是对

　　① 参见王文宇、章友馨《转轨经济下法律的角色与功能——以股权分置改革为中心》，载王保树、王文宇主编《公司法理论与实践：两岸三地观点》，法律出版社 2010 年版，第 237—238 页。

　　② 参见郁光华《经济增长与正式法律体系的作用》，《中外法学》2011 年第 1 期。

　　③ 参见王文宇、章友馨《转轨经济下法律的角色与功能——以股权分置改革为中心》，载王保树、王文宇主编《公司法理论与实践：两岸三地观点》，法律出版社 2010 年版，第 238 页。

　　④ Curtis J. Milhaupt, Katharina Pistor, *Law & Capitalism：What Corporate Crises Reveal about Legal Systems and Economic Development around the World*, The University of Chicago Press, 2008, p. 44.

此类机制最好的描述。按照英文的字面理解，行政治理即政府运用相关行政机制调控资本市场的一种治理模式，其与法律治理（legal governance）相对。下面，本书将主要从解决资本市场信息不对称的角度，具体阐释行政治理在我国实践中的运用。

众所周知，信息不对称是资本市场所面临的最为核心的问题，这在那些即将首次公开发行股票的公司中尤为突出。在发达金融市场中，监管者通常使用"强制披露规则"（mandatory disclosure rules）来解决此类问题。然而，由于缺乏切实的法律执行，该强制披露规则在转轨经济体中却往往难以奏效，进而市场需要寻求相应的替代性机制。1993—2000年，我国的配额制（the quota system）在很大程度上充当了此种替代功能。[①] 在配额制下，中国人民银行每年确定公开发行股份的数量。在此数量范围内，证监会将配额在各地方政府之间分配。[②] 这样的一套机制在客观上促成了地区之间的竞争。具体而言，若来自某地区上市公司的业绩表现不佳，该地区下一年的配额将会相应减少；反之，则会相应增加。而不论是减少还是增加配额，其都会对地方官员形成有效的激励。因为，地方官员的仕途发展与其所辖区域内的经济发展息息相关。由此一来，使得各地方政府有足够的动机去收集公司运营情况的信息，并筛选本地区的优质企业去上市。

2001年之后，随着配额制的取消，保荐人取代地方政府成为企业上市过程中的信息收集者。[③] 从表面上看，证监会与保荐人之间是一种委托代理关系，但实际上却仍具有很强的行政治理色彩。首先，证监会对作为保荐人的证券公司有诸多的行政控制。比如，证券公司的重要人事任免、股权变动等，均须证监会的批准。其次，证监会对保荐代表人能够申报的上市项目有数量限制，这促使其必须审慎使用手中的保荐资源，认真挑选符合审核标准的企业，从而最大限度地提高过会率。另外，证监会于

---

① Katharina Pistor and ChenggangXu, "Governing Stock Markets in Transition Economies: Lessons from China", *American Review of Law and Economics*, Vol. 7, No. 1, Spring 2005, pp. 196-208. 中文翻译可参见［美］卡塔琳娜·皮斯托、许成钢《转轨经济中证券市场的治理：来自中国的经验》，载吴敬琏主编《比较》（第19辑），中信出版社2005年版，第103—126页。

② Fang Liufang, *China's Corporatization Experiment*, 1994, http://www.cesl.edu.cn/upload/200810107326078.pdf.

③ 以下论述主要参考了沈朝晖《监管的市场分权理论与演化中的行政治理——从中国证监会与保荐人的法律关系切入》，《中外法学》2011年第4期。

2009 年颁布《证券公司分类监管规定》，对证券公司实行行政评级、分类监管。评级越高的证券公司，得到的政策优惠与创新试点越多；反之，则会受到很大限制。这样的一种治理安排，构成了证券公司的行政声誉，并在客观上形成了保荐人之间的竞争。鉴于证监会对保荐人治理手段的两面性，沈朝晖博士将其称为"契约治理'混搭'的行政治理"。[①]

实际上，除了企业上市前的信息收集之外，行政治理在我国证券市场的很多方面都扮演着法律替代性机制的角色。比如，ST 制度就是另一个被常常提到的例子。在企业上市之后，ST 制度会促使地方政府补贴或重组其所在地区经营不佳的上市公司，从而以此改善公司业绩，维护中小投资者的利益。[②] 概言之，行政治理之所以能够成为法律执行不足的替代性机制，在很大程度上是因为政府通过相关行政手段的运用创造出了有效的监管激励。

第五节　走向新的"均衡"

Paul Samuelson 曾言，"你甚至可以把一只鹦鹉培养成一位训练有素的经济学家；而你需要做的，仅仅是教会它'供给'和'需求'这两个词"[③]。同样地，如果说"利益集团的政治博弈"构成了 Milhaupt-Pistor 法律矩阵的逻辑起点，那么"法律需求导致法律变迁"则构成了矩阵推导的终点。简言之，矩阵剖析内含这样一个观点，即纸面规则——供给本身并不能改变法律制度的运行，真正能够改变法律制度组织形式和功能定位的，是那些市场主要参与者对法律的需求，一旦需求面发生变化，法律本身也会随之改变。

---

① 形成此种特殊行政治理模式的原因有很多，但其中最为重要的或许是保荐人与政府部门的高度关联性。从股权结构来看，我国的保荐人大部分由地方政府和中央机构所控制。在此背景之下，仅凭法律治理机制，难以有效解决证监会与保荐人之间的委托代理问题。参见沈朝晖《监管的市场分权理论与演化中的行政治理——从中国证监会与保荐人的法律关系切入》，《中外法学》2011 年第 4 期。

② 杜巨澜、黄曼丽：《ST 公司与中国资本市场的行政性治理》，《北京大学学报》（哲学社会科学版）2013 年第 1 期。

③ 王瑞泽：《经济学的 N 个笑话》，译林出版社 2011 年版，第 46 页。

一　比较法上的案例

比较法上，关于"法律需求导致法律变迁"的例子有很多。第二次世界大战后，日本公司治理法律制度的变迁就是这样一个具有代表性的例子。1950 年，在联合国军最高司令官总司令部（GHQ）的主导下，日本对其商法典进行了大规模修改，修改的重点就是在传统的以德国法为范本的日本公司法中导入美国法。[1] 这是日本公司法的第一次美国化，美国股东保护的原则和民众参与法律制度的机制被引进到了日本。然而，战后至20 世纪 90 年代，日本公司法在实践中的运行却并没有立即表现出美国化的倾向。[2]

这一时期，高度权威的行政机构对市场的主导、商业团体与官僚机构的紧密联系减损着市场对法律的需求，非法律规范作为低成本的替代性机制在日本公司治理中扮演着重要的角色，[3] 而法院则在很大程度上

---

[1]　于敏、杨东译：《最新日本公司法（2006 最新版）》，法律出版社 2006 年版，第 30 页。

[2]　比如，极具美国法色彩的"董事信义义务"（the director's fiduciary duty）条款（即《日本商法典》中的 254-3 条款），在自 1950 年引入日本商法典后沉寂了近 40 年，直到 1989 年日本东京高等法院才第一次单独适用该条款。这一有趣的现象引发了神田秀树与 Curtis Milhaupt 的思考。为什么 254-3 条款会在导入日本后沉寂近 40 年？它为什么又会在长时间的蛰伏中突然被唤醒？没有证据证明日本的司法在 20 世纪 80 年代突然变得主动起来，董事们也不可能在这一刻突然变得贪婪起来。最后，从法律需求改变的角度，两位作者给出了解释：就微观层面而言，在 1950 年引入 254-3 条款的时候，日本公司法改革者关心的似乎并不是控制管理层对股东的掠夺，而是在日本推行美国式"股东民主"（shareholder democracy）的政治象征意义。因此，在当时并不存在一套促进 254-3 条款适用的诉讼机制。若原告希望提起此类诉讼，需要首先支付一笔高昂的费用。这大大降低了股东提起此类诉讼的积极性。就宏观层面而言，日本战后经济的独有特征有助于防止同业竞争。首先，高经济增长本身带来终身雇佣的高回报，而终身雇佣制的奖励与任职资历直接相关，这样就能限制职务机会主义，因为离开原公司而成立竞争公司的成本会很高。其次，在高度竞争的市场和高度监管的政府之下，日本公司多采用交叉持股安排，这样在很大程度上扼制了经理人采用收购方式获得显著收益的机会。然而，20 世纪 80 年代后期，随着律师与法官对董事信义义务条款的熟悉，法律对该条款界定的不断清晰，以及公司内部人盘剥公司资产机会的增大，该 254-3 条款才开始在日本公司治理中发挥作用。参见 Hideki Kanda, Curtis J. Milhaupt, "Re-examining Legal Transplants: The Director's Fiduciary Duty in Japanese Corporate Law", *The American Journal of Comparative Law*, Vol. 51, No. 4, Autumn, 2003, pp. 887-901。

[3]　Curtis J. Milhaupt, "Creative Norm Destruction: The Evolution of Nonlegal Rules in Japanese Corporate Governance", *University of Pennsylvania Law Review*, Vol. 149, No. 6, Jun., 2001, pp. 2083-2129.

被边缘化。① 20 世纪 90 年代以后，随着官僚机构威望的下降、企业集团交叉持股的削减，以及外国投资者持股比例的显著上升等因素的变化，② 市场主体对法律的需求不断增加。在此背景下，日本启动了新一轮的大规模制度变革，以适应经济发展的需求。③ 这场变革的结果就是，日本的法律制度开始朝着"分权"和"保护"的方向发展。④

从需求视角，对日本公司治理法制变迁过程的梳理，为我们跳出既有分析框架重新思考法律制度以启示。20 多年前，Ronald Gilson 与 Mark Roe 在研究日本公司组织体系时就曾指出："戴上 Berle-Means 的眼罩去观察日本公司法制将会使我们迷失，其结果就是，我们将失去比较分析能够为我们提供的教益。"⑤ 实际上，这句话同样适用于当下我国公司、证券法的研究。

二　法律需求面的变化

党的十八届三中全会以来，市场在资源配置中的决定性作用被进一步强化，许多改革的深度和广度甚至远超学界的想象。我们看到，伴随着金

---

① Curtis J. Milhaupt, "A Relational Theory of Japanese Corporate Governance: Contract, Culture, and the Rule of Law", *Harvard International Law Journal*, Vol. 37, No. 1, Winter 1996, pp. 3-64.

② Curtis J. Milhaupt, Katharina Pistor, *Law & Capitalism: What Corporate Crises Reveal about Legal Systems and Economic Development around the World*, The University of Chicago Press, 2008, p. 150.

③ 在日本，1997 年以后，几乎每年都在修改公司法。其中，从 2001—2002 年进行的四次修改，被称为时隔 50 年的大规模修改。2005 年，公司法更是完全从商法典中独立出来，成为单独的一部法典。

④ 对此变化的一个重要表征就是日本公司、证券诉讼的大量增加。参见 Mark D. West, "Why Shareholder Sue: The Evidence from Japan", *Journal of Legal Studies*, Vol. 30, 2001, pp. 351-382。当然，对于这样的变化，不少学者也提出了自己的担忧。比如，日本一桥大学法学院的布井千博教授认为，日本此次新公司法的美国化是在很短时期内发生的，对原有的德国法制度和美国法制度需要融合和调整过程，但是这方面的融合是很不充分的，在没有做好充分准备之前就急切地导入美国法，这是个很大的问题。特别是对制度滥用方面缺乏防备措施。参见于敏、杨东译《最新日本公司法（2006 最新版）》，法律出版社 2006 年版，第 35 页。

⑤ 参见 Ronald J. Gilson, Mark J. Roe, "Understanding the Japanese Keiretsu: Overlaps between Corporate Governance and Industrial Organization", *Yale Law Review*, Vol. 102, No. 4, January 1993, p. 881。

融改革的深化、对外开放的全面升级①、新一轮的国资国企改革的推进、行政治理的弱化等，证券法律执行的背景幕布正在被深刻地改变。正如Ronald Coase 在《变革中国》一书中所指出的那样，中国正在从单一的市场经济走向多元的市场经济。② 而随着参与主体及其利益诉求的多元化，必然导致市场对正式法律制度需求的增加，法律的供给面自然会随之改变，并走向新的"均衡"。在第五章中，我们将就相关问题进一步展开。在此，仅讨论金融深化对证券法执行的影响。

到目前为止，金融抑制对证券法的影响往往较少被人提及。金融抑制的第一个表现就是利率管制。为了快速建立本国的重工业体系，第二次世界大战后的东亚经济体在发展初期普遍采用了利率管制的政策。在利率管制的环境下，政府确定银行的存款利率，保证银行能够以较低的利率吸收资金，同时以较低的利率投放给优先发展的重工业部门，并允许银行赚取较为稳定的"特许利差"。这样的模式对于东亚经济体在较短的时间内建立起本国的重工业体系效果明显。但是，随着经济的不断发展，利率管制的弊端也日益凸显。比如，若强行维持存款的人为低利率，会使银行吸收存款的难度加大；低利率（甚至负利率）造成居民财富缩水效应，以及债权人与债务人财富分配的不均；融资体系高度依赖间接融资，直接融资的比例过低、资本市场不发达，③ 进而使得居民储蓄转化为金融资产的渠

---

① 在对外开放全面升级的背景下，外商投资立法也加速推进，我国正向着更高水平的投资自由化与便利化迈进。事实上，作为外商投资领域的基础性法律，《外商投资法》早在2011年就已启动修法研究。2018年12月23日，十三届全国人大常委会第七次会议对《外商投资法（草案）》进行了初次审议。2019年1月29日至30日，十三届全国人大常委会加开一次常委会会议，再次对草案进行审议。2019年3月15日，十三届全国人大二次会议表决通过了《外商投资法》，取代了早期的"外资三法"，即《中外合资经营企业法》《中外合作经营企业法》和《外资企业法》三部法律为基础的外商投资法律体系，成为新时代中国利用外资的基础性法律。此外，2019年7月30日起，《外商投资准入特别管理措施（负面清单）》（2019年版）、《自由贸易试验区外商投资准入特别管理措施（负面清单）》（2019年版）和《鼓励外商投资产业目录》（2019年版）同步开始施行。

② ［美］罗纳德·哈里·科斯、王宁：《变革中国：市场经济的中国之路》，徐尧、李哲民译，中信出版社2013年版，第203—266页。该书的英文版可参见Ronald Coase，Ning Wang，*How China Became Cappitalist*，Palgrave Macmillan，2012。

③ 根据2011年的数据，我国股票市值和债券余额占金融总资产的比例仅为26%。这一比例不仅远低于以直接融资为主导的美国和英国（其分别占到了73%和62%），而且也低于间接融资占主导的德国和日本（其分别占到了39%和44%）。参见郭树清《不改善金融结构，中国经济

道非常狭窄；① 在贷款市场形成资源错配，不利于发挥利率的市场调节功能③。对于证券法执行更为直接的影响在于，以商业银行为主导的金融体系对大型企业的支持非常强大，政策对资源配置的干预力度较大，"资本的稀缺性决定法律对投资者的强行性保护" 这一前提并不充分，进而市场对法律的需求不足。这在本章第三节中我们已经提及。

20 世纪 60 年代以来，发展中国家的金融发展问题受到越来越多的关注。Edward Shaw 与 Ronald McKinnon 就曾指出，金融抑制并不会像预期那样增加一国的资金供给，相反，它常常会使一国的资金供给趋于紧张。同时，Shaw 与 McKinnon 强调，利率不仅仅是一个价格，它还可以起到挑选机制的作用。金融抑制恰恰阻断了此种机制的运行，并导致寻租现象的发生，使得融资结构的扭曲和融资效率的低下，故金融抑制在实践中成功的例子并不多。因此，"金融深化" 的理论在 20 世纪 70 年代被提出。③1993 年，我国正式拉开利率市场化的序幕。④ 在之后的 20 多年时间里，

将没有出路》，载祁斌主编《未来十年：中国经济的转型与突破》，中信出版社 2013 年版，第Ⅻ页。

① 根据祁斌先生给出的数据，1978—2011 年，我国 GDP 增长了 178 倍，而同期中国居民储蓄总额增加了 1619 倍。参见祁斌《未来十年：中国经济的转型与突破》，载祁斌主编《未来十年：中国经济的转型与突破》，中信出版社 2013 年版，第 79 页。正如 Ross Levine 所指出的那样，所有发展中国家都会面临如何将居民储蓄转化为投资性金融资产的问题，如果解决不好将可能带来严重的社会问题。参见 Ross Levine, "Financial Development and Economic Growth: Views and Agenda", *Journal of Economic Literature*, Vol. 35, No. 2, June 1997, pp. 688 – 726。2011 年，温州的民间金融危机以及由此引发的中小企业倒闭潮，便是上述问题的一个缩影。

② 在以商业银行为主导金融体系中，大型国有企业占有的金融资源优势比较明显，中小企业获得的金融支持却非常有限。这与中小企业在经济中地位是不相符的。以 2011 年为例，我国有 1000 多万户的中小企业，贡献了税收的 50%，创造了国内生产总值的 60%，完成了创新成果的 70%，解决了城镇就业的 80%，占全国企业总数的 99%。参见郭树清《不改善金融结构，中国经济将没有出路》，载祁斌主编《未来十年：中国经济的转型与突破》，中信出版社 2013 年版，第Ⅸ页。

③ 参见姚洋《发展经济学》，北京大学出版社 2013 年版，第 259 页。

④ 1993 年 11 月，我国在党的十四届三中全会《关于建立社会主义市场经济体制若干问题的决定》中提出了利率市场化的基本设想，即 "中央银行按照资金供求状况及时调整基准利率，并允许商业银行存贷款利率在规定幅度内自由浮动"。同年 12 月，国务院颁布《关于金融体制改革的决定》，提出 "中国人民银行要制定存、贷款利率的上下限，进一步理顺存款利率、贷款利率和有价证券利率之间的关系；各类利率要反映期限、成本、风险的区别，保持合理利差；逐步形成以中央银行利率为基础的市场利率体系"。至此，我国利率市场化改革拉开序幕。

改革主要遵循"先外币、后本币；先贷款、后存款；先长期、大额，后短期、小额"的总体思路，并于 2015 年在形式上基本完成利率市场化的进程。2015 年至今，是利率市场化的最终深化阶段。[①] 2019 年 8 月 17 日，中国人民银行发布 15 号公告，决定进一步改革完善 LPR 形成机制。[②] 这

---

①　具体而言，1996—2003 年，为我国利率市场化的准备阶段，该阶段的核心是实现外币利率和货币市场利率市场化；2004 年，我国利率市场化进入到发展阶段，该阶段的核心是实现人民币贷款利率市场化，并着手布局存款利率市场化；2013 年 7 月，中国人民银行全面放开贷款利率，使得利率市场化推进一大步；2013 年之后，利率市场化进程加快，该阶段的核心是全面放开存款利率浮动上限，进而实现存款利率市场化；2015 年 10 月 24 日，人民银行决定对商业银行和农村合作金融机构等不再设置存款利率浮动上限。至此，我国的利率市场化在形式上基本完成。所谓形式上基本完成，主要是因为：其一，由于种种非市场因素的存在，并未形成通畅的货币政策传导机制。2018 年 4 月 11 日，中国人民银行行长易纲在博鳌亚洲论坛上表示："中国正继续推进利率市场化改革，目前中国仍存在一些利率'双轨制'，一是在存贷款方面仍有基准利率，二是货币市场利率是完全由市场决定的。"他表示最佳策略是让这两个轨道的利率逐渐统一。其二，银行仍旧非常依赖存贷款基准利率，部分银行实际上不具备存款、贷款的定价能力，为避免套利行为和揽储恶性竞争，银行业仍继续实行存款利率的行业自律。进而，不同地区、不同类型银行约定存款利率上浮的自律上限，对存款利率继续构成了一个无形的天花板。主要参考：《利率市场化改革的前世今生》，http：//finance.eastmoney.com/a/201905141122355871.html；《详解利率市场化的进程与影响》，http：//finance.sina.com.cn/stock/stockzmt/2019 - 04 - 15/doc - ihvhiewr6100205.shtml；《中国利率市场化现状：七大利率如何传导?》（上），https：//www.sohu.com/a/240993312_467568。

②　LPR（Loan Prime Rate），即贷款市场报价利率，创设于 2013 年 10 月。人民银行在 2013 年 7 月全面放开金融机构贷款利率管制，随后创设了 LPR，设定 10 家大中型银行每天报价，并经银行间市场发布，为市场提供一个最优贷款利率，供行业参考。事实上，人民银行在推动利率市场化的过程中，一直碰到一个问题，即 LPR 和贷款基准利率两个利率的"双轨并行"。央行设立 LPR，原意是希望通过 LPR 形成市场化的贷款利率。但在实际操作中，银行发放贷款主要还是参照基准利率，很少有贷款参照 LPR 定价。而两个利率并行，之间的差值就形成了一段银行放贷利率的灰色空间。比如，中大型企业贷款可以减点利率，小企业可能就加点。尤其是有的银行利用两个利率的灰色空间，以贷款基准利率的一定倍数（如 0.9 倍）设定隐性下限，对市场利率向实体经济传导形成了障碍，造成了企业融资难、贷款贵。2018 年以来的 6 次定向降准，共释放基础货币约 3.4 万亿元，资金供给总体充足，但民营、小微企业融资难的问题，并没有得到根本性的解决，企业融资仍难。最重要的是银行贷款平均利率在同期降幅并不明显。2017 年年末，银行一般贷款平均利率为 5.8%，到 2019 年 2 季度末为 5.94%，反而有所上升；同期放贷利率则是从 5.26%升至 5.53%。央行要引导贷款利率下降，计划以改革后的 LPR 承担起这个重任。根据新的规定，LPR 将与央行公开市场操作利率（MLF 利率）挂钩。因此，今后如果央行降低 MLF 利率，LPR 也将随之降低。并且，央行此次强调，明确要求各银行在新发放的贷款中，主要参考 LPR 的定价。并在浮动利率贷款合同中，采用 LPR 作为定价基准。银行合同制定是否参考

意味着，央行规定的贷款基准利率的"锚定"作用将被弱化，转而采用更加市场化的报价机制，我国的利率市场化再向前迈出一大步。

在大力推进利率市场化的同时，我国的汇率市场化改革也在继续推进。汇率市场化改革旨在改变以往受管控、对市场变化不敏感以及缺乏弹性的局面，使汇率真正起到定价基准和自动稳定器的作用。我国的汇率改革方向同样如此，但更多是形成机制的市场化，并经历了一个非常漫长的过程。①2015 年"811 汇改"之后，人民币中间价形成机制更加市场化。与此同时，人民币汇率也呈现出年均波动幅度高达 7%的常态，2018 年甚至达到11%。内外压力之下，当前的汇率市场化改革的过程呈现出典型的"循序渐进"特征。除此之外，以商业银行为主导的金融体系也在发生着系统性的变革。在很长一段时间里，我国金融体制的一个基本特点就是，银行主导一切，民间资本滴水不进。近年来，尤其从 2012 年下半年开始，②银行、证券、基金、期货、保险、信托之间的竞争壁垒不断被打破，金融市场进入一个全新的大资管时代。同时，多层次资本市场建设、金融科技

LPR，将纳入 MPA（宏观审慎评估）考核。这样就确保了银行会重视 LPR。本次 LPR 的改变：第一，改变报价方式。以前，银行参照基准利率自主报价，完全是自己说了算。现在，银行在公开市场操作利率（MLF 利率）基础上再加点报价。有了公开市场操作利率做基准，报价就更能反映市场实际情况。第二，增加报价银行数量。以前有工、农、中、建、交、中信、招商、兴业、浦发、民生，共计 10 家全国性银行参与报价。现在新增城市商业银行、农村商业银行、外资银行和民营银行各 2 家，扩大到了 18 家。第三，报价频率变了。以前是每日报价，现在是每月报价一次。第四，是报价品种也增加。以前只有一年期贷款品种可以使用 LPR 的利率；现在增加了 5 年期以上贷款品种。

① 2015 年以前，我国的汇率改革进程大致可以划分为以下 4 个阶段：1949—1978 年计划经济时期的固定汇率制；1979—1993 年转轨时期的汇率双轨制；1994—2005 的以市场供求为基础、单一的、有管理的浮动汇率制；以及 2005 年开启的以市场供求为基础、参考一揽子货币调节、有管理的浮动汇率制，人民币不再盯住单一美元。参见邵宇、陈达飞《跨越中等收入陷阱：从金融抑制到金融深化》，https://www.sohu.com/a/365418805_119666。

② 相关新政主要有：2012 年 7 月，保监会发布《保险资金委托投资管理暂行办法》，打开了"保险委托投资"的业务大闸；2012 年 8 月，证监会下发《关于推进证券公司改革开放、创新发展的思路与措施》，明确鼓励证券公司开展资产托管结算和代理业务；2012 年 9 月，国务院批准了由人民银行、银监会、证监会、保监会、外汇管理局共同编制的《金融业发展和改革"十二五"规划》。该规划明确指出，"积极推动金融市场协调发展，显著提高直接融资比重"；2012 年 10 月，证监会下发《证券公司客户资产管理业务管理办法》等条例，券商资管业务大松绑，券商资产管理从无到有；2012 年 12 月，证监会重新修订了《证券投资基金法》，"阳光私募基金"合法化；2012 年 12 月，经国务院批准，放宽了商业银行设立证投基金管理公司的门槛。

的飞速发展、民营银行的试点①等，进一步加剧着市场的竞争。此外，金融行业的开放力度加速，②亦使得金融资源过度垄断的格局不断被打破。

　　金融市场化改革可以被认为是各种经济改革的重中之重，其对证券法的执行将产生非常深远的影响。因为，当资本成为各大企业均稀缺的资源时，投资者的保护才可能真正得到执行；同时，金融深化将大大增加市场运行的复杂程度，市场参与主体的利益诉求将更加多元，从而增大对正式法律的需求。

---

　　① 2014 年 3 月 11 日，中国银监会确定 5 个民营银行试点方案。试点采取共同发起人制度，每个试点银行至少有 2 个发起人，同时遵守单一股东股比规定，分别由参与设计试点方案的阿里巴巴、万向、腾讯、百业源、均瑶、复星、商汇、华北、正泰、华峰等民营资本参与试点工作。参见欧阳洁《首批 5 家民营银行试点方案确定》，http：//www.gov.cn/xinwen/2014－03/11/content_ 2635812. htm。

　　② 近年来，我国金融开放的速度明显加快。2018 年 8 月 23 日，银保监会发布《中国银行保险监督管理委员会关于废止和修改部分规章的决定》，取消中资银行和金融资产管理公司外资持股比例限制，实施内外资一致的股权投资比例规则，持续推进外资投资便利化。2019 年 10 月 11 日，证监会宣布取消外资股比例的明确时间表：自 2020 年 1 月 1 日起，取消期货公司外资股比例限制；自 2020 年 4 月 1 日起，取消基金管理公司外资股比例限制；自 2020 年 12 月 1 日起，取消证券公司外资股比例限制。限制取消后，外资可以持有这些公司 100% 的股权。目前，对中国内地公募牌照觊觎已久的国际基金巨头纷纷开始行动。而随着国际金融机构的相继涌入，对于本土的金融机构而言，无疑将带来更加激烈的竞争。2019 年 10 月 15 日，李克强总理签署国务院令，公布《国务院关于修改〈中华人民共和国外资保险公司条例〉和《中华人民共和国外资银行管理条例〉的决定》，其修改内容主要包括：外资银行定期存款门槛从 100 万元降至 50 万元；放宽中外合资银行中方股东限制，取消中外合资银行的中方唯一或者主要股东应当为金融机构的要求；放宽外国银行在华设立营业性机构的条件限制，取消外国金融机构来华设立法人银行的 100 亿美元总资产要求和外国银行来华设立分行的 200 亿美元总资产要求；放宽了外资保险公司准入限制，取消"经营保险业务 30 年以上"和"在中国境内已经设立代表机构 2 年以上"的条件；允许外国保险集团公司在中国境内投资设立外资保险公司，允许境外金融机构入股外资保险公司；放宽了对外国银行在中国境内同时设立法人银行和外国银行分行的限制；扩大外资银行的业务范围；取消外资银行开办人民币业务的审批，进一步优化在华外资银行的营商环境；外国银行分行应当按照国务院银行业监督管理机构的规定，持有一定比例的生息资产；本充足率持续符合所在国家或者地区金融监管当局以及国务院银行业监督管理机构规定的外国银行，其在中国境内的分行不受"营运资金加准备金等项之和中的人民币份额与其人民币风险资产的比例不得低于 8%"的限制。2020 年 1 月，中美第一阶段经贸协议签署，外资 AMC 牌照放开。2020 年 2 月，作为全球知名投资管理公司橡树资本（Oaktree Capital）的全资子公司，Oaktree（北京）投资管理有限公司在北京完成工商注册。

三　法律供给面的回应

需求面的变化，使得供给面也随之改变。近年来，我国证监会不断加大执法供给。在执法数量方面，2001—2014 年，证监会作出的行政处罚决定从 31 件增加到了 103 件，年均增长率为 8.96%。2008 年之前，证监会每年作出的行政处罚决定均在 50 件以下，且存在着一定的波动性。到了 2008 年，证监会的行政处罚决定突破 50 件，并呈逐年稳定增加的态势。特别是到了 2013 年，执法数量开始急剧增加。2012—2013 年，证监会的行政处罚决定数量增加了 38.50%；2013—2014 年，证监会的行政处罚决定数量继续保持了高增长，增长率为 30.38%，并且首次突破了 100 件。2015—2019 年，行政处罚决定数量年均为 125 件。2019 年亦达到最高的 149 件。在人员编制方面，证监会亦呈现逐年增长的趋势，2007—2013 年的年均增长率为 5.11%。2013 年 8 月，证监会主席肖钢在证券期货稽查执法工作会议上表示，证监会决定新增 600 名稽查执法人员，实现全系统稽查执法队伍在现有基础上翻一番。[①] 2019 年 12 月 28 日，《证券法》再次修订。新《证券法》大幅提高对证券违法行为的处罚力度。比如，对于上市公司信息披露违法行为，从原来最高可处以 60 万元罚款，提高至 1000 万元；对于欺诈发行行为，从原来最高可处募集资金 5% 的罚款，提高至募集资金的一倍；对于发行人的控股股东、实际控制人组织指使从事虚假陈述行为，或者隐瞒相关事项导致虚假陈述的，规定最高可处以 1000 万元罚款等。

同时，证券法的私人执行也正在发生着悄然的变化。2012 年 3 月，证监会投资者保护局负责人在"两会"期间回答网友提问时表示，证监会系统及有关单位正在积极研究公益诉讼制度，不断拓展投资者受侵害权

---

① 新增 600 人主要从系统内人员、业内专业人员及应届毕业生中招聘，进入 6 个证券期货交易所与中登公司以及沪深支队等相关执法部门。全部调查力量，特别是 6 个交易所和中登公司的新增力量，要根据工作需要接受会里的统一指导和调配。参见《肖钢主席在证券期货稽查执法工作会议上的讲话》，http://www.csrc.gov.cn/pub/newsite/bgt/xwdd/201308/t20130819_ 232830. htm。

益的救济渠道，加强投资者权益保护。① 同年 8 月，《民事诉讼法》修改正式导入公益诉讼制度，进一步加大了市场的期待。2013 年 11 月，在第四届上证法治论坛上，证监会主席肖钢针对一些学者谈到的证券集团诉讼时表示，在目前情况下比较可行的方式是，研究建立证券市场的公益诉讼制度。② 2014 年 12 月，作为官方主导的投资者保护机构，中证中小投资者服务中心有限责任公司在上海成立。投服中心的出现，对于证券法的私人执行影响深远。③ 2018 年 8 月 20 日，历过上海国际金融中心建设近十年的发展，④ 上海金融法院正式设立。这也是上海国际金融中心建设发展到一定阶段，市场对司法保障提出的必然要求。2019 年 6 月 13 日，科创板正式开板；同月 21 日，最高人民法院发布《关于为设立科创板并试点

---

　　① 证监会投资者保护局负责人在对网民的回复中提到，"我国的证券侵权民事赔偿诉讼，确实面临着诉讼成本高、证据获取难、索赔效率低等现实困难，使得广大中小投资者运用诉讼维权的积极性不高。证监会将从完善证券民事诉讼机制、降低投资者维权成本的目标出发，积极借鉴国外证券侵权司法实践中常用的各种诉讼模式，包括集团诉讼在内，学习其中经实践证明有益的做法，探索在证券期货领域建立、试行公益诉讼制度，推动民事诉讼法的修改，不断完善投资者权益救济机制。" 参见《借鉴国外经验 探索建立公益诉讼制度》，http：//finance.people.com.cn/stock/GB/17828072.html。

　　② 在该论坛上，中国法学会证券法学研究会会长郭锋明确提出，保护投资者的最好做法是确立集团诉讼制度，修订民事诉讼法。但肖钢表示，"在证券市场，虚假陈述、内幕交易、操纵市场等违法违规行为危害范围广，涉及受害人多，且中小投资者在诉讼能力上处于弱势地位，由专门的组织机构为投资者提起公益诉讼，有利于改变诉讼中双方当事人的不平等地位，帮助投资者获得赔偿，符合公益诉讼制度的价值取向。世界上不少国家和地区都有证券领域的公益诉讼制度，比如我国台湾地区 2003 年就设立了证券投资人及期货交易人保护中心，为投资者提供公益诉讼服务。我国 2012 年修订的民事诉讼法也专门规定了公益诉讼制度，明确对于损害社会公共利益的行为，法律规定的机关和有关组织可以向法院提起诉讼。因此，应以依据民事诉讼法的规定，由证券法明确规定可以提起公益诉讼的组织，以方便投资者保护机构通过公益诉讼的方式支持和帮助投资者获得民事赔偿。" 参见《肖钢提出建立证券公益诉讼制度》，http：//www.legaldaily.com.cn/executive/content/2013-11/29/content_5070043.htm？node=32120。

　　③ 第五章将详细论述。

　　④ 实际上，早在 2009 年 4 月，国务院就在《关于推进上海加快发展现代服务业和先进制造业建设国际金融中心和国际航运中心的意见》中明确提出，"完善金融执法体系，建立公平、公正、高效的金融纠纷审理、仲裁机制，探索建立上海金融专业法庭、仲裁机构"。2018 年 3 月 28 日，中央全面深化改革委员会第一次会议审议通过了《关于设立上海金融法院的方案》；2018 年 4 月 27 日，第十三届全国人大常委会第二次会议表决通过《全国人民代表大会常务委员会关于设立上海金融法院的决定》。

注册制改革提供司法保障的若干意见》，共 17 条，涉及三个主要方面。这是最高法历史上首次为资本市场基础性制度改革安排而专门制定的系统性、综合性司法文件。其中，科创板相关证券纠纷案件由上海金融法院集中管辖的规定尤其引人注目，其不仅有利于裁判尺度的统一，而且能够在最大限度上排除地方保护主义的困扰。① 作为试点集中管辖涉科创板案件的专门法院，上海金融法院亦于 2019 年 7 月 23 日发布了《上海金融法院关于服务保障设立科创板并试点注册制改革的实施意见》。该实施意见从完善专业化的审判机制、健全证券群体性诉讼机制、依法加强投资者保护、强化证券侵权责任落实、加大涉科创板案件执行力度、依法监督支持证券监管部门依法行使职权等多个方面制定了 23 条具体工作举措。② 2019 年 12 月 28 日新修订的《证券法》，将符合中国国情的证券民事诉讼制度推进了一大步。具体而言，新证券法充分发挥投资者保护机构的作用，允许其接受 50 名以上投资者的委托作为代表人参加诉讼；允许投资者保护机构按照证券登记结算机构确认的权利人，向人民法院登记诉讼主体；建立"默示加入""明示退出"的诉讼机制，为投资者维护自身合法权益提供了更加便利的制度安排。③ 同时，新《证券法》再次对证券违法民事赔偿责任做了完善。比如，规定了发行人等不履行公开承诺的民事赔

---

① 　该意见第 3 条规定："为保障发行制度改革顺利推进，在科创板首次公开发行股票并上市企业的证券发行纠纷、证券承销合同纠纷、证券上市保荐合同纠纷、证券上市合同纠纷和证券欺诈责任纠纷等第一审民商事案件，由上海金融法院试点集中管辖。"

② 　这 23 条具体工作举措中，不少都与投资者保护息息相关。比如，针对证券欺诈民事侵权行为，该实施意见明确探索构建由依法设立的证券投资者保护机构、法律规定的机关和有关组织提起的证券民事公益诉讼机制。该实施意见还就法院适用代表人诉讼制度审理涉科创板群体性案件程序性问题作出详细安排。参见《上海将探索证券民事公益诉讼机制 推动群体性证券案件先行赔付》，http://mini.eastday.com/bdmip/190723160957988.html。

③ 　新《证券法》第 95 条："投资者提起虚假陈述等证券民事赔偿诉讼时，诉讼标的是同一种类，且当事人一方人数众多的，可以依法推选代表人进行诉讼。对按照前款规定提起的诉讼，可能存在有相同诉讼请求的其他众多投资者的，人民法院可以发出公告，说明该诉讼请求的案件情况，通知投资者在一定期间向人民法院登记。人民法院作出的判决、裁定，对参加登记的投资者发生效力。投资者保护机构受五十名以上投资者委托，可以作为代表人参加诉讼，并为经证券登记结算机构确认的权利人依照前款规定向人民法院登记，但投资者明确表示不愿意参加该诉讼的除外。"

偿责任;① 再比如，明确了发行人的控股股东、实际控制人及保荐人在欺诈发行、信息披露违法中的过错推定、连带赔偿责任等。②

---

① 新《证券法》第 84 条："除依法需要披露的信息之外，信息披露义务人可以自愿披露与投资者作出价值判断和投资决策有关的信息，但不得与依法披露的信息相冲突，不得误导投资者。发行人及其控股股东、实际控制人、董事、监事、高级管理人员等作出公开承诺的，应当披露。不履行承诺给投资者造成损失的，应当依法承担赔偿责任。"

② 新《证券法》第 24 条第 1 款："国务院证券监督管理机构或者国务院授权的部门对已作出的证券发行注册的决定，发现不符合法定条件或者法定程序，尚未发行证券的，应当予以撤销，停止发行。已经发行尚未上市的，撤销发行注册决定，发行人应当按照发行价并加算银行同期存款利息返还证券持有人；发行人的控股股东、实际控制人以及保荐人，应当与发行人承担连带责任，但是能够证明自己没有过错的除外。"

第五章

证券法的未来

在第四章中，我们进入到法律条文背后，探讨了影响我国证券法律执行的底层基础设施，并借助供给与需求的分析框架，进一步揭示了制度变迁的内在逻辑。最后，我们将对证券法的未来执法政策进行讨论和展望。

第一节　趋同，抑或存异

很多观察者均指出，随着市场经济的深入发展，中国的法律制度将会扮演越来越重要的角色。[①] 那么，这是否意味着美国式的"最佳实践"模式，终将成为我国证券法律执行体制的必然选择呢？

答案当然是否定的。正如 Milhaupt 与 Pistor 所言，在现实的公司治理世界中，几乎没有国家拥有像美国一样高度分权化的法律体制。相反，在很多成功的经济体中，公共执法者反而扮演着更为重要的角色。[②] 换言之，将中国塑造成为像美国那样，以私人执法为主导、以司法独立为核心的执法体制显然是不现实的。那么，我国证券法律的执行在未来究竟将如

---

① 比如，Donald Clarke 教授指出，在中国经济发展的早期，法律制度并未提供足够的财产权保护，但这并不表示迈入市场经济之后，法律制度不会越来越积极地发挥作用。参见 Donald C. Clarke, Peter Murrell, and Susan H. Whiting, *The Role of Law in China's Economic Development*, December2, 2007, http：//papers. ssrn. com/sol3/papers. cfm? abstract id = 878672。再比如，陈志武教授认为，法律秩序未必是市场初期的前提条件，但却是市场成熟发展的前提条件。参见 Chen Zhiwu, "Capital markets and legal development：The China Case", *China Economic Review*, Vol. 14, Issue 4, 2003, pp. 451-472。

② 参见 Curtis Milhaupt, Katharina Pistor, "Law & Capitalism：What Corporate Crises Reveal about Legal Systems and Economic Development around the World", *The American Journal of Comparative Law*, Vol. 10, 2009, p. 148。

何发展呢？

相较于美国法模式，对于我国决策者更具吸引力的或许是新加坡的执法体制。从 Milhaupt-Pistor 法律矩阵中我们可以看到，中国与新加坡在纵轴的光谱上处于同一水平，并均靠近"集权"一端。这表明，两国在法律组织形式上都具有很强的"集权"特征，即倾向于将证券法律的执法权分配给公共主体，而私人主体通过诉讼来实现个人权利的行为通常会受到很大程度的制约。然而，与中国不同的是，新加坡在很多文献中都被描述为一个拥有强大投资者保护，以及有效金融监管的新兴普通法国家。这使得新加坡在横轴这条光谱上更靠近"保护"一端。究其原因，这与新加坡需要努力保持国际金融中心的地位相关。因此，新加坡对正式法律的需求高于中国，对投资者的保护力度也更强。通过第四章第五节的分析我们可以看到，随着一系列政治经济改革的推进与深入，中国对于正式法律的需求在不断上升。因此，中国在法律矩阵上的位置会发生向右平移（见图 5-1）。这意味着，中国证券法律在组织形式上保持"集权"特征的同时，在功能定位上会更具"保护"色彩。易言之，尽管私人主体的证券执法活动仍然将受到相当大程度的限制，但我国资本市场的执法供给（尤其是公共执法）会在总体上得到增强，从而加大对投资者的保护力度。

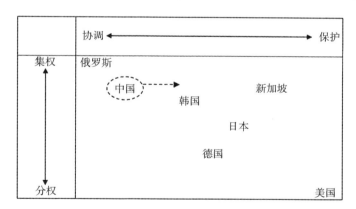

图 5-1 证券法的未来

然而，我国是否会像新加坡一样，在"协调—保护"的光谱上更靠近"保护"一端呢？笔者认为答案依然是否定的。正如 Milhaupt 与 Pistor 的分析，"作为一个资源匮乏的城邦小国，新加坡必须保持其经济竞争力，市场力量促使政治博弈中的其他利益考量不会削弱法律对投资者的保护力度；而中国所处地位却完全不同，巨大而充满潜力的市场使得其在很多方面都是价格的制定者，而非价格的接受者"①。换言之，相较于新加坡，中国证券法律的执行会更少地受制于市场压力，并更多地受到政治博弈的影响。因此，尽管法律治理会在我国证券市场扮演越来越重要的角色，但国家利益和私人利益之间的行政协调仍将是未来我国证券法、公司法的主要特征。证券法的执行在这样的背景之下，悄然发生着变化。

第二节　新一轮的国资混改

在传统的研究文献中，国有企业通常被视为是效率低下的准政府部门（quasi-government）。在苏东剧变之后，有人甚至预测国有企业将走向消亡。然而，现实世界的真实情况是，全球范围内国有企业在过去的十多年里，非但没有走向历史的终结，反而呈现出强势回归的态势，似乎更像是一个新时代的开启。② 尤其值得关注的是，随着中国逐渐成为占主导地位的经济体，中国国有企业越来越多地参与对外投资，③ 以及国际投资者更加青睐 A 股市场，④ 中国国有上市公司治理及其对少数股东的保护等议题，引发全球学者的广泛兴趣。⑤

---

①　参见 Curtis Milhaupt, Katharina Pistor, *Law & Capitalism*: *What Corporate Crises Reveal about Legal Systems and Economic Development around the World*, The University of Chicago Press, 2008, pp. 148-149。

②　在多数新兴经济体中，国有企业通常是政府促进经济发展的重要工具；即使在成熟的市场经济体中，国有企业在战略性和基础设施建设领域，仍然扮演着主要参与者的角色。

③　在 2019 年中美贸易战的背景之下，中国在美国的直接投资引发海外智库的激烈辩论。有学者支持其带来的好处，比如创造就业机会；亦有人认为，由中国政府控制的投资对美国是一个严重的威胁。可参考 Li Ji, *The Clash of Capitalisms? Chinese Companies in the United States*, Cambridge University Press, 2018。

④　比如，MSCI 扩大 A 股的纳入因子、QFII 与 RQFII 额度的放开等，均将促进外资进入 A 股市场，预计更多的外国个人投资者将据此间接投资中国的上市国有企业。

⑤　目前，在全球范围内发生的国有企业混合所有制改革，当然不仅限于中国。比如，作为沙特 2030 愿景计划的一部分，沙特阿拉伯国家石油公司（Saudi Aramco）的上市就聚焦了全球的目光。2019 年 12 月 11 日，沙特阿拉伯国家石油公司（Saudi Aramco）在首都利雅得上市，融资 256 亿美元，成为有史以来规模最大的上市融资。上市第二天，公司市值一度高达 1.87 万亿美元，超过微软和苹果，成为当今全球市值最高的上市公司。

一　当国家作为上市公司控制股东

根据传统文献的观点，国家作为公司控制股东，通常会面临两个方面的挑战，即"所有者缺位"与"政治干预"。第一个方面的挑战主要在于，没有一个明确的主体能够有效监督国有企业管理者，进而难以保障其作出符合股东利益最大化的决策。详言之，国有企业的最终所有者是全体公民，但由于其过于分散而无法对公司进行有效监督。同时，国家作为公民的代理人，本身也存在复杂的代理人链条，进而产生新的代理问题。[①]与之相对，第二个方面的挑战在于，如果国家作为股东积极参与公司经营，理论上可以缓解"所有者缺位"的问题，但同时其亦增加控制股东的政治干预。具体而言，这样的干预存在两种情形：（1）帮助之手（the helping hand）。公司股东可能会从政府的干预中获益。有研究指出，与政府关联密切的公司，通常会获得更优惠条件的银行贷款，[②]以及政府的相关资助[③]等。（2）掠夺之手（the grabbing hand）。基于多元的目标诉求，政府股东可能会从公司攫取资源，以造福其他社会成员，但同时侵害公司少数股东的权益。有研究发现，公司决策中的政治干预，将显著影响公司治理和公司绩效。[④]如何处理好上述两个方面的挑战，是各国国有企业均共同面对的治理难题。

二　来自新加坡淡马锡控股的公司治理经验

与英美国家股权分散的公司治理不同，新加坡超过90%的上市公司控制权均掌握在大股东手中。根据2008—2013年的数据，新加坡政府持

---

① 相关论述可参见［日］青木昌彦、钱颖一《转轨经济中的公司治理结构：内部人控制和银行的作用》，中国经济出版社1995年版。

② 参见 Sapienza, Paola, "The Effects of Government Ownership on Bank Lending", *Journal of Financial Economics*, Vol. 72, Issue 2, May 2004, pp. 357–384.; Dinç, I. Serdar, "Politicians and Banks: Political Influences on Government-owned Banks in Emerging Countries", *Journal of Financial Economics*, Volume 77, Issue 2, August 2005, pp. 453–479。

③ Faccio, Mara, Ronald W. Masulis, and John J. McConnell, "Political connections and corporate bailouts", *Journal of Finance*, Vol. 61, No. 6, December., 2006, pp. 2597–2635.

④ Shleifer, Andrei, and Robert Vishny, "Politicians and Firms", *The Quarterly Journal of Economics*, Vol. 109, No. 4, November 1994, pp. 995–1025. 另可参见［美］安德烈·施莱弗、［美］罗伯特·维什尼《掠夺之手：政府病及其治疗》，赵红军译，中信出版社2017年版。

有的上市公司股份占到总市值的 37%。其中，政府通过淡马锡①控股成为新加坡 23 家最大上市公司的控股股东，这些公司的总市值几乎占到了新加坡总市值的 40%②；淡马锡控股自成立以来保持 16% 的年投资回报率。这样的治理成效，对各国的政策制定者而言是非常具有吸引力的。但应指出的是，当我们在探讨淡马锡模式的时候，有必要重新回到历史的起点，追问淡马锡模式的历史背景和制度基础是什么？中国到底需要移植什么？哪些是我们是可以做到的，而哪些却不能？

　　1965 年，新加坡被迫从马来西亚独立，作为执政党的人民行动党开启了政府主导的经济发展模式。作为政府控股的重要工具，淡马锡公司于 1974 年成立，系以私人名义注册的一家控股公司，并隶属于新加坡财政部。根据淡马锡的官方宣传，其在商业上定位为一个积极的投资者和国有资产管理者。实际上，真正践行该商业定位的核心在于，淡马锡董事会的高度专业化和非政治化。具体而言，淡马锡及下属企业的董事会由三部分人构成：（1）股东董事是来自财政部的出资人代表和政府的高级公务员；（2）独立董事大部分为商业经验丰富的民营企业或跨国公司优秀的企业家；（3）执行董事来自公司管理层。淡马锡的董事会由 13 名成员组成③，其中 3 名为非新加坡公民④；在淡马锡的高管团队中，约有 40% 的人员为非新加坡公民。因此，这也很大程度上保障了董事会在商业决策中的独立性。同时，为进一步降低政治干预的可能性，新加坡政府构建了一套切实可行的治理机制，旨在防止国家滥用控制股东的地位。这些机制主要包括：⑤

---

　　① 淡马锡（temasek）一词最早出现在《郑和航海图》中。600 多年前，郑和的船队到达今天的新加坡时，其根据当地人的发音，在航海地图上标上了"淡马锡"三个字，这就是当时中国人对新加坡的称呼。在爪哇语中，temasek 是"海域"之意。参见莫少昆、余继业《解读淡马锡》，鹭江出版社 2008 年版，第 1、3、122 页。

　　② Dan W. Puchniak, Luh Luh Lan, "Independent Directors in Singapore Puzzling Complicance Requiring Explanation", *The American Journal of Comparative Law*, Volume 65, Issue 2, June 2017, pp. 265-333.

　　③ 2015 年 1 月前，淡马锡董事会为 10 名董事。4 名为政府官员，另外 6 名为民营企业界人士。董事会下设七个专业委员会，委员会的召集人或主任及组成人员大部分都是独立董事，以保证决策的民主和专业。总经理的决策首先交专业委员会论证，最后交董事会把关，更重大的决策交给股东大会。

　　④ 包括：世界银行前行长 Robert Zoellick、荷兰皇家壳牌公司首席执行官 Peter Voser。

　　⑤ 以下归纳主要参见 Dan W. Puchniak, Luh Luh Lan, "Independent Directors in Singapore Puzzling Complicance Requiring Explanation", *The American Journal of Comparative Law*, Volume 65, Issue 2, June 2017, pp. 265-333。

第一，作为股东的新加坡财政部受到各种法律限制。比如，新加坡宪法规定，财政部任免淡马锡的董事须经总统批准。并且，淡马锡的公司章程规定，董事会有权决定向政府分配的股息金额，而财政部无权干涉。该规定也阻断了财政部利用其大股东的地位，为短期政治利益服务的可能性。

第二，对淡马锡董事会施加限制，确保其商业决策的独立性。按照新加坡宪法的规定，淡马锡董事会对总统负责，并确保所有投资均以市场公允价值进行。此外，经总统批准后，才能动用现任政府任期前的盈余公积。这些规定均旨在防止董事会出于政治原因而进行某项投资，或动用过去的资本储备。

第三，为了防止政府通过淡马锡董事会，对其所投资的关联公司施加不当的政治影响，在淡马锡的公司章程中主动规定了大量限制性的条款。尽管这些条款没有法律约束力，亦不具有执行性，但其提供了一种软法的形式，一旦违反将对淡马锡的声誉造成影响。以下，是一些具有代表性的规定：

- 淡马锡是一家投资公司，我们根据商业原则拥有和管理资产。
- 作为积极的投资者，我们将通过增加、持有或者减少投资，来构建投资组合。这些决策遵循一系列的商业原则，以增加长期风险收益率。
- 作为一名勤勉尽职的股东，我们将在投资组合中健全公司治理。这包括建立高水准、经验丰富、多元化的董事会。
- 我们所投资的公司，由各自独立的董事会和管理层负责具体管理，我们不负责它们的商业决策和运营。
- 同样地，我们的投资、撤资或是其他商业决策，均由董事会和管理层作出，新加坡总统、作为股东的新加坡政府均不参与。

第四，尽管法律规定淡马锡具有公开披露豁免的权利，但淡马锡从2004年开始，① 将其投资业绩进行详细披露，并将财务报表交由一家国际

---

① 新加坡曾经是英国殖民地，独立后延续了英国的普通法传统，对于主权财富基金的运作采取普通法系中的"封闭公司"形式。这种类型公司股东较少、对信息披露的法律要求低。根据新加坡《公司法》第50章，淡马锡享有豁免权，无须发表经审计的法定合并财务报表。由于淡马锡可以不对外公布企业盈亏，作为纳税人的新加坡公民也就无从得知淡马锡如何运用源自民间的巨额资金、其投资状况如何，进而亦无法进行有效的监督。对此，淡马锡曾饱受诟病。

审计公司进行年度审计。所以，淡马锡也因其透明度被视为主权财富基金的典范，并在"林纳堡—迈达艾尔透明度指数"[1] 牢牢占据榜首的位置。

　　第五，保障淡马锡控股独立商业运营的关键因素，还有高度专业化的独立董事制度。根据《新加坡公司治理准则》的要求，上市公司董事会至少应有 1/3 的独立董事；如果董事长为管理层，独立董事的席位将要求在 1/2 以上。同时，淡马锡还将董事长与首席执行官的职位分开，董事长应为独立于管理层的非执行董事。研究表明，淡马锡所投资的政府关联公司中，有近 65% 的董事为独立董事；而这些独立董事大多为经验丰富、业界知名度较高的商界精英。[2]

　　尽管有上述保障措施，但就此得出淡马锡及其所属企业不存在政治关联的结论，显然是不准确的。淡马锡的股东董事通常来自新加坡的政府或军队。至今，淡马锡持股公司的高管亦从人民行动党的政治精英中选拔。据统计，在这些公司的董事中，有大约 50% 的人曾在新加坡政府中担任职务。这也使得他们有共同的背景和价值观，进而虽然政府不进行直接的干预，亦能实现相应的政策目标和战略目标。[3] 正因为如此，对于淡马锡的批评声音亦从来没有停止过。由于李光耀家族掌握了淡马锡的多个重要职位，有关裙带关系的批评不断。[4] 同时，有学者指出，尽管没有证据证明淡马锡及其所属企业更容易获得信贷支持，但政府关联公司会在市场上

---

　　[1]　林纳堡—迈达艾尔透明度指数（Linaburg-Maduell transparency index）由主权财富基金研究所（Sovereign Wealth Fund Institute）发布。主权财富基金研究所（SWFI），是一家总部设在美国的全球性组织，旨在研究主权财富基金和其他长期政府投资者在投资、资产配置、风险、治理、经济、政策、贸易和其他领域的相关问题。

　　[2]　Dan W. Puchniak, Luh Luh Lan, "Independent Directors in Singapore Puzzling Complicance Requiring Explanation", *The American Journal of Comparative Law*, Volume 65, Issue 2, June 2017, pp. 265-333.

　　[3]　Curtis J. Milhaupt, Mariana Pargendler, "Governance Challenges of Listed State-Owned Enterprises Around the World: National Experiences and a Framework for Reform", *Cornell International Law Journal*, Vol. 50, No. 3, 2017, p. 523.

　　[4]　淡马锡控股的 CEO 何晶是新加坡总理李显龙的妻子，李显龙的弟弟李显扬曾任新加坡最大国有企业新加坡电信的总裁。对此作出公开批评者往往遭到控告。李光耀本人也曾多次控告外国媒体，新加坡法院从未作出过一起不利于李光耀的判决。参见《民间质疑淡马锡高管裙带关系，法院判决一直有利于李氏》，http://news.163.com/special/00012Q9L/Temasek0605.html。

对私营企业造成排挤，并赚取超额溢价。[①] 此外，由于淡马锡具有极其强烈的新加坡官方背景色彩，因此在国外投资时时常遭遇民族主义抵抗。2006 年，泰国首相的他信家族控制的西那瓦集团（ShinCorp），以 738 亿泰铢（约合 18.8 亿美元）的价格将 49.6% 的控制权出售给淡马锡控股。这场交易激起了泰国大规模民主主义反弹，引发泰国政治危机，并最终酿成了军事政变。[②] 在此事件中，淡马锡亦饱受争议。当然，由于业绩、透明度、对腐败的有效阻绝，以及对少数股东的保护，淡马锡模式仍然被视为是国有企业运营的成功典范。

三　国资委不是淡马锡

淡马锡模式的成功也向传统理论提出了挑战，即当国家作为控股股东时，其经营效率并非一定差于私营企业。至少新加坡的案例表明，在某些情况下，事实或许恰恰相反。也正是如此，淡马锡对我国的决策者一直具有很大的吸引力。

1999 年，时任国务院总理的朱镕基访问新加坡时，就参观了淡马锡控股公司。当时，还是国家经贸委主任的李荣融也在随行人员之中。这也许是我国政府高层第一次近距离接触淡马锡控股公司。2003 年 4 月，国资委成立，李荣融任国资委主任。2004 年 6 月，李荣融再次出访新加坡。李荣融这次访问的主要目的就是学习淡马锡模式。结束考察回到国内后不久，李荣融便迅速选定了 7 家中央企业作为试点，并按照淡马锡模式建立完善的董事会制度。因此，国资委实际上从 2005 年便开始了对淡马锡模式的借鉴与探索。[③]

实际上，国资委作为国务院的特设机构，从成立之初便遭遇身份定位的尴尬。按李荣融的说法，特设机构的目的是"维护所有者权益，维护企业作为市场主体依法享有的各项权利，督促企业实现国有资本保值增值，防止国有资产流失"，是全民资产的托管人，拥有"管资产、管人、

---

① 参见 Carlos D. Ramirez and Ling Hui Tan，"Singapore Inc. Versus the Private Sector：Are Government-Linked Companies Different？" *IMF staff papers*，Vol. 51，Issue 3，September. 2004，pp. 108-126。

② 详细报道，参见《遭遇外资不当持股调查，淡马锡或巨亏减持西那瓦》，http：//business. sohu. com/20061020/n245899809. shtml。

③ 莫少昆、余继业：《解读淡马锡》，鹭江出版社 2008 年版，第 1、3、122—170 页。

管事"的"三管"之权。然而，这样的目标性任务并不能为国资委正名。"特设机构"四个字使国资委面临身份上的尴尬，这个介于政府机关与企业之间的特殊性质的单位，既不是一个名正言顺的行政权力部门，也不是一个市场管理机构，更不是履行出资人之职的股东。① 因此，国资委从诞生伊始便面临向何处去的终极问题。

2013 年，党的十八届三中全会明确提出新一轮国企混改以来，"淡马锡模式"在各地国企改革进程中再次被频频提及。比如，上海市的政府就一直对淡马锡模式情有独钟。2013 年年底，上海市政府正式发布《关于进一步深化上海国资改革促进企业发展的意见》，淡马锡模式被再次强化。② 而时任重庆市市长的黄奇帆，在接受《财经国家周刊》专访时，就直截了当地提出要按照新加坡的淡马锡模式推动重庆的国资国企改革。③④

---

① 叶檀：《直面国资委转型》，《南风窗》2007 年第 3 期。

② 张翔：《重整上海国资："上海淡马锡"征程》，http：//news. xinhuanet. com/fortune/2014-01/21/c_ 126036924. htm。

③ 黄豁、张桂林、陌文：《重庆国资改革再出发》http：//www. cqrb. cn/chongqingshiju/lingdaofangtan/2014-04-02/222361. html。

④ 重庆的国资改革方案亦颇具代表性。具体而言，重庆市政府出台的政策文件可大致被划分为三类：第一类是总体方案，主要包括 2014 年出台的《关于进一步深化国资国企改革的意见》和 2016 年出台的《重庆市深化市属国有企业改革实施方案》；第二类是《重庆市深化市管企业负责人薪酬制度改革实施意见》等 4 个专项意见；第三类是《市属国有重点企业推进供给侧结构性改革实施方案（2016—2017）》等 53 个具体实施方案。根据国资改革的总体规划，改革的目标主要包括如下六个方面：（1）混合所有制改革：加快企业股份制改革，2/3 左右国有企业发展成为混合所有制企业。适宜上市的企业和资产力争全部上市，80% 以上的竞争类国有企业国有资本实现证券化。（2）培育一批富有活力和竞争力的企业集团：培育 3—5 家具有全国竞争力和影响力的国有资本投资公司、运营公司，打造 10 家左右中国 500 强产业集团，发展一批在支柱产业、高新技术产业、新兴产业领域中的优强企业。（3）优化国资布局：国有资本增量更多投向公共服务和功能要素领域。竞争类企业 80% 以上的国有资本集中在先进装备制造等支柱产业和高技术含量、高附加值的战略性新兴产业、现代服务业。（4）建立国有资本进退和补充机制：依法依规放开各准入限制，建立起国有企业资本的市场化补充通道，以及企业国有资本按市场规则有序进退、合理流动的机制。（5）完善现代企业制度：推进管理要素市场化，健全运转协调、有效制衡的法人治理结构。建立起企业党组织与企业法人治理结构有效融合的运转机制。形成企业管理人员能上能下、员工能进能出、收入能增能减的市场化经营机制。（6）完善国资监管体系：推进政企分开、政资分开、所有权与经营权实质性分离。完善国有资产监管体制和制度，以管资本为主加强国有资产监管。形成规则统一、权责明确、分类分层、规范透明、全面覆盖的市属经营性国资监管体系。

同时，深圳、广州等地提出的国企改革方案及相关计划中，明确提出了借鉴"淡马锡模式"，组建类似的国有资本投资运营公司体系，推动国有企业并购重组和市场化运营。① 甚至有媒体报道，国务院国资委计划在 2020 年前将淡马锡模式在 30 家左右的央企中进行复制。②③

根据新闻媒体的报道，国资委似乎正在按照淡马锡模式，实现从所谓"管人、管事、管资产"向单纯的"管资本"转变。然而，从前面的描述中我们可以发现，国资委和淡马锡虽然在形式上相似，均以国家作为控股股东的地位出现，但二者却有着显著的区别。正如叶檀女士所言，淡马锡是按照市场化逻辑运作的典型的现代投资公司，其委托人与代理人的边界被清楚界定。淡马锡模式的核心特征在于，其虽然具有政府企业的身份，却完全按照商业化的市场规则独立运作。它既不享有政府的任何优惠政策，政府也不干预其任何投资和经营活动。在公司治理上，董事会负责处理淡马锡公司的所有业务与事项。尽管在成立之初，政府选拔了精英经济官员参与公司运作，但之后即过渡到独立的董事会管理制度。④

因此，如果只是在形式上引入民营战略投资者的混合所有制改革，而不从实质上重塑国有企业的商业独立性，或许任何改革方案都会存在根本的局限性。⑤ 这也是笔者认同的一个核心观点，即世界上不存在公司治理的"最佳实践"，任何成功的法律运行模式都根植于特定的经济社会背景。本轮国企混改究竟对证券法的执行带来怎样的变化，或许还有待进一

---

① 李楠桦、蒋琪：《多地探索国资运营管理新体制，借鉴"淡马锡模式"》，http：//ccnews. people. com. cn/n1/2016/0603/c141677-28409002. html。

② 张晓华：《国资委改革时间表渐出：2020 年前或打造 30 家中国版淡马锡》，http：//finance. ifeng. com/a/20140528/12424267_ 0. shtml。

③ 截至 2019 年年底，国务院国资委拥有 96 家企业集团，主要集中在汽车、机械、电子、钢铁及交通等关键行业。参见国务院国有资产监督管理委员会官方网站：http：//www.sasac.gov.cn/n2588035/n2641579/n2641645/index. html。

④ 叶檀：《国资委与汇金之争不应忘记淡马锡模式核心》，http：//business. sohu. com/20070118/n247687046. shtml。

⑤ 在经典文献中，所有权是分析公司治理的有力工具。但 Milhaupt 与 Zheng 对此提出了质疑，并认为从所有权的角度分析中国企业具有误导性。因为，由于特殊的制度背景，中国的国有企业和民营企业之间的界限存在模糊性。参见 Curtis J Milhaupt, Wentong Zheng, "Beyond Owner-ship：State Capitalisim and the Chinese Firm", US Law Faculty Publications, March 2015, https：//scholarship. law. ufl. edu/cgi/viewcontent. cgi? referer = https：//b. glgoo. top/&httpsredir = 1&article = 1693&context = facultypub。

步观察。

第三节　不能被忽视的地方政府

对于我国上市公司的观察，如果仅仅采取国有企业与民营企业的二分视角，将会对我们深入理解证券法的执行带来很大的局限性。因为，中央与地方的视角在这样的分类中被忽视，而二者在激励上却有着显著的差异。[①] 如前所述，经济上的分权以及财政资源的有限性，使得地方政府对上市公司有着更强的"掠夺"动机。因此，地方政府是剖析证券法运行不可忽略的一个重要变量。

一　地方政府对企业上市的影响

前面提到，对上市资源的竞争会促进地方政府筛选出当地的优质企业，这构成了我国证券市场发展初期独具特色的行政治理模式。随着配额制的取消，证券监管从分散走向集中，地方政府对企业上市的行政治理是否也在弱化呢？

对此，程金华教授的实证研究表明，地方政府对企业上市的影响力正在降低。[②] 该研究通过对我国 A 股市场首次公开发行上市企业省籍分布离散性的统计，检验了地方政府对企业上市的影响。具体而言，该研究首先计算了每个省级单位当年首发上市公司数量的全国占比，并据此得到各省级单位百分比的标准差。[③] 程金华教授的研究时间跨度为 1990—2009 年，

[①] 应指出的是，中央与地方的分析视角在新兴市场国家具有普适性。研究表明，世界上大部分地区都存在着强大的地方政府，而中央政府与地方政府在一系列的激励与行为模式上均存在较大的差异。参见 Pranab Bardhan，"Decentralization of governance and development"，*Journal of Economic Perspectives*，Vol. 16，2002，pp. 185–205。世界银行在 2002—2003 年，对 60 个新兴市场国家的投资环境的调查显示，在接受调查的 1.3 万多家公司中有近 2/3 的公司表示，地方政府对法律有强大的影响力。参见 www.worldbank.org/wdr2005。

[②] 程金华：《中国公司上市的地理与治理——对证券市场治理的再阐释》，载张育军、徐明主编《证券法苑》（第 3 卷），法律出版社 2010 年版，第 54—85 页。

[③] 对此，程金华教授举了一个例子进行阐释。比如，在 2009 年度，我国 A 股首发上市公司总数为 99 家，其中注册地在广东省的上市公司数目为 24 家，进而该年广东省拥有首发上市公司的百分比为 24.2%。以此类推，可计算出所有 31 个省级单位在 2009 年度分别拥有首发 A 股上

笔者在此基础上按照上述方法补充了 2010—2013 年的数据。[①] 根据这 24 年我国 A 股首次公开发行上市公司籍分布标准差的数值，可得到图 5-2：

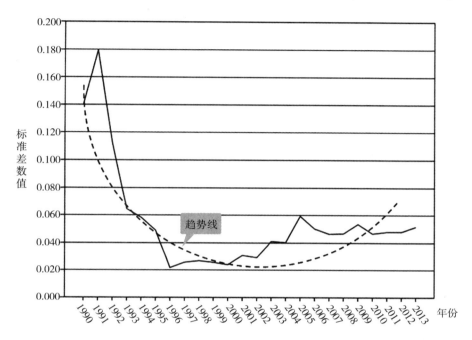

图 5-2 A 股首次公开发行上市公司籍分布离散程度及其趋势（1990—2013 年）

从图 5-2 中可以看到，我国 A 股首次公开发行上市公司的籍分布呈现出"集中—平均—再集中"的发展趋势，进而在图形上大致呈现出一个"U"字形。程金华教授指出，上述研究结果在一定程度上反映了我国证券市场的"去行政化"趋势。详言之，对于 1990—1994 年这五年的"集中"，实际上并不难理解。因为，上海和广东作为我国发展证券市场的试点地区，这一时期的上市公司自然绝大多数来源于这两个地方，进而首次公开发行上市公司籍分布高度集中。1995—2001 年，上市公司籍分布的"平均"，则反映了各地区经济均衡发展的思想在一定程度上战胜了市场竞争的逻辑，地方政府与中央政府的博弈对企业上市过程的影响较

市公司的百分比。根据这些百分比，可计算出 2009 年我国 A 股首次公开发行上市公司省籍分布的标准差为 0.054。参见程金华《中国公司上市的地理与治理——对证券市场治理的再阐释》，载张育军、徐明主编《证券法苑》（第 3 卷），法律出版社 2010 年版，第 65 页。

① 数据整理自中国证监会官网：http://www.csrc.gov.cn/pub/zjhpublic/。

大。从理论上讲，如果按照市场竞争的逻辑，我国经济发达的省份应当获得更多的上市名额。2001 年之后，随着配额制的取消，上市公司首次公开发行的籍分布向"再集中"发展。这表明，市场竞争的逻辑被予以凸显，经济发达的省份由于拥有更多业绩良好的企业，因而在每年获得了更多的上市份额。① 另外，沈朝晖博士通过收集与分析 2006—2009 年进入证监会发审委首次公开发行并上市的企业数据后发现，地方国有企业申请首发上市的数量十分稀少，而市场适应能力更强的非公有制企业在全国统一的上市审核体制中获得了更多的上市机会。② 这反映了地方政府对企业上市的影响式微。

二　地方与中央国有企业公司治理的差异性

然而，地方政府在企业上市环节的影响力下降，是否可以得出其对企业上市后公司治理的影响也在下降的结论呢？回答当然是否定的。在多数文献中，对国有企业一概而论，地方政府控股的上市公司并没有得到应有的关注。而事实上，地方政府作为上市国有企业控制股东的负外部性非常明显。

从法律的角度看，公司章程是规定股东权利及内部事务的重要法律文件。从理论上讲，一个规定了更多少数投资者保护内容的公司章程，会对控制股东的侵占行为形成有效的限制。③ 相关实证研究表明，股东通常会认真对待公司章程的设计，甚至有时会行使提案权修改公司章程。④ 所以，学者常常将公司章程条款视为代表公司治理的重要指标。通过 25 个公司治理指标，Lin 与 Chang 对沪深两市 297 家上市公司章程进行编码和测量，结果发现：国务院国资委持股 30% 以上的央企上市公司对于少数股东的保护水平相比最高，而地方政府持股 30% 或以上的上市公司，其

---

① 程金华：《中国公司上市的地理与治理——对证券市场治理的再阐释》，载张育军、徐明主编《证券法苑》（第 3 卷），法律出版社 2010 年版，第 76—78 页。

② 沈朝晖：《地方政府与企业上市》，载张育军、徐明主编《证券法苑》（第 3 卷），法律出版社 2010 年版，第 632—656 页。

③ 当然，章程中有关公司治理的条款很有可能在股东会上被规避，独立董事也可能与控股股东存在关联而失去独立性，但章程中的条款仍能够在某种程度上反映公司治理的水平。

④ Geeyoung Min, "Shareholder Voice in Corporate Charter Amendments", *The Journal of Corporation Law*, Vol. 43 Issue 2, 2017, pp. 289-334.

至不如民营企业、政府持股 30% 以下的国有企业；同时，通过对调整行业后的托宾 Q 值的计量，国务院国资委持股 30% 以上的央企上市公司仍然相比最高，而地方政府持股 30% 或以上的上市公司仍然最差。[①]

相关研究亦指出，地方政府控股的上市公司对中小股东的剥夺也更为普遍。比如，Jiang、Lee 及 Yue 的研究表明，相比于中央国有企业，控股股东占用上市公司资金的情况在地方国有企业中更为严重。[②] Cheung、Rau 和 Stouraitis 也曾发现，少数投资者往往在地方国有公司的关联交易中遭受价值损失，而在中央国有企业的类似交易中获益。[③] 可见，在讨论上市公司治理时，中央国有企业与地方国有企业存在行为上的显著差异，这是研究者们不应忽视的视角。

三　如何有效激励和监管地方政府

在我国证券市场发展的前 10 年里，作为一种非正式的执法机制，配额制下地方政府成功地发挥了发行审核的功能，有效缓解了企业上市过程中的信息不对称问题，并降低了逆向选择的可能性。同时，当地方国企经营不佳，出现财务状况异常时，ST 制度会迫使地方政府及时进行重组和调整，以免未来该地区企业上市的配额受到更多的影响和限制。可以说，以配额制和 ST 制度为核心的行政治理，有效的弥补了正式法律制度的供给不足，为转轨经济体提供了一个成功的案例。然而，在行政治理逐步褪色的演变中，地方上市公司中少数投资者保护问题，始终没有得到真正的解决。中央与地方在上市公司治理方面的显著差异，也给我们留下了诸多有待进一步思考课题。在新的制度环境下，如何设计对地方政府有效的激励和监管，是讨论中国证券法律执行时不应该被忽视的问题。而相关的改革建议和理论研究，都应该建立在更加坚实的经验证据基础上。

---

① Yu-Hsin Lin, Yun-chien Chang, *Do State - Owned Enterprises Have Worse Corporate Governance? An Empirical Study of Corporate Practices in China*, 2019, https：//papers. ssrn. com/sol3/papers. cfm？ abstract_ id=3111820.

② Guohua Jiang, Charles M. C. Lee, and Heng Yue, "Tunneling Through Intercorporate Loans: The China Experience", *Journal of Financial Economics*, Vol. 98, Issue 1, October 2010, pp. 1–20.

③ Cheung, Yan-Leung, P. Raghavendra Rau, and Aris Stouraitis, "Helping Hand or Grabbing Hand? Central vs. Local Government Shareholders in Chinese Listed Firms", Review of Finance, Volume 14, Issue 4, October 2010, pp. 669–694.

第四节　注册制下监管生态的重构

2013 年 11 月，党的十八届三中全会首次明确提出 "推进股票发行注册制"。2014 年 2 月，证监会发布《关于进一步推进新股发行体制改革的意见》，迈开了股票发行从审批制向注册制过渡的步伐。2015 年 4 月，《证券法》修订案进入审议程序，其中明确提到实行股票发行注册制，取消发行审核制。2019 年 12 月，历经四次审议、历时四年半之久，新修订的《证券法》终于审议通过，这也标志着证券发行的注册制改革全面推行。各界普遍认为，注册制的落地，改变的不仅仅是证券发行制度，而是整个资本市场监管生态的重塑。

一　证监会

在本次《证券法》修改之前，学术界和实务界关于推动证券发行体制从审核制向注册制转变的呼声一直较为强劲。不少人认为，证监会的权力过于集中，但在政府有形之手的干预之下，企业在上市前后 "业绩变脸"，虚假陈述、内幕交易、操纵市场等欺诈投资者的现象并没有得到有效遏制，反而出现 IPO 排队、权力寻租等弊病，大大地增加了发行成本。因此，注册制改革将弱化证监会的实质审查权，并将更多的权力分配给交易所、保荐人、律师事务所、会计师事务所等机构。应指出的是，注册制的推行是否意味着证监会的角色会更加消极呢？我们认为，答案恰恰相反。中国证监会前首席顾问梁定邦先生就曾表示，美国注册制运行的关键便是其拥有强大的证券执法，而新兴市场国家几乎没有一个实行注册制的主要原因亦在于其证券执法力度及法律制度无法跟上。[1] 事实上，为了进一步发展一个健康、有效的资本市场，我们需要一个更强大的证监会；同时，促使证监会监管的重点，从现在的 "事前监管" 向 "事后执法" 转移。

首先，是监管投入。在监管预算方面，前述的实证检验显示，不论是

---

[1]　杨晨：《中国证监会前首席顾问梁定邦：新股发行体制改革已深入注册制精髓》，http：//www.chinastock.com.cn/yhwz_about.do？methodCall＝getDetailInfo&docId＝3881545。

"每十亿美元股票市值监管预算"，还是"每十亿美元 GDP 的监管预算"，我国均远远低于其他国家或地区。在人员配备方面，虽然我国"每万亿美元市值的监管人员数量""每千家上市公司的监管人员数量"的表现并不差劲，在 7 个样本国家中，分别排名第四和第三，并均高于美国的数值，但若转到"人均监管预算"的数据，我国与相关国家或地区之间却再度表现出明显的差距。同时，在国际证监会组织的报告中亦指出，我国证监会员工的工资收入与同行业相比差距非常大（这样的差距可能已达15∶1—20∶1），这表明证监会不仅难以吸引来行业内的精英，而且如何留住其内部资深员工亦成为一个问题。[1]

其次，是监管产出。如前所述，我们将我国证监会的执法数量与美国证券交易委员会、新加坡金融监管局的执法数量进行比较。结果发现，美国是我国的 2.6 倍，新加坡是我国的 9 倍；即使在 2014 年证监会大幅度增加证券执法数量之后，该差距仍然较大（其分别为 1.4 倍和 5 倍）。这样的差距凸显出我国证监会执法供给不足的事实。我们知道，当处罚发生的可能性较低时，必然会大大降低法律对违法行为的威慑力。因而，低执法频度系构成我国证券市场高再犯率、高违法暗数现象的直接原因。[2] 因此，证监会应继续增加执法活动的数量。

同时，通过前述研究亦可发现，证监会作出的声誉罚强度较高，有95% 的受罚主体都受到了警告处罚；但财产罚强度偏低，罚款数额的总体均值仅为法定最大罚款数额的 30%；尽管资格罚强度不低，但其可适用率仅为 10.7%，难以起到有效的威慑作用；市场禁入措施对上市公司高

---

① 国际货币基金组织、世界银行：《关于中国遵守〈证券监管目标与原则〉详细评估报告》，中国金融出版社 2012 年版，第 25 页。

② 北京大学法学院与世纪证券联合课题组曾对我国证券市场的违法暗数进行过调查。通过对 261 个上市公司和 228 位证券公司高层人士的问卷调查，课题组发现：在 489 个上市公司和证券公司的被调查者中，来自上市公司的被调查者对暗数估计的均值为 50.4%，中值为 50%；来自证券公司的被调查这对暗数估计的均值为 72.7%，中值为 80%。如果我们这里都取中值，即是说，在 100 个证券违法行为中，来自上市公司的被调查者认为有 50 个左右的行为没有被发现和处罚；来自证券公司的被调查者认为有 80 个左右的行为没有被发现和处罚。同时，课题组亦指出，这个估计只是一个对各类违法行为不加区分的总体估计，如果考虑到具体违法行为之间的区别，有些违法行为的暗数还将高于这个总体估计。参见白建军、许克显、任扬帆、粘怡佳、易晓洁、王炜、左婧《证券违法违规行为惩戒实效的实证研究》，载庄心一主编《中国证券市场发展前沿问题研究（2005）》，中国财政经济出版社 2006 年版，第 13—18 页。

管、独立董事的执法强度亦明显偏低。综合而言,我国证监会的惩处强度总体处于较弱的水平。当然,我们也看到了新修订的《证券法》在立法上的积极回应。以欺诈发行的行政责任为例,较原《证券法》的规定,新《证券法》在第 181 条大幅提高各项处罚标准。①

此外,是否应赋予证监会更高的行政级别、更强的执法权,亦是一个值得讨论的问题。有学者指出,在行政级别上,证监会是一个正部级单位,相较于大型国有企业而言,没有什么特殊性。因此,如果让更高级别领导担任证监会主席(比如,副总理级),将使证监会的监管更加有力。同时,由于证券执法与一般的行政执法又有所不同,可考虑赋予证监会更强大的市场异常行为控制权,以及对特定违法行为的准司法权。② 当然,证监会扩权之辨,永远是一个充满争议的话题。但可以确定是,以证监会为主导的公共执法,仍然会在未来的证券法执法体系中占据核心的位置。

二　证券交易所

在前面的论述中,我们考察了两大证券交易所的执法活动。可以发现,证券交易所的执法因其低成本、专业性、灵活性,在很多方面都构成了正式公共执法的有效补充;但高再犯率现象却又凸显出两大交易所执法数量不足,难以对证券违法者形成有效威慑的问题。因此,鼓励证券交易所在执法中扮演更加积极的角色,将从总体上大大提升我国公共执法的供给力度。③

---

① 新《证券法》第 181 条:"发行人在其公告的证券发行文件中隐瞒重要事实或者编造重大虚假内容,尚未发行证券的,处以二百万元以上二千万元以下的罚款;已经发行证券的,处以非法所募资金金额百分之十以上一倍以下的罚款。对直接负责的主管人员和其他直接责任人员,处以一百万元以上一千万元以下的罚款。发行人的控股股东、实际控制人组织、指使从事前款违法行为的,没收违法所得,并处以违法所得百分之十以上一倍以下的罚款;没有违法所得或者违法所得不足二千万元的,处以二百万元以上二千万元以下的罚款。对直接负责的主管人员和其他直接责任人员,处以一百万元以上一千万元以下的罚款。"

② 蒋大兴:《隐退中的"权力型"证监会——注册制改革与证券监管权之重整》,《法学评论》2014 年第 2 期。

③ Stavros Gadinis 与 Howell E. Jackson 曾对 8 个发达国家和地区的证券监管权力分配进行过一项调查。这 8 个国家和地区包括:法国、日本、德国、英国、澳大利亚、中国香港、美国、加拿大。其中,法国、德国和日本偏重由行政机关或中央政府,而不是市场基础组织进行监管。因此,这三个国家的监管模式被归入"政府主导型"(Government-Led Model)。相比而言,英国、

（一）规则密度

向市场参与者提供流动性是证券交易所的主要功能。如果交易者对于哪些活动是可以被接受的，哪些活动是违反交易规则的规定不明晰，将导致监管和交易的低效率。易言之，详细的市场交易规则有助于减少市场的不确定性，提高监管效率、降低交易成本，进而可以增强投资者的信心。

根据 Douglas Cumming 教授的研究数据，相较于发达经济体主要的证券交易所，上交所、深交所的交易规则密度仍然偏低（见表5-1）。[①] 因此，随着两大交易所相关规则的不断完善和细化，其监管效率亦将随之提高。

表 5-1　　　　　　　　　全球 42 家证券交易所交易规则指数

交易所	价格操纵	成交量操纵	误导性操纵	虚假披露	市场操纵指数	内幕交易指数	经纪代理冲突指数
上海证券交易所	2.00	1.00	1.00	1.00	5.00	2.00	0
深圳证券交易所	2.00	1.00	1.00	1.00	5.00	2.00	0
英美法系均值	3.50	1.13	1.63	1.00	7.25	3.19	1.63
法国法系均值	2.60	0.33	1.13	0.47	4.53	1.67	0.33
德国法系均值	4.33	0.89	1.89	0.89	8.00	2.11	0.33
斯堪的纳维亚法系均值	7.00	1.00	3.00	1.00	12.00	4.50	1.00

中国香港，一定程度上也包括澳大利亚，它们的监管模式被归为"灵活型"（Flexibility Model）。这三个国家和地区倾向于给市场参与者更多行动自由的同时，也赋予了这些参与者充分的监管职责。最后，美国、加拿大的监管模式被归为"合作型"（Cooperation Model）。在这两个国家，行政机关和自律性监管组织都具有强大、独立的执法传统。通过调查和比较，Stavros Gadinis 与 Howell E. Jackson 发现，政府主导型监管国家的执法力度最低，灵活监管型国家较高，合作监管型国家最高。最后，他们指出，尽管还没有找到解释因果关系的数据，但通过上述 8 个国家和地区的调查表明，存在着这样一种趋势，即随着市场机构在监管权力分配中作用的不断加强，证券市场的执法力度也在加强。参见 Stavros Gadinis, Howell E. Jackson, *Markets as Regulators: A Survey*, Discussion Paper No. 579, Jan. 2007, http://papers.ssrn.com/sol3/papers.cfm? abstract_id=960168。

①　Douglas Cumming, Sofia Johan, Dan Li, "Exchange trading rules and stock market liquidity", *Journal of Financial Economics*, Vol. 99, Issue 3, March 2011. pp. 651-671.

（二）监管竞争

如何才能促使证券交易所进行积极有效的监管呢？Roberta Romano 教授指出，只有保持充分的竞争环境，交易所的监管功能才能得到有效地发挥。[①] 详言之，证券交易所的运行和发展均需要资金的投入，而这些费用又全部来源于自身的收入，故证券交易所在本质上仍然是一个追逐利益的组织[②]。而证券交易所的收入直接与其规模大小相关，为了吸引更多的投资者、上市公司，证券交易所必须提供高质量的监管服务以满足投资者、上市公司的诉求。因此，从根本上讲，证券交易所监管功能的优势和基础在于其所面临的竞争压力。[③]

应指出的是，尽管我国大陆地区存在上海证券交易所与深圳证券交易所，但这两个交易所之间却缺乏充分的竞争关系。特别是在 2004 年之后，深圳证券交易所全面转型为面向中小企业证券发行与上市的交易场所，两大交易所的竞争更是大为减少。[④] 同时，两大证券交易所于 1997 年归证监会统一管理之后，其在人事和决策上都受到证监会的严格控制，进而在考虑问题时更多的是从政府行政的角度出发，难以出自其逐利的动机。另外，从更广的视角来看，虽然上交所与深交所在理论上均面临境外证券交易所的竞争压力，但我国对境外上市的严格管控和境外证券交易所更为严苛的上市条件，导致在境外上市只能是极少数公司的选择，进而在很大程度上减少了此种竞争的压力。

因此，我们应从诸多方面建构证券交易所的竞争性。比如，彭冰教授等指出，应开放深交所主板市场的新股发行，并允许拟发行企业在上海和深圳两个证券交易所之间自由选择上市地。[⑤] 再比如，方流芳教授指出，可在上交所与深交所之间建立类似美国的"市场串联系统"（ITS），从而

[①] Roberta Romano, "Empowering Investors: A Market Approach to Securities Regulation", *Yale Law Journal*, Vol. 107, No. 8, June 1998, pp. 2359-2380.

[②] Jonathan R. Macey, Hideki Kanda, *The Stock Exchange As a Firm: The Emergence of Close Substitutes for the New York and Tokyo Stock Exchanges*, 1990, http://digitalcommons.law.yale.edu/cgi/viewcontent.cgi? article=2742& context=fss_ papers.

[③] 彭冰、曹里加：《证券交易所监管功能研究——从企业组织的视角》，《中国法学》2005年第 1 期。

[④] 缪因知：《论证券交易所竞争与监管的关系及其定位》，《时代法学》2008 年第 6 期。

[⑤] 彭冰、曹里加：《证券交易所监管功能研究——从企业组织的视角》，《中国法学》2005年第 1 期。

引发两个交易所在服务方面的竞争。① 另外，加快推进多层次资本市场建设，为投资者提供更多的投资渠道，同样会在客观上对两大交易所形成竞争压力。

（三）交叉上市

一家公司选择在两个或两个以上的证券交易所上市，被称为双重上市（Dual Listing）或多重上市（Multiple Listing），学术上亦将其称为交叉上市（Cross Listing）。国内首家实现交叉上市的公司是青岛啤酒，该公司于1993 年 7 月在香港上市，同年 8 月底登陆 A 股市场。② 由于香港与内地存在天然的紧密关系，使得香港无疑成为我国企业最受青睐的境外上市地。因此，最为典型的交叉上市亦为"A+H"模式。③ 截至 2015 年 7 月，交叉上市的中国公司共计 86 家。其中，73 家为双重上市公司、12 家在三个证券交易所上市，1 家在四个证券交易所上市。④

在交叉上市的公司中，国有企业的占比较高。这与我国政府鼓励国有企业境外上市的政策密不可分。借助境外证券市场更加成熟的法治环境，可促进国有企业公司治理的完善。进而，交叉上市被看作一种有效的公司治理机制。John C. Coffee 教授就曾提出"绑定假说"（The Bonding Hypothesis）。其认为，交叉上市企业自愿接受更高的披露标准和更强大的执行威胁，尽管其牺牲了部分控制者私利，但同时将获得更高的市场估值和更多的股权融资。因此，交叉上市可成为一种新的、可取的监管方式。⑤ 当然，在充分重视交叉上市公司治理机能的同时，亦不可忽视其本身的局限性。正如有学者所指出的那样，境外监管者对中国国企特殊身份的顾虑可能会放松监管；同时，国企的声誉可能会诱使政府以较高的代价对其形

---

① 方流芳：《证券交易所的法律地位——反思与国际惯例接轨》，《政法论坛》2007 年第1 期。

② 事实上，青岛啤酒也是首家在境外上市的中国企业，其开启了中国企业赴境外上市融资的大门。

③ 从发行模式上看，"A+H"上市主要有"先 H 后 A 模式""先 A 后 H 模式"以及"AH同步发行模式"三种类型。

④ 朱宁：《中国公司 A+H 双重上市发行研究》，中国法制出版社 2018 年版，第 22 页。

⑤ John C. Coffee，"Racing Towards the Top? The Impact of Cross Listing and Stock Market Competition on International Corporate Governance"，*Columbia Law Review*，Vol. 102，No. 7，November 2002，pp. 1757–1831.

成隐性担保。这些因素均将减损境外上市"绑定假说"的预设功能。①

（四）大数据与人工智能

另外，值得关注的是大数据与人工智能的广泛应用。在相当长的时间里，对于内幕交易、利用未公开信息交易、操作市场等高度隐秘型犯罪，执法线索多来自举报、现场突击检查等，或者是从其他案件顺延发现的线索。这也使得，对于此类犯罪的打击呈现出运动式执法的特点，长效监控机制难以建立。实际上，在十年前，沪深两市就已经建立了股票异动监控系统。② 当时，该系统主要用于监控个股的异常波动，并在个案中得到应用。③

随着文本挖掘技术④、账户关系算法等的不断迭代，以及监管流程的重塑，大数据与人工智能技术被更加广泛地应用在证券执法领域。2013年下半年，证监会正式启动大数据分析系统。在一年的时间里，已调查的内幕交易线索就达到 375 起、立案 142 起，查处率同比大幅提升。⑤ 前面提到的，原博时基金经理马乐案，被认为是证监会启用大数据分析系统后查处的第一起证券违法案件。2015 年 6 月的股灾之后，大数据技术更是大显神威，帮助证监会和公安部查处了包括"徐翔等操纵市场案"⑥ "伊

---

① 中航油案、中信泰富案均是这样的例子。参见缪因知《境外上市对国企治理之影响》，载黄红元、徐明主编《证券法苑》（第 11 卷），法律出版社 2014 年版，第 142—160 页。

② 比如，上交所异动指标分为 4 大类 72 项，敏感信息分为 3 级共 11 大类 154 项；深交所建立了 9 大报警指标体系，合计 204 个具体项目。同时，这些指标并非一成不变的，而是根据各个时期的交易特征提炼出来的，会做及时的调整。参见《揭秘证监会大数据"捕鼠"云平台系统》，https：//www.sohu.com/a/108360399_ 368865。

③ 比如，被称为"券商老鼠仓第一案"的季敏波案。2011 年 4 月 12 日，上交所在日常监控中发现"景谷林业"这只股票出现异常波动，随后证监会据此核查发现犯罪线索。

④ 比如，在文本挖掘方面，深交所从 2010 年开始便针对互联网带来的信息传播变化，确定了文本发掘的课题，并专门派了一个小组前往美国取经，借鉴了美国法定自主监管机构 FINRA 开发的 SONAR 系统，即证券监察、新闻分析、市场监管系统。用于检查潜在的内幕交易和误导交易者行为。参见《揭秘证监会大数据"捕鼠"云平台系统》，https：//www.sohu.com/a/108360399_ 368865。

⑤ 《证监会：启用大数据系统以来调查内幕交易 375 起》，http：//finance.people.com.cn/stock/n/2015/0109/c67815-26359046.html。

⑥ 徐翔案是国内第一宗信息型操纵证券市场刑事案件。该案判决书尚未公开，根据财经媒体的报道：2011 年起，徐翔等分别与 13 家上市公司高管合谋，徐翔等人在二级市场拉升股价，协助上市公司高管大股东在大宗交易市场高位减持套现，或通过定向增发后高位抛售，双方还约定减持底价以及高出底价部分的分成。涉案上市公司高管为高位减持套现，按照徐翔等人的要求，

世顿公司操纵期货市场案"等重大案件。

根据媒体近日披露的罗山东等操纵市场案①，我们可以较为清晰地复盘大数据侦破此类案件的基本过程。② 在该案中，上交所的高能预警引擎，首先识别出异常交易行为；同时，根据新开发的账户关联性分析模型，系统可以自动根据交易数据、交易风格及交易终端等挖掘账户间的关联性，从而通过一个账户组来判断其交易行为是否存在操纵的嫌疑，并据此将相关违法线索移送证监会；证监会的稽查人员同样通过大数据模型，将涉案账户与交易信息进行数据清理和账户串并，进一步确定犯罪线索；最后，通过公安部新上线的证券犯罪研判系统，有效整合证券交易、资金明细、人员轨迹、通信信息等各方的数据源，实现多方数据的可视化叠加分析、智能化形成研判报告，并最终锁定犯罪证据。

三　看门人机制

在核准制下，上市保荐制度与发行审核制度，共同构成了我国证券发行中的两大制度基础。在注册制下，信息披露全面准确是市场资源得到有效配置的前提，证券中介机构的作用将更加的凸显。

基于第三章的分析我们认为，仅仅寄希望于脆弱的声誉约束，发挥证券中介机构的看门人角色，或许结果将不尽如人意。③ 因此，进一步强化

控制信息披露的节奏和内容，如发布高送转、热点收购题材等利好消息，徐翔等人利用信息优势在二级市场公开以泽熙等私募基金产品的名义进入前十大股东、定增、协议转让，或通过各种形式的"马甲"竞价交易连续买卖，拉高股价后协助上市公司股东减持套现。徐翔等累计动用400余亿元资金操纵上述股票股价，获利约几十亿元。参见《徐翔400亿操纵市场案23名上市公司高管涉共谋》，http：//finance.caixin.com/2016-12-02/101021911.html。

①　根据证监会披露，湖南东能集团实际控制人罗山东与场外配资中介人员龚世威等人共谋，筹集资金操纵迪贝电气等8只股票价格，获利达4亿余元。本案经浙江金华市人民检察院提起公诉，金华市中级人民法院已出一审判决。参见《证监会会同公安机关查获一起重大操纵市场案件》，http：//www.csrc.gov.cn/pub/newsite/zjhxwfb/xwdd/202001/t20200103_369012.html。

②　参见《大数据斩断股市黑手》，http：//tv.cctv.com/2020/01/03/VIDEhMF30M9lKiTHbO2H97ku200103.shtml？spm=C28340.PlFTqGe6Zk8M.S70924.106。

③　程金华教授曾通过对2006—2012年1148家A股首发上市公司所聘任的发行人律师进行实证分析，并指出我国证券市场已经形成了"品牌律所"，其意味着证券律师已经"具备条件"去迎接更多的执业机会和挑战。笔者对这样的结论持谨慎态度。参见程金华《市场治理模式与中国证券律师——基于1148家IPO案例的实证报告》，载黄红元、徐明主编《证券法苑》（第9卷），法律出版社2013年版，第40—93页。

中介机构的法律责任，并加大对其违规行为的处罚力度将是未来证券法执行的重点。① 从这个意义上讲，新《证券法》的施行将非常值得期待。我们看到，新《证券法》对中介机构的处罚力度大幅增加。同时，新《证券法》亦大大增加了中介机构承担民事责任的概率。据统计，新《证券法》全文提及"证券公司"144 次，"证券服务机构"23 次，"会计师"及事务所 6 次，"律师"及事务所 4 次，"资产评估机构"4 次，共计 181次。若该法得到严格的执行，证券中介机构将面临较大的外部执法压力，这将迫使其提高执业质量，加速行业的集中化趋势。

此外，进一步理顺各方主体之间的关系亦是证券法律执行的重要课题。比如，有学者指出，保荐人与承销商合一所形成的利益链条，是导致"合谋"损害公众投资者的一个根源。证券发行市场的虚假陈述、内幕交易、不当竞争等，都恰恰与此相关。因此，建议将保荐人与承销商分离，建立科学的保荐与承销约束机制，利用招标方式选择确定承销商。② 另有学者指出，保荐人的选任机制必须进行"去私人化"的改革，证监会应当介入保荐人的公共选任，借助诸如保荐费预缴、抽签选任、公共机构代付报酬、保荐人独立执业，以及强制保险、强化责任等一揽子策略，摧毁

---

① 我国大陆地区的保荐人制度借鉴自我国香港地区。但同样是对于 IPO 过程中的业绩粉饰，香港证监会的处罚力度值得称道和借鉴。比如，"洪良国际案"就是这样一个典型的案例。洪良国际是一家台资企业，主要业务是在内地经营休闲服饰品牌和纺织品生产。2009 年 12 月 24日，洪良国际以每股 2.15 港元的价格在香港交易所挂牌上市，募集 10.75 亿港元。不久，香港证监会调查发现，洪良国际的营业额、税前盈利和现金数据均失实。营业额虚报超过 20 亿元人民币，盈利夸大近 6 亿元人民币，招股章程内载有多项不实及严重夸大陈述，使其在 2008 年国际金融危机期间的毛利率远远高于同行，并以"粉饰"后的报表完成上市。2010 年 3 月 30 日，上市仅仅 3 个月，香港证监会向高等法院指控洪良国际招股书资料虚假及误导性、严重夸大财务状况，勒令洪良国际即日停牌；同时，香港证监会还成功从高等法院取得临时禁令，冻结了洪良国际 8 亿多港元，为两年后的回购奠定了基础。最终，香港高等法院命令洪良国际向公众投资者回购获配发或已买入的股份。完成回购后，洪良国际从香港交易所退市。对于事件中的另一个关键角色、洪良国际的上市保荐人兆丰资本，香港证监会认定其存在重大过失，对其处以 4200 万港元的罚金，相当于其作为洪良国际保荐人所获得的全部收入，并撤销了其保荐牌照，这是香港证券市场上最大的一张罚单和最严厉的处罚。参见《洪良国际造假上市遭香港证监会史上最严惩罚》，https://finance.qq.com/a/20120702/005368.htm。

② 李有星：《股票首发中承销商与保荐人分离制度探讨》，载张育军、徐明主编《证券法苑》（第 5 卷），法律出版社 2011 年版，第 205—221 页。

普遍存在的"保荐合谋利益墙"。①

实际上，在吸取创业板发行定价的经验教训之后，科创板在此方面也有了全新的考量。作为科创板制度创新的重要部分，证监会在《关于在上海证券交易所设立科创板并试点注册制的实施意见》中明确指出，将试行保荐人相关子公司"跟投"制度。上交所随后发布《上交所科创板股票发行与承销业务指引》，规定保荐机构设立另类投资子公司，或者实际控制该保荐机构的证券公司依法设立另类投资子公司，以自有资金参与发行人 IPO 战略配售。认购比例为发行人首次公开发行股票数量 2%—5%，锁定期为 24 个月。如此一来，将券商的真金白银与发行价进行绑定，可促使其以合理的定价实现保荐业务与投资收益的平衡。

四　财经媒体

从前述实证结果来看，违规公告会给上市公司带来显著的声誉损失，并且该声誉损失是监管部门给予财产性处罚的 16.88 倍。这表明，股价惩罚是一类重要的执法形式，应当引起监管部门的足够重视。

然而，我们也注意到，或许是由于执法公告数量不足的原因，致使尽管股价惩罚会带来高昂的违法成本，但其仍然难以有效阻遏上市公司高再犯率的发生。根据 Gary Becker 的不等式，容易想到的方法就是增加监管机构的执法数量，从而增大证券法律执行的威慑力。但客观存在的局限是，在一定时期内，监管机构的人力、财力都是有限的。如何才能做到以最小的执法投入，换取最大的执法产出呢？对此，财经媒体的作用不可小觑。正如陈志武教授所指出的那样，作为独立第三方，财经媒体有足够大的利益驱动对上市公司丑闻进行披露。因此，证监会监管部门应该明确认识到并承认财经媒体对证券监管的贡献，同时划出最大的空间，让财经媒体在保护股东权益方面发挥监督作用。②

财经媒体的积极披露，会在很大程度上弥补监管机构执法公告不足的问题。但应指出的是，鉴于我国证券法律在组织形式上的集权特色，财经媒体真正能够在多大程度上发挥作用，仍有待进一步的讨论。

---

① 蒋大兴、沈晖：《从私人选择走向公共选择——摧毁"保荐合谋"的利益墙》，载张育军、徐明主编《证券法苑》（第 5 卷），法律出版社 2011 年版，第 222—268 页。

② 陈志武：《媒体、法律与市场》，中国政法大学出版社 2005 年版，第 104 页。

第五节　私人执行的新气象

一　未来可期的投服中心

尽管法与金融的研究文献指出，证券法的私人执行比公共执行更为重要，但在我国现有的制度体系下，移植美国式的私人执行模式显然不切合实际。事实上，导入一个具有官方背景的投资人保护机构强化并主导私人执行，或许是目前制度变迁成本最低、更容易得到市场各方参与者认可的制度选择。2014 年 12 月，中证中小投资者服务中心有限责任公司（简称"投服中心"）在上海成立，注册资本人民币 30 亿元。根据投服中心官网的介绍，[①] 其在性质上属于证券金融类公益机构，归属于中国证监会直接管理。投服中心的股东包括：上海证券交易所、深圳证券交易所、上海期货交易所、中国金融期货交易所、中国证券登记结算有限责任公司。[②] 在董事会、经营管理层[③]下，中心内设 10 个部门，包括办公室、党委办公室（纪检办公室）、行权事务部、纠纷调解部、维权事务部、投资者教育部、法律部、网络管理部、调查监测部、研究部。中心的主要职责包括为中小投资者提供持股行权、纠纷调解、维权服务、投资者教育等。[④] 可以说，由证监会主导建立的投服中心的出现，已经成为我国证券法执行中不可忽视的新现象。

---

① 参见投服中心官网：http://www.isc.com.cn/。

② 出资比例分别为：上海证券交易所为 23.33%、深圳证券交易所为 23.33%、上海期货交易所为 23.33%、中国金融期货交易所为 15%、中国证券登记结算有限责任公司为 15%。

③ 主要人员包括：董事长（郭文英）、副董事长（徐明）、5 名董事（卢文道、范宇、陆培怡、李鸣钟、李海超）、1 名监事（陈陵虹）、总经理（徐明兼任）。

④ 具体而言，包括：面向投资者开展公益性宣传和教育；公益性持有证券等品种，以股东身份或证券持有人身份行权；受投资者委托，提供调解等纠纷解决服务；为投资者提供公益性诉讼支持及其相关工作；中国投资者网站的建设、管理和运行维护；调查、监测投资者意愿和诉求，开展战略研究与规划；代表投资者，向政府机构、监管部门反映诉求；中国证监会委托的其他业务。

二　中国版的股东积极主义

对于中小股东而言，参与公司治理是一件费力不讨好的事情。因为，其参与公司治理的获益只限于所持有部分的股权，但同时却要付出全部的监督成本。因此，中小股东往往倾向于"搭便车"的行为，由此产生股东集体行动的困境。而同样作为外部股东的机构投资者，其不仅具备积极行权的信息和专业优势，而且具有动机通过行使股东权利来获得监督收益。近年来，促进机构投资者在公司治理中发挥更加积极的作用，已成为国际组织和各国监管部门的共识。

按照传统观点，股东积极主义通常在所有权分散的公司中有效。[1] 在我国，由于"一股独大"现象的普遍存在，机构投资者与大股东之间的持股数量往往相差悬殊，这大大降低了其行使股东权利的意愿和动机。同时，由于相关法律法规的限制，[2] 我国缺少规模较大、在公司治理上有较大影响力的机构投资者。另外，受业绩排名等压力的影响，公募基金等机构投资者的决策行为亦呈现出散户化特征。在《机构投资者与个人投资者羊群行为的差异》[3] 一文中，李志文教授等通过 TopView 软件[4]发现，我国机构投资者的羊群行为比个人投资者的羊群行为更明显。[5] 概言之，我国机构投资者目前参与公司治理的程度和水平仍然较低。

在此背景下，投服中心持股行权机制可谓是一大制度创新。从 2017年开始，投服中心便在全国范围内开展持股行权工作。目前，投服中心持

---

[1]　Brian R. Cheffins and John Armour, "The Past, Present, And Future of Shareholder Activism by Hedge Funds", *Journal of Corporation Law*, Vol. 37, Issue 1, Fall 2011, pp. 51, 68-69.

[2]　以公募基金为例，根据《公开募集证券投资基金运作管理办法》，公募基金投资应当遵守"双十"原则，即"一只基金持有一家公司发行的证券，其市值不能超过基金资产净值的百分之十，同一基金管理人管理的全部基金持有一家公司发行的证券，不能超过该证券的百分之十"。此外，其他机构投资者，如社保基金、养老基金和保险资金等进入资本市场亦存在诸多限制。

[3]　李志文、余佩琨、杨婧:《机构投资者与个人投资者羊群行为的差异》,《金融研究》2010 年第 11 期。

[4]　通过 TopView 软件，可以清晰地看到各种投资者类型的仓位及买卖变动。2009 年年初，在机构的强烈抗议下，TopView 被迫退出市场。

[5]　Bebchuk 等的实证研究亦指出，对冲基金的干预措施往往是短视的，因而可能对公司的长期利益产生不利影响。参见 Lucian Arye Bebchuk, Alon Brav and Wei Jiang, "The Long-Term Effects of Hedge Funds Activism", Columbia Law Review, Vol. 115, 2015, p. 1085。

有沪深两市证券交易所每家上市公司一手（100股）A股股票，通过依法行使股东权利来维护投资者合法权益，促进上市公司规范治理。截至2019年10月底，投服中心共计持有3701家上市公司股票，开展行权活动2495场次，累计行使股东权利3254次。现场行权中，参加股东大会169场，现场查阅42次，参加重大资产重组媒体说明会及投资者说明会69场；非现场行权中，网上行权169次，发送股东函件2004件，公开发声42次。① 此外，投服中心对上市公司章程的多层次审查亦获得各界的高度评价。自2017年6月开始，投服中心对全国36个辖区3472家上市公司的章程进行了集中梳理，发送了1812份股东建议函，绝大多数上市公司及时采纳了建议，并修改了公司章程。②

除了投服中心之外，国际投资者对A股市场参与度的提高，亦是一个值得关注和研究的现象。从短期资金来看，MSCI明晟于2019年11月8日宣布，将指数中的所有中国内地大盘A股的纳入因子从15%增加到20%，同时将中盘A股一次性以20%的纳入因子纳入MSCI新兴市场指数。MSCI表示，调整后的内地A股在MSCI中国指数和MSCI新兴市场指数中的权重将分别达到12.1%和4.1%。③ 这无疑将增加国内股票市场的资金来源和数量。而MSCI背后的资金，一般是国际大型机构投资者。因此，这将进一步增加A股市场中机构投资者的占比。从长期资金来看，国家外汇管理局于2019年9月10日宣布取消QFII和RQFII投资额度限制；同时，RQFII试点国家和地区限制一并取消。④ 而在取消有关投资者额度限制之后，具备相应资格的境外投资者，只需进行登记即可自主汇入资金，开展符合规定的证券投资。境外投资者参与境内投资的便利性将会再次大幅提升，这有助于吸引更多的境外长期资本。简言之，随着国际投

---

① 《聚焦中小投资者利益痛点 投服中心深入推进持股行权工作》，http：//company.cnstock.com/company/scp_ gsxw/201911/4457670.htm。

② 《投服中心：对北京238家公司集中行权 完成公司章程全覆盖》，http：//www.cs.com.cn/ssgs/gsxw/201802/t20180222_ 5716599.html。

③ 《MSCI：将中国大盘A股纳入因子从15%提升至20%》，http：//finance.eastmoney.com/a/201911081285559012.html。

④ 我国于2002年开始实施QFII制度。2002年的初始额度为40亿美元。随后在2005年、2007年、2012年、2013年上调额度，分别至100亿美元、300亿美元、800亿美元和1500亿美元。参见《QFII额度增至3000亿美元，时隔五年增加一倍》，https：//stock.hexun.com/2019-01-14/195871173.html。

资者对 A 股市场关注度和参与度的提高，股东积极主义或将在未来更加受到关注。①

三　公共机构主导下的证券诉讼

除了持股行权，投服中心的诉讼维权、纠纷调解等职能同样值得关注。如前所述，较高的诉讼成本、有限的诉讼收益，使得我国证券诉讼受到较大程度的限制，中小投资者在很多时候只得默默承担因证券欺诈而遭受的损失。

相比而言，我国台湾地区的制度经验颇为值得借鉴。2002 年 7 月，我国台湾地区颁布"证券投资人及期货交易人保护法"（简称"投资人保护法"），并设立"财团法人证券投资人及期货交易人保护中心"（简称"投资人保护中心"），由此开启了导入官方背景投资人保护机构的尝试。该中心主要任务之一就是，可代为投资人提起证券集团诉讼或仲裁求偿。② 从性质上讲，投资人保护中心名义上虽为民法上的财团法人，但实际上却具有浓厚的官方色彩。其董事、监事均来自行政机关的遴选或指派，并且行政机关对其资金和运营均有相当大的监督权。应指出的是，不论是美国、德国，还是日本和韩国，其证券诉讼均系"以投资人及其律师为中心的私权主导模式"，③ 而我国台湾地区以一个具有浓厚官方色彩的非营利性组织主导的证券诉讼模式，在比较法上可谓是另辟蹊径。

---

① 相关实证研究表明，外国投资者与中国上市公司的企业价值之间存在正相关关系。参见 Bai, Chong-En, Qiao Liu, Joe Lu, Frank M. Song, and Junxi Zhang, "Corporate Governance and Market Valuation in China", *Journal of Comparative Economics*, Vol. 32, Issue 4, December 2004, pp. 599-616；Aggarwal, Reena, Isil Erel, Miguel Ferreira, and Pedro Matos, "Does Governance Travel around the World? Evidence from Institutional Investors", *Journal of Financial Economics*, Vol. 100, Issue 1, April 2011, pp. 154-181。

② 投资人保护中心的业务范围除了为投资人提起证券集团诉讼或仲裁求偿外，尚负责提供投资人证券及期货相关法令的咨询、申诉、调处等服务，以及设置保护基金办理偿付善意投资人的工作等。参见王文宇、张冀明《非营利组织主导的证券团体诉讼——论投资人保护中心》，《月旦民商法》2007 年第 15 期。

③ 详言之，在美国法很大程度上倚重私权诉讼者对实体规范的执行；德国法亦然，仅其私权主导的色彩不如美国浓厚，法院于诉讼程序中依职权所为的行为较多而已；日本、韩国以民间自发性的非营利组织，进行公益性的投资人保护诉讼，以促进法律执行与公司治理的落实。参见王文宇、张冀明《非营利组织主导的证券团体诉讼——论投资人保护中心》，《月旦民商法》2007 年第 15 期。

　　我国台湾地区投资人保护中心的实际运行如何呢？截至 2013 年年底，投资人保护中心协助 10.8 万余人进行了 175 件团体求偿案件，求偿金额共计 429 亿余元新台币。其中，已获法院全部或部分胜诉判决的有 42 件，判决胜诉金额达 145 亿余元新台币。同时，该中心还替投资人取得 22 亿余元新台币的和解金。① 以上数据表明，投资人保护中心的运行是相当成功的。另外值得一提的是，在投资人保护中心提起的证券民事诉讼案件，大多为我国台湾地区证券市场具有重大影响的案件。这些案件的提起，除了给投资者提供了便捷的救济渠道外，同时亦对证券市场的违法者造成了相当大的威慑，并促使相关中介机构进一步强化风险意识。

　　2014 年在上海成立的投服中心，亦为证券法的私人执行带来了积极的改变。在维权服务方面，投服中心的工作主要包括证券支持诉讼②、股东诉讼③、损失核算④。截至 2019 年 12 月，投服中心提起证券支持诉讼 24 起⑤（支持诉讼诉求总金额 1.14 亿元，获赔总人数 572 人，判决总金额约 5536.7 万元）⑥，股东诉讼 1 起⑦，拟诉案件 13 起；已经受理 9 家法

---

　　①　以上数据来源于我国台湾地区"财团法人证券投资人及期货交易人保护中心"官网：http：//www.sfipc.org.tw。

　　②　所谓"证券支持诉讼"，是指投服中心作为支持机构，选择案件，委派代理人，支持权益受损的中小投资者依法维权。

　　③　所谓"股东诉讼"，是指股东为保护公司或自身的合法权益而提起的诉讼，具体包括股东代位诉讼、股东直接诉讼（公司决议瑕疵诉讼、股东知情权诉讼）等。

　　④　所谓"损失核算"，是指投服中心以资本市场独立第三方的身份，接受司法机关、上市公司等机构组织的委托，对证券虚假陈述案件投资者的损失进行核算，出具《证券投资者损失核定意见书》。

　　⑤　其中，已受案 19 起，提交申请材料等待立案 5 起。已受案的包括：匹凸匹案、康达新材料案、安硕信息案、上海绿新案、鞍重股份案、ST 大控案、超华科技案、雅百诗案、锐奇股份案、恒康医疗案、亿晶光电案、ST 圣莱案、尔康制药案、天成控股案、联建光电案、退市昆机案、国农科技案、罗平锌电案、猛犸资产案。

　　⑥　其中，判决获赔人数 435 人，获赔金额 5244.4 万元；和解获赔人数 137 人，获赔金额 292.3 万元。

　　⑦　在"宝万事件"后，上市公司效仿修改公司章程中反收购条款（比如，提高持股比例或设置持股期限限制股东权利、增设股东的披露义务、增加公司收购特别决议、设置超级多数条款、限制董事结构调整、赋予大股东特别权利、设置金色降落伞计划等）。此前，这类现象始终没有获得明确的司法定性，该类反收购条款本身是否违反《公司法》的规定并不明确，资本市场也亟须在司法层面予以明确。2017 年 6 月 26 日，投服中心以上海海利生物技术股份有限公司（简称海利生物）《公司章程》的相关条款限制股东董事提名权，涉嫌违反《公司法》有关规定

院虚假陈述核定委托，涉及 14 家上市公司、约 3200 位投资者，涉及金额超过 4 亿元。在纠纷调解方面，投服中心已陆续与全国 32 个省、自治区、直辖市签署了合作协议，依靠各辖区监管部门和自律协会支持建立了调解工作站，实现了"全国统一受理、属地调解"为原则，"跨区域调解"为补充的承办机制。截至 2019 年 12 月，投服中心共登记纠纷 12258 件，受理 8275 件，成功 5715 件，投资者获赔金额 20.33 亿元。此外，投服中心还通过电视、网络、全国巡讲等方式开展公益性宣传和交易。可以说，投服中心的出现，以及新《证券法》第 95 条 3 款所新增的"默示加入"规则，使得证券民事诉讼的前景变得令人期待。

为由，向上海市奉贤区人民法院提起诉讼。最终，法院认为，根据《公司法》规定，海利生物在有关《公司章程》中设定"连续 90 天以上"的条件，违反了《公司法》的规定，限制了部分股东就非独立董事候选人提出临时提案的权利，因此相关条款内容应认定为无效。该案是全国首例上市公司反收购条款司法确认的案件，为解决此类问题的合规性提供了标杆。参见 http: // www.isc.com.cn/html/hlswayja/20180511/1038.html。

附　　录

附录 1　LLS 的私人执行评估

评估项	中国	49 个国家	英美法系	法国法系	德国法系	斯堪的纳维亚法系
招股说明书	1.00	0.46	0.83	0.23	0.33	0.25
薪酬	1.00	0.53	0.64	0.56	0.42	0.50
股东	1.00	0.78	0.83	0.83	0.67	1.00
内部股权	1.00	0.63	0.69	0.61	0.67	0.75
非常规合同	1.00	0.59	0.92	0.33	0.67	0.38
交易	0.50	0.58	0.75	0.38	0.83	0.50
披露要求指数	0.92	0.56	0.78	0.45	0.60	0.56
发行商及其董事的责任标准	0.67	0.55	0.70	0.44	0.50	0.58
承销商的责任标准	0.67	0.36	0.44	0.30	0.33	0.41
会计师的责任标准	0.67	0.55	0.66	0.47	0.44	0.66
责任标准指数	0.67	0.47	0.58	0.39	0.42	0.47
私人执行指数	0.80	0.52	0.68	0.42	0.51	0.52

附录 2　LLS 的公共执行评估

评估项	中国	49 个国家	英美法系	法国法系	德国法系	斯堪的纳维亚法系
任命	0.00	0.12	0.11	0.14	0.00	0.25
任期	0.00	0.49	0.50	0.52	0.33	0.25
监管领域	1.00	0.73	0.83	0.81	0.50	0.00
监管机构特征指数	0.33	0.45	0.48	0.52	0.28	0.45
规则制定权	0.5	0.66	0.67	0.79	0.33	0.66
取证	1.00	0.67	0.81	0.69	0.25	0.50
举证	1.00	0.52	0.69	0.52	0.08	0.13

评估项	中国	49 个国家	英美法系	法国法系	德国法系	斯堪的纳维亚法系
调查权指数	1.00	0.60	0.75	0.64	0.17	0.60
针对发行商的法院决议	0.00	0.43	0.63	0.37	0.04	0.38
针对承销商的法院决议	0.00	0.40	0.58	0.30	0.08	0.83
针对会计师的法院决议	0.00	0.32	0.50	0.29	0.00	0.13
法院决议指数	0.00	0.38	0.57	0.32	0.04	0.38
对董事/高管的刑事制裁	0.50	0.54	0.67	0.44	0.50	0.56
对承销商的刑事制裁	0.50	0.43	0.58	0.33	0.25	0.50
针对会计师的刑事制裁	0.50	0.54	0.69	0.48	0.50	0.50
刑事制裁指数	0.50	0.50	0.65	0.40	0.42	0.50
公共执法指数	0.47	0.52	0.62	0.53	0.25	0.52

附录 3　上海证券交易所个人投资者与机构投资者持股比较

年份	持股账户数（万户）		持股账户占比（%）		持股市值（亿元）		持股市值占比（%）	
	自然人	专业机构	自然人	专业机构	自然人	专业机构	自然人	专业机构
2007	2486.78	0.48	99.8105	0.0195	30575.99	21367.92	48.29	33.74
2008	2759.81	2.14	99.7634	0.0776	13486.39	8380.21	42.23	26.24
2009	2992.30	2.26	99.78	0.08	30155.25	19317.20	26.47	16.95
2010	3195.08	2.32	99.79	0.07	32709.85	22463.31	23.13	15.88
2011	3171.09	2.30	99.70	0.07	N/A	N/A	N/A	N/A
2012	3040.13	2.36	99.79	0.08	26352.77	22595.92	19.74	16.92
2013	2954.88	2.73	99.78	0.09	29609.52	19817.31	21.78	14.58

附录 4　证券监管对象的变化情况（2006—2013 年）

年份	境内上市公司（家）	证券账户（万户）	市值（亿元）	股票交易额（亿元）
2006	1434	7482.11	89403.89	90468.92
2007	1550	9279.07	327140.89	460556.22
2008	1625	10449.69	121366.44	267112.64
2009	1718	12037.69	243939.12	535986.74

续表

年份	境内上市公司（家）	证券账户（万户）	市值（亿元）	股票交易额（亿元）
2010	2063	13391.04	265422.59	545633.54
2011	2342	14050.37	214758.10	421649.73
2012	2494	14045.91	230357.62	314667.41
2013	2489	13247.15	239077.19	468728.60

附录5　每十亿美元股票市值监管预算（单位：美元）

	2007年	2008年	2009年	2010年	2011年	2012年
中国	15900.28	57273.50	28556.33	23725.36	35407.65	36241.92
美国	44216.55	77187.54	64335.19	88511.70	109521.90	66208.38
英国	156537.31	323982.13	245669.14	227869.83	275560.09	287136.77
澳大利亚	211024.25	436636.63	307519.69	264687.22	282932.89	265073.02
中国香港	58491.30	56440.33	96088.23	87066.06	112410.45	137168.39
法国	29229.04	64999.16	48173.47	47755.29	67570.58	58135.10
德国	50819.14	103794.64	82461.96	74141.07	90336.60	67953.29

附录6　每十亿美元GDP监管预算（单位：美元）

	2007年	2008年	2009年	2010年	2011年	2012年
中国	28333.83	35383.93	28655.97	19054.04	16389.21	16282.90
美国	60921.70	61554.77	67273.75	101373.93	110388.65	76470.01
英国	203829.22	214910.87	297540.93	294027.99	308660.31	331555.60
澳大利亚	321053.24	279612.37	417798.88	337344.08	244224.70	222232.94
中国香港	321365.61	342028.46	411126.58	411130.26	402391.82	578760.99
法国	30417.10	33178.57	35267.93	34758.47	37028.24	39453.27
德国	31145.33	30690.77	31352.83	31066.74	28517.29	28585.64

附录7　每百万人口监管人员数量（单位：人）

	2007年	2008年	2009年	2010年	2011年	2012年
中国	2	2	2	2	2	2
美国	12	12	12	12	12	12
英国	41	44	50	53	63	63
澳大利亚	80	86	98	86	78	86
中国香港	64	69	72	77	86	93

续表

	2007 年	2008 年	2009 年	2010 年	2011 年	2012 年
法国	N/A	N/A	N/A	N/A	7	7
德国	21	21	22	24	N/A	29

附录 8　每万亿美元股票市值的监管人员数量（单位：人）

	2007 年	2008 年	2009 年	2010 年	2011 年	2012 年
中国	361	899	523	544	810	782
美国	174	299	242	219	246	203
英国	657	1480	1110	1074	1378	1322
澳大利亚	1289	2689	1682	1301	1451	1526
中国香港	380	360	547	504	687	603
法国	N/A	N/A	N/A	N/A	273	245
德国	804	1549	1410	1382	N/A	1572

附录 9　每千家上市公司的监管人员数量（单位：人）

	2007 年	2008 年	2009 年	2010 年	2011 年	2012 年
中国	1468	1566	1542	1255	1172	1159
美国	676	627	828	876	922	923
英国	980	1060	1425	1623	1999	1832
澳大利亚	875	944	1125	990	904	1002
中国香港	430	382	383	390	415	458
法国	N/A	N/A	N/A	N/A	479	519
德国	2573	2690	3043	3461	N/A	3513

附录 10　人均监管预算（单位：美元）

	2007 年	2008 年	2009 年	2010 年	2011 年	2012 年
中国	44078.36	63694.27	54559.33	43646.20	43715.85	46350.74
美国	254178.67	258046.14	266337.18	404749.20	445629.55	326552.18
英国	238264.30	218978.10	221256.04	212166.62	200000.00	217184.37
澳大利亚	163679.81	162355.53	182805.86	203380.88	195051.78	173713.70
中国香港	153846.15	156903.77	175648.70	172794.12	163666.12	227544.91
法国	N/A	N/A	N/A	N/A	247663.55	237136.47
德国	63201.42	67016.32	58501.91	53643.72	N/A	43236.30

附录 11　中国、美国、新加坡执法数量（单位：件）

	2007 年	2008 年	2009 年	2010 年	2011 年	2012 年
中国	36	52	58	53	57	57
美国	655	671	664	681	735	734
新加坡	29	31	69	45	61	56

附录 12　中国、美国、新加坡每万亿美元市值执法数量（单位：件）

	2007 年	2008 年	2009 年	2010 年	2011 年	2012 年
中国	6	19	12	11	17	15
美国	33	57	44	39	47	39
新加坡	82	172	222	122	198	135

附录 13　每十亿美元股票市值的罚款数额（单位：美元）

	2007 年	2008 年	2009 年	2010 年	2011 年	2012 年
中国	786. 98	8208. 01	902. 62	1788. 85	950. 11	973. 66
美国	25416. 99	21810. 17	22882. 10	6009. 69	59332. 36	54691. 55
澳大利亚	487874. 19	1024601. 14	546558. 64	460150. 14	678563. 20	544651. 20
加拿大	3320. 30	12442. 44	91418. 11	29547. 88	27352. 51	18178. 51

附录 14　金融结构的国别比较

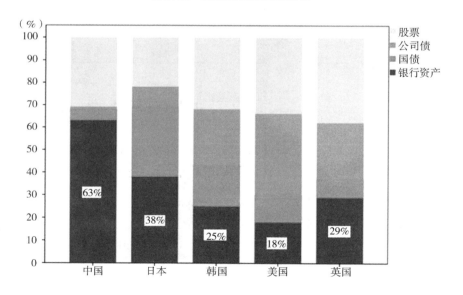

附录 15　资本市场相关数据的国别比较

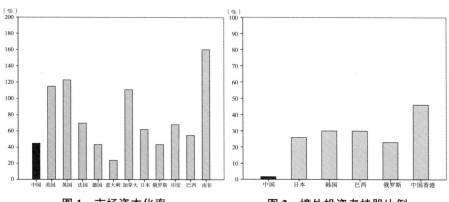

图 1　市场资本化率　　　　　　　图 2　境外投资者持股比例

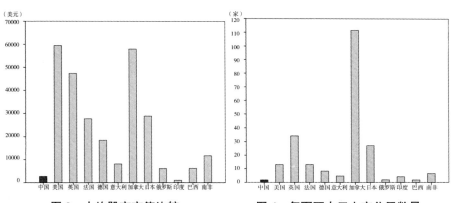

图 3　人均股市市值比较　　　　　　图 4　每百万人口上市公司数量

主要参考文献

一　中文文献

［美］艾尔·巴比：《社会研究方法》（第 11 版），邱泽奇译，华夏出版社 2009 年版。

［美］安德烈·施莱弗、罗伯特·维什尼：《掠夺之手：政府病及其治疗》，赵红军译，中信出版社 2017 年版。

白建军、许克显、任扬帆、粘怡佳、易晓洁、王炜、左婧：《证券违法违规行为惩戒实效的实证研究》，载庄心一主编《中国证券市场发展前沿问题研究（2005）》，中国财政经济出版社 2006 年版。

白建军：《论法律实证分析》，《中国法学》2000 年第 4 期。

白建军：《罪刑均衡实证研究》，法律出版社 2004 年版。

陈光中：《法学概论》（第 5 版），中国政法大学出版社 2013 年版。

陈炜、孔翔、许年行：《我国的法律制度能有效保护中小投资者利益吗?》，深圳证券交易所综合研究所，2005 年 8 月。

陈志武、王勇华：《从中国的经历看司法改革与资本市场的关系》，载梁治平主编《国家、市场、社会：当代中国的法律与发展》，中国政法大学出版社 2006 年版。

陈志武：《媒体、法律与市场》，中国政法大学出版社 2005 年版。

程金华：《市场治理模式与中国证券律师——基于 1148 家 IPO 案例的实证报告》，载黄红元、徐明主编《证券法苑》（第 9 卷），法律出版社 2013 年版。

程金华：《中国公司上市的地理与治理——对证券市场治理的再阐释》，载张育军、徐明主编《证券法苑》（第 3 卷），法律出版社 2010 年版。

［美］戴维·霍夫曼：《寡头：新俄罗斯的财富与权力》，冯乃祥、王

维译，中国社会科学出版社 2004 年版。

［新］丹·W. 普尼亚克：《亚洲地区的股东代表诉讼：一个复杂的现实》，王瑞、唐博超译，载王保树主编《商事法论集》（第 22 卷），法律出版社 2012 年版。

邓正来：《市民社会理论研究》，中国政法大学出版社 2002 年版。

杜巨澜、黄曼丽：《ST 公司与中国资本市场的行政性治理》，《北京大学学报》（哲学社会科学版）2013 年第 1 期。

法律出版社法规中心编：《中华人民共和国上市公司法律法规全书》，法律出版社 2013 年版。

方流芳：《证券交易所的法律地位——反思与国际惯例接轨》，《政法论坛》2007 年第 1 期。

甘顺利：《金融市场监管：经济处罚与声誉损失》，《投资研究》2013 年第 4 期。

郭锋：《中国资本市场若干重大法律问题研究——以投资者权益为中心》，法律出版社 2008 年版。

国际货币基金组织、世界银行：《关于中国遵守〈证券监管目标与原则〉详细评估报告》，中国金融出版社 2012 年版。

黄辉：《看门人机制与公司治理——从安然丑闻到金融危机的监管反思》，载梁慧星主编《民商法论丛》（第 46 卷），法律出版社 2010 年版。

黄辉：《中国股东派生诉讼制度：实证研究及完善建议》，《人大法律评论》2014 年第 1 期。

黄继承、盛明泉：《高管背景特征具有信息含量吗?》，《管理世界》2013 年第 9 期。

［美］加里·贝克：《人类行为的经济分析》，王业宇、陈琪译，上海人民出版社 1995 年版。

江平、赵旭东、陈甦：《公司法修改三人谈》，载赵旭东主编《公司法评论》（第 3 辑），人民法院出版社 2005 年版。

蒋大兴、沈晖：《从私人选择走向公共选择——摧毁"保荐合谋"的利益墙》，载张育军、徐明主编《证券法苑》（第 5 卷），法律出版社 2011 年版。

蒋大兴：《公司法的政治约束——一种政治解释的路径》，《吉林大学社会科学学报》2009 年第 5 期。

蒋大兴：《隐退中的"权力型"证监会——注册制改革与证券监管权之重整》，《法学评论》2014 年第 2 期。

蒋学跃：《我国上市公司累计投票权实施效果的实证研究——基于深市上市公司 2012 年年报数据的分析》，载黄红元、徐明主编《证券法苑（第 9 卷）》，法律出版社 2013 年版。

金泽刚、于鹏：《上市公司高管犯罪问题研究》，载张育军、徐明主编《证券法苑》（第 2 卷），法律出版社 2010 年版。

［日］金子由芳：《亚洲公司治理的理论与现实：从"移植"到本土最优》，唐勇译，载甘培忠、楼建波主编《公司治理专论》，北京大学出版社 2009 年版。

经济合作与发展组织：《〈OECD 公司治理原则〉实施评价方法》，周清杰译，中国财政经济出版社 2008 年版。

经济合作与发展组织：《OECD 公司治理原则（2004 年）》，张政军译，中国财政经济出版社 2005 年版。

［美］卡塔琳娜·皮斯托、许成钢：《转轨经济中证券市场的治理：来自中国的经验》，载吴敬琏主编《比较》（第 19 辑），中信出版社 2005 年版。

［美］柯提斯·J. 米尔霍普、卡塔琳娜·皮斯托：《法律与资本主义：全球公司危机揭示的法律制度与经济发展的关系》，罗培新译，北京大学出版社 2010 年版。

柯湘：《中国证监会非行政处罚性监管措施研究》，《政法学刊》2008 年第 2 期。

李波：《公共执法与私人执法的比较研究》，北京大学出版社 2008 年版。

李国光、贾纬：《证券市场虚假陈述民事赔偿制度》，法律出版社 2003 年版。

李龙：《法理学》，人民法院出版社 2003 年版。

李清池：《法律、金融与经济发展：比较法的量化进路及其检讨》，《比较法研究》2007 年第 6 期。

李有星：《股票首发中承销商与保荐人分离制度探讨》，载张育军、徐明主编《证券法苑》（第 5 卷），法律出版社 2011 年版。

李志文、余佩琨、杨靖：《机构投资者与个人投资者羊群行为的差异》，《金融研究》2010 年第 11 期。

卢文道、王文心：《对上市公司的公开谴责有效吗？——基于上海市场 2006—2011 年监管案例的研究》，载黄红元、徐明主编《证券法苑》（第 7 卷），法律出版社 2012 年版。

［美］罗伯特·C. 埃里克森：《无需法律的秩序——邻人如何解决纠纷》，苏力译，中国政法大学出版社 2003 年版。

［美］罗纳德·哈里·科斯、王宁：《变革中国：市场经济的中国之路》，徐尧、李哲民译，中信出版社 2013 年版。

［美］曼瑟·奥尔森：《国家的兴衰》，李增刚译，上海人民出版社 2007 年版。

［美］曼瑟·奥尔森：《集体行动的逻辑》，陈郁、郭宇峰、李崇新译，格致出版社、上海三联书店、上海人民出版社 1995 年版。

缪因知：《法律与证券市场关系研究的一项进路——LLSV 理论及其批判》，《北方法学》2010 年第 1 期。

缪因知：《境外上市对国企治理之影响》，载黄红元、徐明主编《证券法苑》（第 11 卷），法律出版社 2014 年版。

缪因知：《论证券交易所竞争与监管的关系及其定位》，《时代法学》2008 年第 6 期。

缪因知：《证券诉讼在中国：适用前景与改进方略》，《北方法学》2012 年第 1 期。

莫少昆、余继业：《解读淡马锡》，鹭江出版社 2008 年版。

彭冰、曹里加：《证券交易所监管功能研究——从企业组织的视角》，《中国法学》2005 年第 1 期。

彭冰：《中国证券法学》（第 2 版），高等教育出版社 2007 年版。

彭冰：《中央和地方关系中的上市公司治理》，《北京大学学报》（哲学社会科学版）2008 年第 6 期。

祁斌：《未来十年：中国经济的转型与突破》，中信出版社 2013 年版。

［日］青木昌彦、钱颖一：《转轨经济中的公司治理结构：内部人控制和银行的作用》，中国经济出版社 1995 年版。

［日］山田泰弘：《日本法围绕股东代表诉讼之原告适格的发展》，刘姝译，载顾功耘主编《公司法评论》（2008 年卷），上海人民出版社 2009

年版。

沈朝晖：《地方政府与企业上市》，载张育军、徐明主编《证券法苑》（第 3 卷），法律出版社 2010 年版。

沈朝晖：《监管的市场分权理论与演化中的行政治理——从中国证监会与保荐人的法律关系切入》，《中外法学》2011 年第 23 卷。

沈艺峰、许年行、杨熠：《我国中小投资者法律保护历史实践的实证》，《经济研究》2004 年第 9 期。

施天涛：《公司法论》，法律出版社 2006 年版。

汪昌云、戴稳胜、张成思：《基于 Eviews 的金融计量学》，中国人民大学出版社 2011 年版。

王家卓、徐红伟：《2013 年中国网络借贷行业蓝皮书》，知识产权出版社 2014 年版。

王均：《私有化、公司法和公司治理：评俄罗斯的私有化及其股份公司法》，《比较法研究》2003 年第 4 期。

［韩］王舜模：《韩国股东代表诉讼制度及其运用》，金晓帆译，载顾功耘主编《公司法评论》（2008 年卷），上海人民出版社 2009 年版。

王文杰：《股权分置下的中国上市公司治理——以控股股东为核心的检视》，《政大法学评论》2012 年第 122 卷。

王文宇、张冀明：《非营利组织主导的证券团体诉讼——论投资人保护中心》，《月旦民商法》2007 年第 15 期。

王文宇、章友馨：《转轨经济下法律的角色与功能——以股权分置改革为中心》，载王保树、王文宇主编《公司法理论与实践：两岸三地观点》，法律出版社 2010 年版。

王文宇：《公司与企业法制》（二），元照出版社 2007 年版。

希静：《〈公司法〉修改——一个遗憾的艺术》，《中国科技财富》2005 年第 6 期。

谢杰：《后"股灾"背景下资本市场犯罪的刑法规制》，《法学》2015 年第 12 期。

谢宇：《社会科学与定量研究》，社会科学文献出版社 2012 年版。

邢会强：《证券市场投资者保护立法评价体系研究》，张育军、徐明主编《证券法苑》（第 3 卷），法律出版社 2010 年版。

徐文鸣：《证券民事诉讼制度的实证研究》，《中国政法大学学报》

2017 年第 2 期。

徐文鸣：《证券民事诉讼制度实施效果的实证研究——以虚假陈述案件为例》，《证券市场导报》2017 年第 4 期。

许年行、江轩宇、伊志宏、袁清波：《政治关联影响投资者法律保护的执法效率吗?》，《经济学》（季刊）2013 年第 12 期。

姚洋：《发展经济学》，北京大学出版社 2013 年版。

叶檀：《直面国资委转型》，《南风窗》2007 年第 3 期。

于敏、杨东译：《最新日本公司法》（2006 年最新版），法律出版社 2006 年版。

郁光华：《经济增长与正式法律体系的作用》，《中外法学》2011 年第 23 卷。

喻中：《寻隐者：一个法律人的手记》，《比较法研究》2006 年第 1 期。

张舫：《上市公司章程中董事选任条款的有效性》，《法学》2009 年第 1 期。

张文显：《法理学》（第 2 版），高等教育出版社 2004 年版。

中国社会科学院语言研究所词典编辑室编：《现代汉语词典》，商务印书馆 1995 年版。

中国证监会国际合作部：《证券监管的目标和原则》，《证券市场导报》2006 年第 7 期。

中国证券监督管理委员会：《中国上市公司治理发展报告》，中国金融出版社 2010 年版。

中国证券监督管理委员会：《中国证券监督管理委员会年报（2007年）》，中国财政经济出版社 2008 年版。

中国证券监督管理委员会：《中国证券监督管理委员会年报（2008年）》，中国财政经济出版社 2009 年版。

中国证券监督管理委员会：《中国证券监督管理委员会年报（2009年）》，中国财政经济出版社 2010 年版。

中国证券监督管理委员会：《中国证券监督管理委员会年报（2010年）》，中国财政经济出版社 2011 年版。

中国证券监督管理委员会：《中国证券监督管理委员会年报（2011年）》，中国财政经济出版社 2012 年版。

中国证券监督管理委员会：《中国证券监督管理委员会年报（2012年）》，中国财政经济出版社 2013 年版。

中国证券监督管理委员会：《中国证券监督管理委员会年报（2013年）》，中国财政经济出版社 2014 年版。

中国证券监督管理委员会：《中国证券期货统计年鉴（2005 年）》，学林出版社 2005 年版。

中国证券监督管理委员会：《中国证券期货统计年鉴（2006 年）》，学林出版社 2006 年版。

中国证券监督管理委员会：《中国证券期货统计年鉴（2007 年）》，学林出版社 2007 年版。

中国证券监督管理委员会：《中国证券期货统计年鉴（2008 年）》，学林出版社 2008 年版。

中国证券监督管理委员会：《中国证券期货统计年鉴（2009 年）》，学林出版社 2009 年版。

中国证券监督管理委员会：《中国证券期货统计年鉴（2010 年）》，学林出版社 2010 年版。

中国证券监督管理委员会：《中国证券期货统计年鉴（2011 年）》，学林出版社 2011 年版。

中国证券监督管理委员会：《中国证券期货统计年鉴（2012 年）》，学林出版社 2012 年版。

中国证券监督管理委员会：《中国证券期货统计年鉴（2013 年）》，学林出版社 2013 年版。

中国证券监督管理委员会：《中国资本市场法制发展报告（2006年）》，法律出版社 2007 年版。

中国证券监督管理委员会：《中国资本市场法制发展报告（2007年）》，法律出版社 2008 年版。

中国证券监督管理委员会：《中国资本市场法制发展报告（2008年）》，法律出版社 2009 年版。

中国证券监督管理委员会：《中国资本市场法制发展报告（2009年）》，法律出版社 2010 年版。

中国证券监督管理委员会：《中国资本市场法制发展报告（2010年）》，法律出版社 2011 年版。

中国证券监督管理委员会：《中国资本市场法制发展报告（2011年）》，法律出版社 2012 年版。

中国证券监督管理委员会：《中国资本市场法制发展报告（2012年）》，法律出版社 2013 年版。

中国证券监督管理委员会：《中国资本市场法制发展报告（2013年）》，法律出版社 2014 年版。

周旺生、朱苏力：《北京大学法学百科全书：法理学·立法学·法律社会学》，北京大学出版社 2010 年版。

周友苏：《新证券法论》，法律出版社 2007 年版。

朱宁：《中国公司 A+H 双重上市发行研究》，中国法制出版社 2018年版。

卓继民：《跨洋大鏖战：美国证券集体诉讼之中国概念股》，中国财政经济出版社 2013 年版。

二　外文文献

Aggarwal, Reena, Isil Erel, Miguel Ferreira, and Pedro Matos, "Does Governance Travel around the World? Evidence from Institutional Investors", *Journal of Financial Economics*, Vol. 100, Issue 1, April 2011.

Allen Franklin, Jun Qian, Meijun Qian, "Law, Finance, and Economic Growth in China", *Journal of Financial Economics*, Vol. 77, Issue 1, July 2005.

Bai, Chong-En, Qiao Liu, Joe Lu, Frank M. Song, and Junxi Zhang, "Corporate Governance and Market Valuation in China", *Journal of Comparative Economics*, Vol. 32, Issue 4, December 2004.

Benjamin L. Liebman, Curtis J. Milhaupt, "Reputational Sanctions in China's Securities Market", *Columbia Law Review*, Vol. 108, Issue 4, May 2008.

Bernard Black, Reinier Kraakman, "A Self-enforcing Model of Corporate law", *Harvard Law Review*, Vol. 109, No. 8, June 1996.

Bernard S. Black, Reinier Kraakman, Anna Tarassova. "Russian Privatization and Corporate Governance: What Went Wrong?" *Stanford Law Review*, Vol. 52, No. 6, July 2000.

Brian R Cheffins and John Armour, "The Past, Present, And Future of Shareholder Activism By Hedge Funds", *Journal of Corporation Law*, Vol. 37, Issue 1, Fall 2011.

Brian R. Chefiins, Steven A. Bank, "Corporate Ownership and Control in the UK: The Tax Dimension", *The Modern Law Review*, Vol. 70, Issue5, September 2007.

Carlos D. Ramirez and Ling Hui Tan, "Singapore Inc. Versus the Private Sector: Are Government − Linked Companies Different?" *IMF staff papers*, Vol. 51, Issue 3, September 2004.

Charles A. Reich, "The New Property", *The Yale Law Journal*, Vol. 73, No. 5, April 1964.

Chen Zhiwu, "Capital markets and legal development: The China Case", *China Economic Review*, Vol. 14, Issue 4, 2003.

Chenggang Xu, "The Fundamental Institutions of China's Reforms and Development", *Journal of Economic Literature*, Vol. 49, No. 4, December 2011.

Cheung, Yan-Leung, P. Raghavendra Rau, and Aris Stouraitis, "Helping Hand or Grabbing Hand? Central vs. Local Government Shareholders in Chinese Listed Firms", *Review of Finance*, Volume 14, Issue 4, October 2010.

Claude B. Erb, Campbell R. Harvey, Tadas E. Viskanta, "Political Risk, Economic Risk, and Financial Risk", *Financial Analysts Journal*, Vol. 52, No. 6, Nov. −Dec. , 1996.

Curtis J Milhaupt, Wentong Zheng, *Beyond Ownership: State Capitalisim and the Chinese Firm*, US Law Faculty Publications, March 2015, https: // scholarship. law. ufl. edu/cgi/viewcontent. cgi? referer = https: //b. glgoo. top/ &httpsredir = 1&article = 1693&context = facultypub.

Curtis J. Milhaupt, "Property Rights in Firms", *Virginia Law Review*, Vol. 84, No. 6, September 1998.

Curtis J. Milhaupt, "A relational theory of Japanese Corporate Governance: Contract, Culture, and the Rule of Law", *Harvard International Law Journal*, Vol. 37, No. 1, Winter 1996.

Curtis J. Milhaupt, "Creative Norm Destruction: The evolution of Nonlegal rules in Japanese Corporate Governance", *University of Pennsylvania*

Law Review, Vol. 149, No. 6, Jun. , 2001.

Curtis J. Milhaupt, "Nonprofit Organizations as Investor Protection Economic Theory, and Evidence from East Asia", *Yale Journal of International Law*, Vol. 29, Issue1, 2004.

Curtis J. Milhaupt, Katharina Pistor, *Law & Capitalism: What Corporate Crises Reveal about Legal Systems and Economic Development around the World*, The University of Chicago Press, 2008.

Curtis J. Milhaupt, Mariana Pargendler, " Governance Challenges of Listed State—Owned Enterprises Around the World: National Experiences and a Framework for Reform ", *Cornell International Law Journal*, Vol. 50, No. 3, 2017.

Dan W. Puchniak, Luh Luh Lan, "Independent Directors in Singapore Puzzling Complicance Requiring Explanation", *The American Journal of Comparative Law*, Volume 65, Issue 2, June 2017.

Daniel Berkowitz, Katharina Pistor, Jean-Francois Richard, "Economic Development, Legality, and the Transplant Effect", *European Economic Review*, Vol. 47, Issue 1, February 2003.

David A. Skeel, " Governance in the ruins ", *Harvard Law Review*, Vol. 122, No. 2, December 2008.

Dinç, I. Serdar, "Politicians and Banks: Political Influences on Government-owned Banks in Emerging Countries", *Journal of Financial Economics*, Volume 77, Issue 2, August 2005.

Donald C. Clarke, Peter Murrell, and Susan H. Whiting, *The Role of Law in China's Economic Development*, December2, 2007, http://papers. ssrn. com/sol3/papers.cfm? abstract id=878672.

Donald Clarke, Nichols Howson, *Pathway to Minority Shareholder Protection Derivative Actions in the People's Republic of China*, 2011, http://papers. ssrn. com/sol3/papers. cfm? abstract_ id=1968732.

Douglas Cumming, Sofia Johan, Dan Li, "Exchange trading rules and stock market liquidity", *Journal of Financial Economics*, Vol. 99, Issue 3, March 2011.

Erik Berglöf, Stijn Claessens, *Enforcement and Corporate Governance*,

September 2004, http://papers. ssrn. com/sol3/papers. cfm? abstract_ id=625286.

Faccio, Mara, Ronald W. Masulis, and John J. McConnell, "Political connections and corporate bailouts", *Journal of Finance*, Vol. 61, No. 6, December 2006.

Fang Liufang, *China's corporatization experiment*, 1994, http://www. cesl. edu. cn/upload/200810107326078. pdf.

IFAC, *Recommendations for G-20 Working Group 1 - Enhancing Sound Regulation and Strengthening Transparency*, Mar 27, 2009, https://www. ifac. org/system/files/publications/files/IFAC_ G20_ Letter_ Wkgp_ 1. pdf.

Gary S. Becker, "Crime and Punishment: An Economic Approach", Journal of Political Economy, Vol. 76, No. 2, Mar. -Apr. , 1968.

Geeyoung Min, "Shareholder Voice in Corporate Charter Amendments", *The Journal of Corporation Law*, Vol. 43, Issue 2, 2017.

Gregory Wolk, "Corporate Covernance Reform in Russia: The Effectieness of the 1996 Russian Company law", *Washington International Law Journal*, Vol. 8, No. 1, 1999.

Guohua Jiang, Charles M. C. Lee, and Heng Yue, "Tunneling Through Intercorporate Loans: The China Experience", *Journal of Financial Economics*, Vol. 98, Issue 1, October 2010.

Henry Hansmann & Reinier Kraakman, *The end of history for corporate law*, Discussion Paper No. 280 (3/2000), http://papers. ssrn. com/sol3/papers. cfm? abstract_ id=204528.

Hideki Kanda, Curtis J. Milhaupt, "Re-examining Legal Transplants: The Director's Fiduciary Duty in Japanese Corporate Law", *The American Journal of Comparative Law*, Vol. 51, No. 4, Autumn, 2003.

Holger Spamann, "The 'Antidirector Rights Index' Revisited", *The Review of Financial Studies*, Vol. 23, Issue 2, February 2010.

Howell E. Jackson, "Variation in the Intensity of Financial Regulation: Preliminary Evidence and Potential Implications", *Yale Journal on Regulation*, Vol. 24, Issue2, Summer 2007.

Howell E. Jackson, Mark J. Roe, *Public Enforcement of Securities Laws:*

Preliminary Evidence, March 6, 2007, http：//corpgov. law. harvard. edu/2007/11/21/public-enforcement-of-securities-laws-preliminary-evidence/.

Howell E. Jacksonand Mark J. Roe, "Public and Private Enforcement of Securities Laws：Resource-based Evidence", *Journal of Financial Economics*, Volume 93, Issue 2, August 2009.

James D. Cox, Randall S. Thomas, "Does the Plaintiff Matter? An Empirical Analysis of Lead Plaintiffs in Securities Class Actions", *Columbia Law Review*, Vol. 106, No. 7, November 2006.

James D. Cox, Randall S. Thomas, "SEC Enforcement Heuristics：An Empirical Inquiry", *Duke Law Journal*, Vol. 53, Issue2, Nov. 2003.

John Armour, *Enforcement Strategies in UK Corporate Governance：A Roadmap and Empirical Assessment*, 2010, http：//papers. ssrn. com/sol3/papers. cfm? abstract_ id=1133542.

John Armour, Bernard Black, Brian Cheffins, Richard Nolan, *Private Enforcement of Corporate Law：An Empirical Comparison of the United Kingdom and the United States*, 2009, http：//papers. ssrn. com/sol3/results. cfm? RequestTimeout=50000000.

John Armour, Simon Deakin, Prabirjit Sarkar, Mathias M. Siems, Ajit Singh, *Shareholder Protection and Stock Market Development：An Empirical Test of the Legal Origins Hypothesis*, June 2009, http：//papers. ssrn. com/sol3/papers. cfm? abstract_ id=1094355.

John Armour, Simon Deakin, Viviana Mollica, Mathias Siems, "Law and Financial Development：What We Are Learning from Time Series Evidence", *Brigham Young University Law Review*, Vol. 2009, Issue6, 2009.

John Armour. Colin Mayer, Andrea Polo, *Regulatory Sanctions and Reputational Damage in Financial Markets*, October 2010, www. cepr. org/active/publications/discussion_ papers/dp. php? dpno=8058.

John C. Coffee, *Gatekeeper Failure and Reform：The Challenge of Fashioning Relevant Reforms*, March 2004, http：//ssrn. com/abstract=447940.

John C. Coffee, "Racing Towards the Top? The Impact of Cross Listing and Stock Market Competition on International Corporate Governance", *Columbia Law Review*, Vol. 102, No. 7, November 2002.

John C. Coffee, "Reforming the Securities Class Action: An Essay on De-terrence and its Implementation", *Columbia Law Review*, Vol. 106, No. 7, November 2006.

John C. Coffee, "The Rise of Dispersed Ownership: The Roles of Law and the State in the Separation of Ownership and Control", *The Yale Law Journal*, Vol. 111, No. 1, October 2001.

John C. Coffee, Jr., "Law and the Market: The Impact of Enforcement", *University of Pennsylvania Law Review*, Vol. 156, No. 2, December 2007.

John Coffee, *Do Norms Matter?: A Cross-Country Examination of the Private Benefits of Control*, 2001, http://papers.ssrn.com/sol3/results.cfm?RequestTimeout=50000000.

Jonathan M. Karpoff, D. Scott Lee, Gerald S. Martin, *The Consequences to Managers for Financial Misrepresentation*, 2007, http://papers.ssrn.com/sol3/papers.cfm?abstract_id=1012730.

Jonathan R. Macey, Hideki Kanda, *The Stock Exchange As a Firm: The Emergence of Close Substitutes for the New York and Tokyo Stock Exchanges*, 1990, http://digitalcommons.law.yale.edu/cgi/viewcontent.cgi?article=2742&context=fss_papers.

Katharina Pistor and Chenggang Xu, "Governing Stock Markets in Transition Economies: Lessons from China", *American Review of Law and Economics*, Vol. 7, No. 1, Spring 2005.

Katharina Pistor, Martin Raiser and Stanislaw Gelfer, "Law and finance in transition economies", *The Economics of Transition*, Vol. 8, No. 2, 2000.

Li Ji, *The Clash of Capitalisms? Chinese Companies in the United States*, Cambridge University Press, 2018.

Li-Wen Lin, Curtis J. Milhaupt, "We are the (National) Champions: Understanding the Mechanisms of State Capitalism in China", *Stanford Law Review*, Vol. 65 Issue 4, April 2013.

Lucia A. Bebchuk, Mark J. Roe, "A Theory of Path Dependence in Corporate Ownership and Governance", *Stanford Law Review*, Vol. 52, No. 1, November 1999.

Lucian Bebchuk, Reinier Kraakman, George Triantis, *Stock Pyramids*,

Cross-Ownership and Dual Class Equity: *The Mechanisms and Agency Costs of Separating Control from Cash - Flow Rights*, January 2000, http://www. law. harvard. edu/faculty/bebchuk/pdfs/triantis - kraakman - bebchuk. nber 6951. pdf.

Lucian Arye Bebchuk, Alon Brav and Wei Jiang, "The Long - term Effects of Hedge Funds Activism", *Columbia Law Review*, Vol. 115, 2015.

Marcel Kahan, "Some Problems with Stock Exchange - Based Securities Regulation", *Virginia Law Review*, Vol. 83, No. 7, October 1997.

Mark J. Roe, *Strong Managers, Weak Owners*: *The Political Roots of American Corporate Finance*, Princeton University Press, 1994.

Mark J. Roe, "Political Preconditions To Separating Ownership from Corporate Control", *Stanford Law Review*, Vol. 53, No. 3, December 2000.

Mark J. Roe, *Political Determinants of Corporate Governance*: *Political Context, Corporate Impact*, Oxford University Press, 2002.

Mark J. Roe, "Corporate Law Limits", *The Journal of Legal Studies*, Vol. 31, No. 2, June 2002.

Mark J. Roe, "Legal Origins and Modern Stock Markets", *Harvard Law Review*, Vol. 120, 2006.

Marlon A. Layton, "Is Private Securities Litigation Essential for the Development of China's Stock Markets?", *New York University Law Review*, Vol. 83, December 2008.

Mathias M. Siems, *Private Enforcement of Directors' Duties*: *Derivative Actions as a Global Phenomenon*, 2010, http://papers. ssrn. com/sol3/papers. cfm? abstract_ id = 1699353.

Otto Kahn-Freund, "On uses and misuses of comparative law", *Modern Law Review*, Vol. 37, No. 1, January 1974.

Paul G. Mahoney, "The Exchange as Regulator", *Virginia Law Review*, Vol. 83, No. 7, October 1997.

Paolo Giudici, "Representative Litigation in Italian Capital Markets: Italian Derivative Suits and (if ever) Securities Class Actions", *European Company and Financial Law Review*, Vol. 6, Issue 2-3, 2009.

RafaelLa Porta, Florencio Lopez-de-Silanes, Andrei Shleifer & Robert

Vishny, "Legal Determinants of External Finance", *Journal of Finance*, Vol. 52, No. 3, July 1997.

Rafael La Porta, Florencio Lopez-de-Silanes, Andrei Shleifer & Robert Vishny, "Law and Finance", *Journal of Politics and Economy*, Vol. 106, No. 6, December 1998.

Rafael La Porta, Florencio Lopez-de-Silanes & Shleifer, "Corporate Ownership Around the World", *Journal of Finance*, Vol. 54, No. 2, April 1999.

Rafael La Porta, Florencio Lopez-de-Silanes, Andrei Shleifer, Robert Vishny, "Investor Protection and Corporate Valuation", *Journal of Finance*, Vol. 57, No. 3, June 2000.

Rafael La Porta, Florencio Lopez-de-Silanes & Shleifer, "What Works in Securities Laws?" *Journal of Finance*, Vol. 61, No. 1, February 2006.

Robert B. Thompson & Randall S. Thomas, "The Public and Private Faces of Derivative Lawsuits", *Vand. L. Rev.*, Vol. 57, No. 5, 2004.

Roberta Romano, "Empowering Investors: A Market Approach to Securities Regulation", *Yale Law Journal*, Vol. 107, No. 8, June 1998.

Robin Hui Huang, "Private Enforcement of Securities Law in China: A Ten-Year Retrospective and Empirical Assessment", *The American Journal of Comparative law*, Vol. 61, No. 4, Fall 2013.

Ronald J. Gilson, Mark J. Roe, "Understanding the Japanese Keiretsu: Overlaps between Corporate Governance and Industrial Organization", *Yale Law Review*, Vol. 102, No. 4, January 1993.

Ronald J. Gilson, "Controlling Shareholders and Corporate Governance: Complicating the Comparative Taxonomy", *Harvard Law Review*, Vol. 119, 2006.

Roscoe Pound, "Law in Books and Law in Action", *American Law Review*, Vol. 44, 1910.

Ross Levine, "Financial Development and Economic Growth: Views and Agenda", *Journal of Economic Literature*, Vol. 35, No. 2, June 1997.

Sanjai Bhagat, Roberta Romano, "Event Studies and the Law: Part I: Technique and Corporate Litigation", *American Law and Economics Review*,

Vol. 4, Issue 1, January 2002.

Sapienza, Paola, "The Effects of Government Ownership on Bank Lending", *Journal of Financial Economics*, Vol. 72, Issue 2, May 2004.

Shleifer, Andrei, and Robert Vishny, "Politicians and Firms", *The Quarterly Journal of Economics*, Vol. 109, No. 4, November 1994.

Simeon Djankov, RafaelLa Porta, Florencio Lopez−de−Silanes, Andrei Shleifer, "The law and Economics of Self−Dealing", *Journal of Financial Economics*, Vol. 88, Issue 3, June 2008.

Sonja Fagernäs, Prabirjit Sarkar, Ajit Singh, *Legal Origin, Shareholder Protection and the Stock Market: New Challenges from Time Series Analysis*, Centre for Business Research, University of Cambridge Working Paper, No. 343, June 2007, https://www. cbr. cam. ac. uk/fileadmin/user _ upload/centre−for−business−research/downloads/working−papers/wp343. pdf.

Stacey Kole & Kenneth Lehn, "Deregulation, the Evolution of Corporate Governance Structure and Survival", *American Economic Review*, Vol. 87, No. 2, May, 1997.

Stavros Gadinis, Howell E. Jackson, *Markets as Regulators: A Survey*, Discussion Paper No. 579, Jan. 2007, http://papers. ssrn. com/sol3/papers. cfm? abstract_ id=960168.

Thomas E. Willging, Laural L. Hooper, Robert J. Niemic, *Empirical Study of Class Actions in Four Federal District Courts: Final Report to the Advisory Committee on Civil Rules*, 1996, https://bulk. resource. org/courts. gov/fjc/rule23. pdf.

William I. Friedman, "One Country, Two Systems: The Inherent Conflict Between China's Communist Politics and Capitalist Securities Markets", *Brooklyn Journal of International Law*, Vol. 27, Issue2, 2002.

Yu−Hsin Lin, Yun−chien Chang, *Do State−Owned Enterprises Have Worse Corporate Governance? An Empirical Study of Corporate Practics in China*, 2019, https://papers. ssrn. com/sol3/papers. cfm? abstract_ id=3111820.